中国中小企业信息化服务市场调查和发展报告

（2010）

工业和信息化部中小企业司　编

机械工业出版社
CHINA MACHINE PRESS

本书通过大量的数字统计和案例分析，较全面地反映了当前我国中小企业信息化服务市场发展现状，分析了中小企业信息化服务市场的规模、结构、特点和发展趋势，从区域、行业和企业三个层面阐述了中小企业信息化需求、信息化服务资源的供给和供需匹配情况，提出了存在的问题、应对措施和政策建议。对政府有关部门明确思路，制定具有针对性的政策措施具有重要意义，能够为企业和社会各界参与和支持中小企业信息化建设提供参与，对进一步推动中小企业信息化服务体系建设具有参考价值。

图书在版编目（CIP）数据

中国中小企业信息化服务市场调查和发展报告. 2010/工业和信息化部中小企业司编.
-北京：机械工业出版社，2011. 4
ISBN 978-7-111-33884-0

Ⅰ. 中… Ⅱ. 工… Ⅲ. ①信息技术-应用-中小企业-市场调查-调查报告-中国-2010
Ⅳ. ①F279. 243

中国版本图书馆 CIP 数据核字（2011）第 051383 号

机械工业出版社（北京市百万庄大街 22 号　邮政编码 100037）
责任编辑：胡端阳
北京兴华昌盛印刷有限公司印刷 · 机械工业出版社发行

2011 年 4 月第 1 版 · 第 1 次印刷
169mm × 239mm · 16. 25 印张 · 256 千字
定价：58. 00 元

编委会

专家咨询委员会

序

加快经济结构调整和促进经济发展方式转变是党中央、国务院做出的重大战略部署，也是提高经济运行质量和效益的内在要求。2010 年是应对国际金融危机的关键一年，我国工业总体保持了持续增长、出口改善、效益提升的向好态势，以低能耗、低污染、低排放为特征的发展模式成为重要趋势，战略性新兴产业成为新的经济支柱和增长点，国民经济信息化全面推进，信息化和工业化融合不断加快。

实践表明，信息化对我国走新型工业化道路具有重要的推动作用。政务信息化密切了政府与企业、社会的联系，实现了信息资源的共享。企业信息化通过用信息技术改造和提升传统工业，促进了企业的技术创新、工艺改进、生产制造、质量控制等关键环节的智能化和数字化。电子商务已经成为越来越多企业拓展国内外市场的有效途径。通信技术和现代信息服务业的快速发展，“三网”融合、物联网、云计算平台的应用，为面向生产的服务业提供了重要支撑。

中小企业是促进我国经济社会发展的重要力量，从数量上来看，已占到全国企业总数的99%，在繁荣经济、增加就业、推动创新、改善民生等方面发挥着积极、重要的作用。工业和信息化部把推进中小企业信息化作为促进中小企业发展的重要途径，积极实施中小企业信息化推进工程，为中小企业研发、管理、市场开拓、筹资融资搭建服务平台，解决中小企业信息化普遍存在的人才缺、资金少、维护难等困难。

为了解当前我国中小企业信息化服务市场的发展情况，2010 年委托赛迪顾问股份有限公司对中小企业信息化服务市场进行调查研究，形成了《中国中小企业信息化服务市场发展报告（2010）》。该报告以大量数字和案例，较全面地反映了当前我国中小企业信息化服务市场的发展现状，分析了中小企业信息化服务市场的规模、结构、特点和发展趋势，从区域、行业和企业 3 个层面阐述了中小企业的信息化需求、信息化服务资源的供给和供需匹配情况，提出了存在的问题、应对措施和政策建议，对进一步推动中小企业信息化服务体系建设具有参考价值。

多年来，很多大企业、信息化运营商和服务商热情参与中小企业信息化推进工作，开发中小企业适用技术、产品和解决方案，为中小企业信息化提供免费培训，建设信息化辅导站和服务平台，培育和宣传典型案例，取得了很好的效果。在本发展报告的调研、撰写、编辑出版过程中，课题组和地方中小企业主管部门、服务机构、机械工业信息研究院等单位给予了积极的配合和支持，在此书即将付印之际，我代表编委会对大家付出的辛勤劳动表示感谢！

工业和信息化部总工程师 朱宏任

2011 年 1 月

前言

为贯彻落实八部委《关于强化服务，促进中小企业信息化的意见》（发改企业［2008］647号），大力推进中小企业信息化，2010年，工业和信息化部中小企业司委托赛迪顾问股份有限公司编制了《中小企业信息化服务市场调查和发展报告（2010）》（以下简称“报告”）。

为使报告更加准确和全面地反映我国中小企业信息化服务市场的发展情况，课题组赴湖北、四川、陕西、江苏、山东5省开展了调研工作，并问卷调查了一批中小企业和中小企业信息化服务商。

本报告首先就项目背景、意义、主要内容、研究方法和主要结论，阐述了中小企业信息化服务市场的总体情况；然后分析了中小企业软件市场、硬件市场、IT服务市场、电子商务市场、培训市场和咨询市场，介绍了三大电信运营商为中小企业提供信息化服务的情况，论述了中小企业信息化公共服务平台的建设情况；接着分别介绍了湖北、四川、陕西、江苏、山东5省中小企业信息化发展情况，以及制造业、医药等行业信息化服务市场的发展情况；最后针对中小企业、中小企业信息化服务商、中小企业主管部门提出了对策建议。

本报告从区域、行业、企业3个层次阐述了全国各中小企业的信息化情况、中小企业信息化服务市场以及两者的供需匹配情况，指出了目前存在的主要问题，提出了相应的对策措施。

工业和信息化部中小企业司、5省中小企业主管部门以及各调研单位、用友畅捷通等知名中小企业信息化服务商对本报告的编制给予了大力支持，高新民等全国知名信息化专家对本报告的编制给予了悉心指导，在此一并表示感谢。

课题组

2010年12月

目 录

序 …… V

前言 …… Ⅶ

第一章　项目概况 …… 1

第一节　项目背景与意义 …… 1

第二节　项目内容与方法 …… 2

第三节　主要结论 …… 4

第二章　中小企业信息化服务市场总体情况 …… 9

第一节　市场规模 …… 9

第二节　市场结构 …… 10

第三节　市场预测 …… 12

第三章　中小企业软件市场分析 …… 15

第一节　软件市场总体情况 …… 15

第二节　平台软件市场 …… 18

第三节　中间件市场 …… 20

第四节　管理软件市场 …… 23

第五节　工业软件市场 …… 27

第六节　中小企业软件市场存在的问题 …… 31

第七节　中小企业软件市场发展对策 …… 32

第四章　中小企业硬件市场分析 …… 33

第一节　总体情况 …… 33

第二节　市场特点 …… 35

第三节　重点产品品牌分布 …… 37

第四节　中小企业硬件市场存在的问题 …………………………… 41
第五节　中小企业硬件市场的发展对策 …………………………… 42
第五章　电信运营商为中小企业提供信息化服务的情况 ……………… 44
第一节　中国移动 …………………………………………………… 44
第二节　中国电信 …………………………………………………… 48
第三节　中国联通 …………………………………………………… 51
第四节　存在的问题 ………………………………………………… 55
第五节　发展对策 …………………………………………………… 55
第六章　中小企业 IT 服务市场的发展情况 …………………………… 57
第一节　市场规模 …………………………………………………… 57
第二节　市场结构 …………………………………………………… 57
第三节　市场特点 …………………………………………………… 59
第四节　市场预测 …………………………………………………… 60
第五节　存在的问题 ………………………………………………… 60
第六节　发展对策 …………………………………………………… 62
第七章　中小企业电子商务的发展情况 ……………………………… 64
第一节　电子商务市场的总体情况 ………………………………… 64
第二节　电子商务服务提供商的情况 ……………………………… 68
第三节　存在的问题 ………………………………………………… 76
第四节　发展对策 …………………………………………………… 77
第八章　中小企业信息化培训市场的发展情况 ……………………… 80
第一节　市场总体情况 ……………………………………………… 80
第二节　培训机构类型 ……………………………………………… 82
第三节　国家信息化培训工程 ……………………………………… 90
第四节　存在的问题 ………………………………………………… 93
第五节　发展对策 …………………………………………………… 94
第九章　中小企业信息化咨询市场的发展情况 ……………………… 96
第一节　市场总体情况 ……………………………………………… 96
第二节　国外咨询机构 ……………………………………………… 97

第三节　国内咨询机构 …… 100
第四节　存在的问题 …… 102
第五节　发展对策 …… 104
第十章　中小企业信息化公共服务平台建设 …… 105
第一节　整体情况 …… 105
第二节　典型平台 …… 106
第三节　存在的问题 …… 113
第四节　发展对策 …… 114
第十一章　湖北省中小企业信息化发展情况 …… 115
第一节　湖北省中小企业信息化发展情况介绍 …… 115
第二节　武汉健民信息化案例 …… 120
第三节　稳健医疗信息化案例 …… 123
第四节　武汉市工业物流信息化服务平台 …… 126
第十二章　四川省中小企业信息化发展情况 …… 129
第一节　四川省中小企业信息化发展情况介绍 …… 129
第二节　温江花木电子商务案例 …… 132
第三节　峨胜水泥信息化案例 …… 134
第十三章　陕西省中小企业信息化发展情况 …… 136
第一节　陕西省中小企业信息化发展情况介绍 …… 136
第二节　西安市中小企业信息化发展情况介绍 …… 140
第三节　咸阳市中小企业信息化发展情况介绍 …… 143
第四节　渭南市中小企业信息化发展情况介绍 …… 145
第五节　汉中市中小企业信息化发展情况介绍 …… 149
第六节　典型案例 …… 152
第十四章　江苏省中小企业信息化发展情况 …… 157
第一节　江苏省中小企业信息化发展情况介绍 …… 157
第二节　南京市中小企业信息化发展情况介绍 …… 161
第三节　无锡市中小企业信息化发展情况介绍 …… 166
第四节　典型案例 …… 173

第十五章　山东省中小企业信息化发展情况 …… 180
第一节　山东省中小企业信息化发展情况介绍 …… 180
第二节　济南市中小企业信息化发展情况介绍 …… 186
第三节　潍坊市中小企业信息化发展情况介绍 …… 190
第四节　烟台市中小企业信息化发展情况介绍 …… 193
第五节　威海市中小企业信息化发展情况介绍 …… 197
第六节　典型案例 …… 198
第十六章　制造业信息化服务市场发展情况 …… 208
第一节　市场整体情况 …… 208
第二节　细分市场情况 …… 211
第三节　主力厂商情况 …… 219
第十七章　中小企业信息化问题分析 …… 233
第一节　中小企业信息化问题 …… 233
第二节　中小企业信息化服务市场问题 …… 235
第三节　中小企业信息化服务市场供需匹配情况 …… 236
第十八章　中小企业信息化发展的对策建议 …… 238
第一节　对中小企业主管部门的建议 …… 238
第二节　对中小企业的建议 …… 241
第三节　对中小企业信息化服务商的建议 …… 242
图表索引 …… 244

第一章　项目概况

第一节　项目背景与意义

一、项目背景

中小企业是国民经济的重要组成部分，是一个富有活力的经济群体。中小企业占全国企业总数的99%以上，创造的最终产品和服务价值相当于GDP的60%左右，提供了75%以上的城镇就业岗位，65%的发明专利、75%以上的企业技术创新、80%以上的新产品开发都是由中小企业完成的。中小企业对促进经济发展、优化产业结构、增加就业机会、推动自主创新、构建和谐社会都具有不可替代的作用。

近年来，我国中小企业信息化取得了长足进步，但应用普及不够，总体水平较低，发展环境不完善，公共服务不到位，社会服务体系不健全。为解决这些制约中小企业信息化发展的问题，必须发挥中小企业的主体作用，以满足中小企业市场、信息、技术、人才、资金、生产、经营、管理等实际需求为导向，强化服务理念，营造发展环境，提高公共服务能力，完善社会服务体系，鼓励公益性服务，促进市场化服务，让广大中小企业共享信息化的成果。

2008年3月，国家发展和改革委员会等八部委印发了《关于强化服务，促进中小企业信息化的意见》。该意见要求强化政府对中小企业信息化的公共服务，完善中小企业信息化服务体系。

工业和信息化部中小企业司把“加快服务体系建设，促进中小企业健康发展”作为一项重要工作。中小企业信息化服务资源是中小企业信息化服务体系的重要组成部分，需要进行梳理，促进供需双方对接，进行分类指导。

二、项目意义

开展中小企业信息化服务市场调查和发展研究，具有以下重要意义：

（1）有助于工业和信息化部中小企业司掌握全国中小企业信息化服务市场的发展现状和存在的问题，为下一步出台有关政策提供依据。

（2）有助于广大中小企业了解中小企业信息化产品和服务的供给情况，进行科学选型。

（3）有助于中小企业信息化服务商了解全国中小企业信息化服务市场的发展现状、中小企业信息化的共性需求，推出更好的产品和服务。

第二节　项目内容与方法

一、项目内容

本课题研究的内容主要包括中小企业信息化服务市场分析、中小企业信息化研究、中小企业信息化服务供需匹配分析、中小企业信息化服务市场发展对策建议四大方面。

1. 中小企业信息化服务市场分析

通过调查研究，分析中小企业信息化服务市场的总体情况以及软件市场、硬件市场、通信市场、电子商务市场、IT 培训市场、IT 咨询市场等六大细分市场的市场规模、市场结构、市场特点、发展趋势、存在问题、发展对策。

2. 中小企业信息化研究

通过调查研究，从区域、行业、企业三个维度梳理并分析中小企业信息化建设的现状、存在问题和主要需求。其中，区域包括湖北、四川、陕西、江苏、山东等 5 个省、10 多个地市。由于多数中小企业从事制造业，行业重点分析了制造业信息化。企业层面精选了 10 多个典型案例进行了剖析。

3. 中小企业信息化服务供需匹配分析

分析中小企业信息化服务供需双方的匹配情况，找出中小企业信息化服务供需双方各自存在的主要问题，并分析导致问题的深层次原因。

4. 中小企业信息化服务市场发展对策建议

针对中小企业主管部门、中小企业信息化服务商以及中小企业分别提出了一些对策建议。

二、项目方法

1. 主要调查方法

本课题采用的主要调查方法包括访谈、问卷调查和二手资料分析。

（1）访谈：选择具有代表性的软硬件提供商、电信运营商、电子商务服务商、培训机构、咨询机构、中小企业进行现场访谈。

（2）问卷调查：针对软硬件提供商、电信运营商、电子商务服务商、培训机构、咨询机构、中小企业分别设计问卷进行调查，问卷回收后分区域、分行业选取一定的样本进行统计分析。

（3）二手资料分析：收集中小企业信息化服务市场的有关资料进行整理、分析。

在本课题研究中，赴湖北、四川、陕西、江苏、山东5省开展了调研工作，共调研了100多家单位。此外，课题组还组织了问卷调查，分区域、分行业抽样了一批问卷，进行了统计分析。

2. 主要分析方法

课题组采用的主要分析方法包括归纳法、分类法、统计分析法、系统分析法、对比分析法、定性和定量相结合的分析方法等。

课题组走访了5个省，现场调查了一批单位，根据对中小企业和中小企业信息化服务商的访谈情况，课题组归纳出了一些中小企业信息化问题和中小企业信息化服务市场问题。

课题组将中小企业信息化服务市场细分为软件市场、硬件市场、电子商务服务市场、通信市场、培训市场、咨询市场等。

课题组针对中小企业和中小企业信息化服务商开展了问卷调查，对回收的问卷抽取一定样本进行了统计分析。

课题组从市场规模、市场结构、市场特点等方面对中小企业信息化服务市场进行了系统分析。

课题组对中小企业信息化同一领域的不同服务商进行了对比，比较了他们的综合实力。

课题组在分析中小企业信息化服务市场时，采用定性和定量相结合的方法，用数据说明问题。

第三节　主要结论

中小企业软件及 IT 服务投入的比重逐年增加。2009 年，中小企业信息化投资规模达到 2022 亿元，同比上升了 8.2%。在中小企业信息化投资中，硬件、软件、IT 服务的比重依次为 59.3%、16.0%、24.7%。

中小企业对信息化的依赖性较强。在被调查的中小企业中，18% 的中小企业对信息化依赖程度很强，50% 的中小企业对信息化依赖程度较强。

在被调查的中小企业中，中小企业开展信息化建设最先考虑的 3 个目标是提高生产经营效率、降低生产经营成本、降低生产经营风险。

中小企业信息化正从单项应用向集成应用过渡。在被调查的中小企业中，50% 的企业处于单项应用阶段，45% 的企业处于部分集成应用阶段，5% 的企业处于全面集成应用阶段。

大部分中小企业信息化基本适应生产经营的需要。在被调查的中小企业中，82% 的企业信息化水平能够适应生产经营的需要。其中，5% 的企业信息化水平完全能够适应生产经营的需要；77% 的企业信息化水平基本能够适应生产经营的需要；18% 的企业信息化水平不能适应生产经营的需要。

大部分中小企业信息化投入不高。在被调查的中小企业中，76% 的企业 2009 年信息化投入在 50 万元以内。其中，35% 的企业信息化投入在 5 万~10 万元之间；23% 的企业信息化投入在 10 万~20 万元之间；18% 的企业信息化投入在 20 万~50 万元之间。

信息化对企业管理的支持程度已经比较好，但在市场营销、客户服务、研发设计、生产制造方面的支撑程度还比较差。

中国电信在中小企业网络方面的市场占有率高。在被调查的中小企业中，网络链路租用中国电信的占 77%；网络链路租用中国联通的占 18%；网络链路租用中国移动的占 5%。

在被调查的中小企业中，中小企业购买的 PC 主要来自联想、方正和清华同方，服务器主要来自联想、浪潮和 IBM，网络设备主要来自华为、中兴和 TP-Link。

中小企业信息安全措施较为简单。在被调查的中小企业中，在信息安全方面，约83%的中小企业采取了防病毒措施，81%的中小企业采取了防火墙措施，54%的中小企业采取了入侵检测措施。中小企业的信息安全产品主要来自瑞星和金山。

中小企业ERP实施率增长很快，效果较好。在被调查的中小企业中，约86%的企业应用了ERP系统，主要来自用友、金算盘和金蝶。ERP实施之后，对应用效果满意的占66%。其中，对ERP系统很满意的占37%；对ERP系统比较满意的占29%。

中小企业CRM和SCM实施率较低。在被调查的中小企业中，约40%的企业应用了OA系统，27%的企业应用了CRM和SCM系统。CRM系统主要来自微软和SAP，对CRM系统很满意或比较满意的占77%。

在被调查的中小企业中，采用的CAD软件主要是AutoCAD，占81%。采用的PDM/PLM软件主要来自北京数码大方公司、上海思普公司、南京东大软件公司，32%的企业对PDM/PLM软件很满意或比较满意。

中小企业普遍重视软件选型工作。在被调查的中小企业中，35.6%的中小企业购买过软件选型服务，44%的中小企业购买过信息化培训服务，39%的中小企业购买过信息化规划服务。

中小企业电子商务发展水平还比较低。在被调查的中小企业中，约28%的中小企业还没有应用过电子商务。中小企业主要是在销售、采购、支付环节应用电子商务。约54%的中小企业的电子商务交易额占总交易额的比例在5%以下，91%的中小企业的电子商务交易额占总交易额的比例在40%以下。阿里巴巴、慧聪网和中国制造网比较受中小企业的青睐。中小企业对电子商务最大的顾虑是信息安全问题和诚信问题。

目前，国内中小企业信息化服务市场存在的主要不足是实用性不强、售后服务差、易用性差。

中小企业购买信息化产品或服务最先考虑的3个因素依次是功能和性能、价格、厂商业内品牌或口碑。

中小企业在信息化建设过程中遇到的普遍问题是信息化建设思路不清晰、资金投入不足、缺乏企业信息化人才。

中小企业信息化公共平台使用率较低，效果一般。在被调查的中小企业中，

11%的中小企业应用过政府搭建的企业信息化公共技术或服务平台。44%的中小企业对信息化公共服务平台的使用效果比较满意。

中小企业在信息化建设过程中普遍希望政府提供资金支持、搭建信息化公共平台、组织公益性的信息化培训。

目前，我国中小企业信息化存在的主要问题如下：

（1）中小企业信息化内生动力不足。不少中小企业的经营者对信息化认识不足、意识不强，缺乏信息化投入的动力，信息化建设比较被动。许多企业是在管理出现问题、发展出现瓶颈的时候才下决心开展信息化建设的。

（2）中小企业信息化建设资金投入不足，结构不合理。中小企业资金普遍比较紧张，而融资又比较困难，在信息化建设方面投入少。中小企业普遍存在"重硬轻软"，"重建设、轻运维"的问题，硬件投入大，软件投入少，IT服务投入更少。

（3）中小企业信息化人才普遍较为缺乏，尤其缺乏懂信息化、懂管理、懂业务的复合型高级人才。由于激励机制、氛围等原因，中小企业较难留住信息化专业人才，人才流动性较大。

（4）中小企业信息化建设思路不很清晰。许多中小企业不知道如何将信息化与企业发展战略和具体经营管理工作结合起来。信息化建设比较盲目，缺乏顶层设计和规划。

目前，中小企业信息化服务市场发展存在的主要问题如下：

（1）中小企业信息化服务市场还不成熟、不规范。中小企业信息化服务商的服务水平良莠不齐，存在一定鱼目混珠的现象。对中小企业信息化服务商缺乏资质认证、等级划分、市场监管等，存在一定恶性竞争的现象。

（2）产品同质化现象比较严重。通用性产品多，针对性强的产品少。管理软件多，工业软件少，特别是行业专用软件更少。同质化导致服务商之间市场竞争激烈，削减了服务商的利润空间。

（3）营销和服务模式有待创新。中小企业量大面广，需求多变，导致营销成本高，服务难度大。采用租用、分期付款、以收服务费取代卖产品的服务商还不多，具有全程服务能力的服务商很少。

总的来说，中小企业信息化服务市场供需双方匹配的情况还不理想，对接还存在一定的障碍，主要表现在以下几个方面：

（1）信息方面的不匹配。中小企业对信息化服务市场、信息化产品和解决方案缺乏了解，对信息化服务商缺乏信任。信息化服务商对中小企业的实际需求缺乏了解，有些软件的实用性、易用性不强。

（2）经济方面的不匹配。一方面，中小企业普遍存在资金不足的情况，但一些信息化产品和服务价格偏高，销售策略不灵活；另一方面，由于面向中小企业的产品和服务利润率不高，服务商将中小企业视为“鸡肋”，缺乏深入研发、营销的动力。

（3）人才方面的不匹配。在中小企业中，信息化人才数量少，专业技术能力弱，但对企业情况、业务比较了解。而在服务商中，信息化人才数量多，专业技术能力强，但对企业情况、业务不很了解，往往从技术角度考虑问题，而不从实际需求考虑问题。

对中小企业主管部门开展中小企业信息化工作，建设中小企业信息化服务体系提出的建议如下：

（1）加强对中小企业信息化的引导。选取一批信息化取得显著成效的企业，组织这些企业的负责人对其他企业的负责人开展案例培训，提高企业领导对信息化价值的认识。编制如《中小企业信息化指南》等，对中小企业信息化建设进行分类指导。树立一批行业信息化标杆企业，针对中小企业的特点开展信息化试点示范。

（2）加大中小企业信息化资金的支持力度。在中小企业发展资金中设立信息化专项资金。将技改资金、科技资金、创新资金等其他有关资金向中小企业倾斜。研究制定针对中小企业信息化的税收优惠政策。探索“资金支持服务商、服务商服务中小企业”的模式。支持中小企业购买信息化培训、咨询等服务。争取各级财政对中小企业信息化建设的资金支持。

（3）规范中小企业信息化服务市场。制定《中小企业信息化服务规范》，对服务内容、服务价格等进行规范。严厉打击不正当竞争、欺骗用户、盗版等行为。

（4）促进中小企业信息化服务市场供需双方的对接。多组织中小企业与信息化服务商的对接会，促进供需双方的交流和沟通。组织信息化服务商开展面向中小企业的培训，支持信息化服务商开展信息化体检、体验等活动。通过搭建“软件超市”等公共平台，促进供需双方的对接。支持服务商代中小企业培养信息化专业人才。

(5) 以市场化机制推进中小企业信息化平台建设。地方中小企业主管部门可以依托重点产业集群、专业市场支持第三方搭建区域性中小企业信息化服务平台。支持服务商搭建面向中小企业的电子商务平台、SaaS 平台、云服务平台等公共平台。

(6) 开展中小企业信息化发展水平和绩效评估。支持独立的第三方从区域、行业、企业 3 个层次开展中小企业信息化发展水平评估,支持专业机构帮助中小企业开展自身信息化绩效评估。将区域评估列入地方中小企业主管部门的考核体系。

第二章　中小企业信息化服务市场总体情况

第一节　市场规模

2009年，中国中小企业信息化投资规模达到2022亿元，同比上升了8.2%。受经济形势好转的影响，中小企业的经营有所好转，虽然在信息化投资方面更加谨慎，但是在信息技术日益重要的今天，在SaaS（Software as a Service，软件即服务）应用及电子商务普及的情况下，信息化投资依然是中小企业提升业务的关键。据初步测算，2010年中国中小企业信息化投资规模达到2200亿元。2003－2009年中国中小企业信息化市场规模，如图2－1所示。

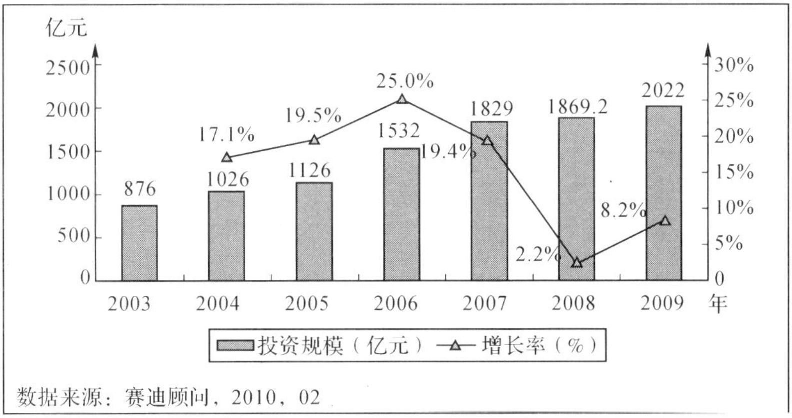

图2－1　2003－2009年中国中小企业信息化市场规模

第二节　市场结构

一、产品结构

2009年，在中小企业信息化投资中，硬件、软件、IT服务的比例依次为59.3%、16.0%、24.7%。2009年，中国中小企业对于硬件采购的投入更加谨慎，尤其是OA办公用品采购、服务器等方面，更多地采取服务外包的形式获取资源，使得IT服务的投资比例增加。2009年中国中小企业信息化市场产品结构，如图2-2所示。

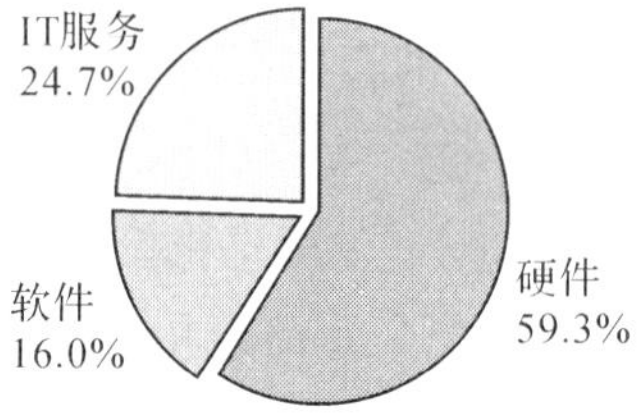

数据来源：赛迪顾问，2010，02

图2-2　2009年中国中小企业信息化市场产品结构

二、区域结构

在区域市场上，华东、华南等地中小企业的发展走在前列，业务也相对成熟，对信息化的需求比较明显，而IT企业、外包服务提供商业比较成熟，能够提供满足企业需求的IT服务；同时，长江三角洲、珠江三角洲的电子商务应用环境成熟，信息化建设目标明确，在满足基础IT应用的前提下对电子商务、管理软件、IT外包服务和IT咨询等IT深度应用需求比较大。2009年中国中小企业信息化市场区域结构，如图2-3所示。

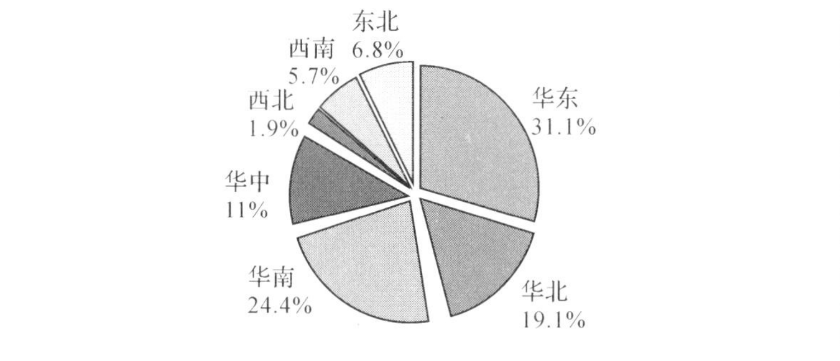

数据来源：赛迪顾问，2010，02

图 2－3　2009 年中国中小企业信息化市场区域结构

三、行业结构

由于中小企业的服务范围广泛，使得信息化的程度不尽相同。2009 年，电子信息、零售、化工等行业依然是占比例较高的行业，不过在两化（信息化和工业化）融合的带动下，机械制造、汽车配件等行业的信息化投入也在逐渐扩大。制造领域、纺织服装等依然还有很大的需求空间，利用信息技术提升传统产业任重而道远。2009 年中国中小企业信息化市场行业结构，如图 2－4 所示。

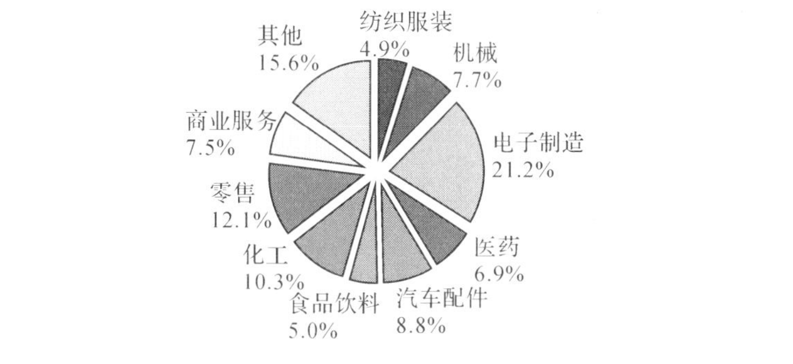

数据来源：赛迪顾问，2010，02

图 2－4　2009 年中国中小企业信息化市场行业结构

2009 年，满足基本办公需求的硬件投资依然还是中小企业的投资重点，所占比例下降到 60% 以下，所占比例依然持续下滑，同比增长仅为 3%，略高于 2008 年的同期水平。相比较而言，软件和服务与 2008 年同期相比都有较好态势的增长，增长率分别为 13.7% 和 18.8%。IT 服务投资所占比例已经达到了 24.7%。

第三节　市场预测

一、市场规模预测

预计到 2012 年，中国中小企业信息化市场规模将达到 2697.6 亿元。未来 3 年的复合增长率将达到 10.1%。2010－2012 年中国中小企业信息化市场规模预测，如图 2－5 所示。

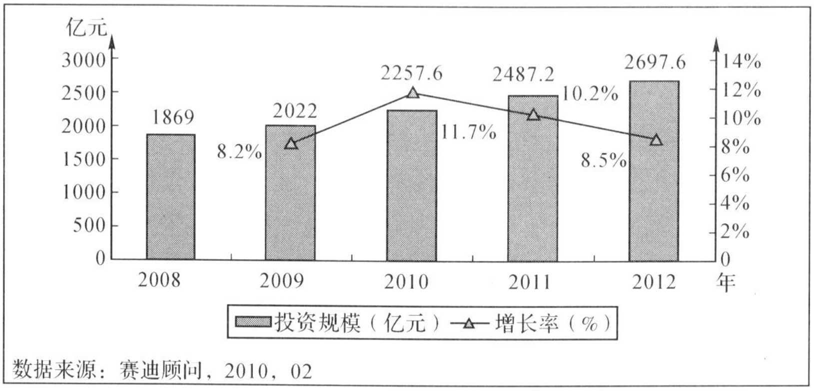

图 2－5　2010－2012 年中国中小企业信息化市场规模预测

二、市场结构预测

预计 2010－2012 年，IT 服务的投资比例将持续扩大，到 2012 年会占到 IT 应用市场的 33.2%；硬件投资进一步下降，预计到 2012 年会占到整个市场的 49.9%。2010－2012 年中国中小企业信息化市场结构预测，如图 2－6 所示。

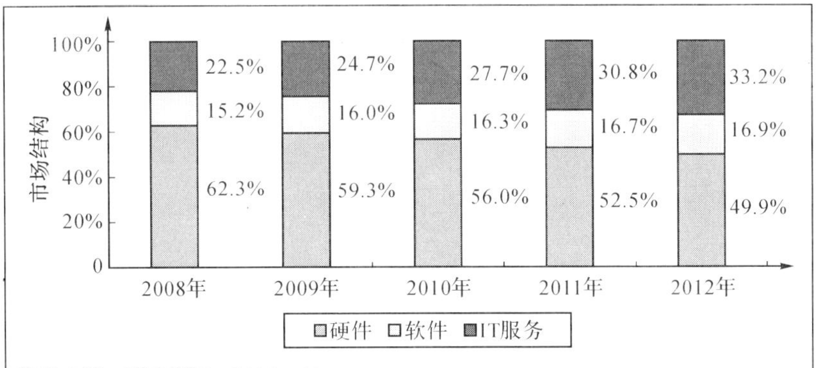

数据来源：赛迪顾问，2010，02

图 2－6　2010－2012 年中国中小企业信息化市场结构预测

三、市场发展方向

1. 中小企业全程电子商务服务市场将快速发展

全程电子商务是以电子商务时代所需的管理模式为核心，通过网络技术和 SaaS 交付模式，为企业提供在线管理以及电子商务服务，实现企业内部管理以及企业之间的商务流程的有效协同。在中小企业中，小型企业和微型企业所占比例较大。随着电子商务的日益成熟，特别是网店的兴起，企业管理信息化与电子商务将逐步融合，全程电子商务市场将快速发展。

2. 信息化与工业化深度融合产品的市场潜力巨大

党的十七届五中全会提出“推进信息化与工业化深度融合”。目前，企业管理信息化市场相对成熟，中小企业可选择的不同价位、不同功能的产品非常丰富。但研发设计的信息化产品、行业专用软件产品仍然比较匮乏，如计算机仿真软件、电子检测软件等，高端产品基本依赖进口。从中小企业的调查情况来看，信息化对管理的支撑程度已经比较好，但对研发设计、生产制造的支撑程度较差。信息化与工业化深度融合产品的市场潜力巨大。

3. 一体化产品和一条龙服务将受中小企业欢迎

由于中小企业的信息技术能力普遍较弱，他们希望服务商提供覆盖从研发设计、生产制造到经营管理、市场营销的一体化产品和解决方案，提供从诊断、规划到实施、运营维护的一条龙服务，并倾向于将信息化这样的非核心业务外包。

另外，中小企业由于资金普遍比较紧张，他们希望以逐月、逐年支付服务费的方式替代一次性信息化建设支出。这需要中小企业信息化厂商从产品提供商向服务提供商转型。

第三章　中小企业软件市场分析

软件是中小企业信息化的核心。软件分为平台软件、中间件和应用软件3类。对于中小企业，应用软件包括管理软件和工业软件等。

第一节　软件市场总体情况

一、市场规模

2009年，中小企业软件市场规模达到323.2亿元，同比增长13.7%，增幅明显回升。2006－2009年中国中小企业软件市场规模，如图2－4所示。

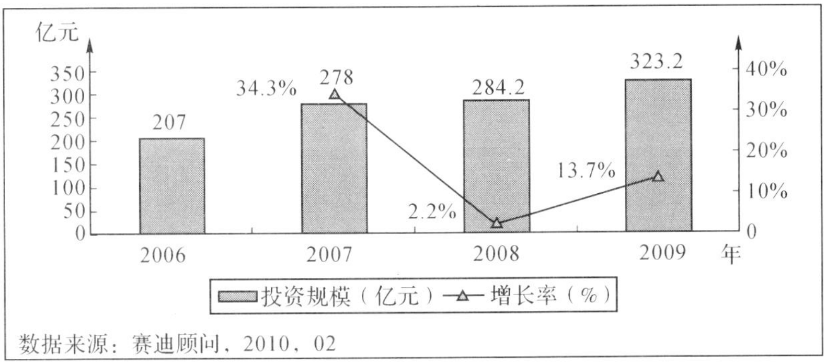

图3－1　2006－2009年中国中小企业软件市场规模

中小企业在软件方面的投资主要集中在平台软件中的数据库管理系统和系统与网络管理软件。应用软件主要有PLM、行业应用软件、企业管理软件、项目管理软件、协同管理软件和业务管理软件。其中，行业应用软件高速增长，增长率达到15.7%。2009年，中小企业在软件方面的投资规模继续扩大，并远高于硬件的增长水平。2008年与2009年中国中小企业IT应用市场主要软件产品市场增长比较，如图3－2所示。

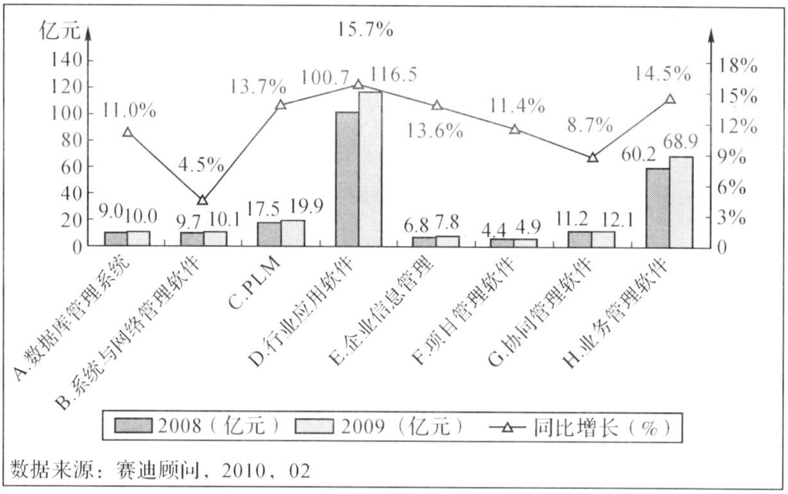

图 3－2　2008 年与 2009 年中国中小企业 IT 应用市场主要软件产品市场增长比较

二、市场特点

1. SaaS 将逐步成为中小企业信息化软件应用的主要途径

SaaS 是通过互联网交付和使用软件的模式。它把传统上软件由客户内部运营的模式转变为在线租用的模式。在传统的产品模式中，软件产品交付给客户后在客户内部的 IT 系统中进行安装、实施、运营及维护；而在 SaaS 模式下，软件以托管的方式由 SaaS 服务提供商运营维护，客户通过互联网租赁并远程使用软件，通常按订购的功能模块、Licence 数量和时间长短向厂商支付租赁费用。软件以及软件赖以运行的 IT 基础设施的所有权属于 SaaS 服务提供商，客户仅在租赁的期间内拥有使用权。SaaS 模式正好切合了中小企业 IT 应用灵活、投入低、快速变化等特点，成为未来中小企业 IT 解决方案应用的主要途径。

一方面，SaaS 将从原来的以 CRM 租用为主向整体解决方案延伸，OA（Office Automation，办公自动化）、CRM、财务管理、人力资源管理、安全管理、移动商务等功能将被逐步整合成整体解决方案，具有简单易用、价格适中、方案灵活等特点，对于中小企业的需求更有针对性。另一方面，SaaS 服务商的范围将逐步扩大，除了原来的 CRM 专业服务商外，传统软件厂商如 Oracle、SAP、微软等已经加入竞争，电信运营商的商务领航等业务也将在与软件商的合作下逐步拓展应用软件功能；更有力的竞争来自于互联网服务商，如阿里巴巴、三五互联、铭万等，因为他们既有大量的中小企业用户，又有丰富的互联网服务运营经验。

2. 行业应用软件成为高速增长点

在竞争加剧的情况下，中小企业开始意识到行业与信息化结合的重要性，也催生了行业应用软件市场的快速发展，尤其在2009年这个趋势愈加明显，行业应用软件成为主要软件采购中基数最大、成长相对最快的领域。同时，中小企业的行业应用软件从企业资源计划（ERP）系统走向更多应用。尤其在占比较高的批发和零售业、工业和制造业中，随着电子商务、两化融合等应用的介入，行业应用软件成为中小企业经营、管理甚至决策的重要手段。

3. 软件服务提升到新高度

目前，中国的中小企业有4000多万家，在竞争日益激烈的市场环境下，越来越多的中小企业寄希望于通过增强信息化应用能力来改善企业的管理水平，提升企业的经营效益。但是，由于缺乏专业技术人才、观念落后等原因，中小企业的信息化应用能力极为薄弱，传统以销售为目的的单一服务已经不能满足用户的需要，用户对管理软件厂商的服务提出了更高的要求，软件服务被提升到新的高度。

4. 单一型产品受到中小企业的青睐

对于中小企业来说，单一特点的产品是他们日常运作管理的最佳选择。而这些特点明确的单一功能产品在这方面起到的作用，即在于企业能在其身上将单一化的产品功能发挥更大的价值，从而为中小企业节约更多不必要的成本。同时，使用单一功能特点的产品，对中小企业而言还将提高相应的工作效率，使得工作效率和产品价值的转化率能有进一步的提升。

三、市场预测

预计2012年，中小企业的软件投资将达到456.5亿元，2009－2012年中小企业软件投资的复合增长率为12.2%，中小企业的软件投资将会有较快发展。2010－2012年中国中小企业软件投资规模预测，如图3－3所示。

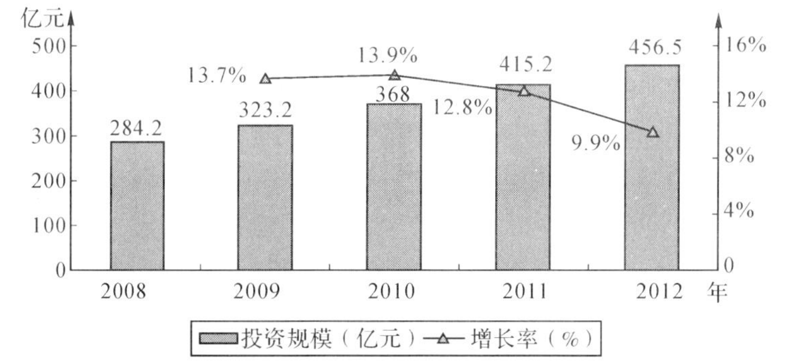

数据来源:赛迪顾问,2010,02

图3-3 2010-2012年中国中小企业软件投资规模预测

第二节 平台软件市场

平台软件是指直接控制和协调计算机、通信设备及其他外部设备,使之发生作用并方便用户使用的软件以及提供中间支持和运行环境的软件。这些软件结合起来共同提供应用软件运行的平台。

平台软件包括操作系统、数据库管理系统、系统与网络管理软件、开发工具等。

一、操作系统

操作系统是现代计算机必不可少的系统软件,是计算机的灵魂所在。现代的计算机都是通过操作系统来解释人们的命令,从而达到控制计算机的目的的。几乎所有的应用程序都是基于操作系统的。

常见的操作系统包括Windows、UNIX和Linux。Windows操作系统包括Windows XP、Windows 2000、Windows 9X、Windows NT Workstation、Windows NT Server等。UNIX操作系统包括SCO UNIX、Sun Solaris、AIX及专用系统、HP UNIX操作系统、NCR、SGI等。Linux操作系统包括TurboLinux、红旗Linux、Red Hat Linux、Novell等。

根据Stats Counter的统计结果,截至2010年12月,Windows 7的市场占有率达25%，而 Windows XP 的占有率降到50%左右。

2009 年中小企业 IT 应用回升较快，由此带动计算系统、信息系统建设规模的扩大和操作系统等软件需求量的增加。从操作系统的格局来看，UNIX 的销售额占比达到63.9%。2009 年中国中小企业操作系统分布，如图3－4 所示。

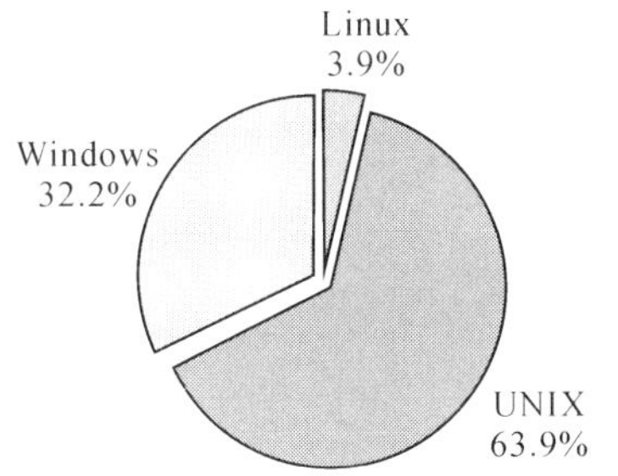

数据来源：赛迪顾问，2010，02

图3－4 2009 年中国中小企业操作系统分布

二、数据库管理系统

数据库管理系统包括微软的 SQL Server、Oracle、SAP 公司的 Sybase、IBM 的DB2 等。

2009 年，数据库市场最大的事件就是 Oracle 收购 Sun 以及由此引发的关于对 MySQL 前途的讨论。Oracle 计划利用 MySQL 和微软的 SQL Server 在中小企业进行抗衡。微软 SQL Server 因为其较低的价格，不断改进的数据库技术和较简单的管理维护等特性，也占据了不小的市场。Oracle 数据库的劣势之一是，日常运营和维护成本较高，企业为此负担的人员成本和后期投入较多，而这刚好是微软 SQL Server 和 MySQL 的优势所在。

2009 年全年及 2010 年上半年，Sybase 在企业数据库管理市场实现了两位数的许可增长，超过了包括主要供应商在内的业内增长水平。

三、系统与网络管理软件

目前，在国内网络管理软件市场，国外软件厂商和国内软件厂商平分天下。国外的 IT 运营维护服务厂商较早进入中国网络管理领域，占尽了时间、经验以及品牌的优势。在中国市场上的主要国外厂商不外乎 IBM Tivoli 和 HP OpenView。

国内厂商也在2000年开始异军突起，快速发展起来。国内网络管理软件市场上的国内软件厂商，主要有游龙科技、神州泰岳、亿阳信通等。

IBM、惠普等国际大厂商以电信金融等高端客户为主，游龙科技等本土企业开始逐渐走向平台化、一体化，从企业级应用走向电信级规模。目前，不管是国外厂商还是国内厂商推出的方案，应用重点都体现在电信、政府、企业、金融、能源等国家重点行业上。随着技术的发展和信息化建设的不断推进，网络管理软件在关乎民生的医疗和交通等行业会不断增多。而就营销方式来说，分销是国内外IT运营维护厂商的最佳选择。

四、软件开发工具

软件开发工具包括Visual Studio、IBM Rational、Eclipse等。平台软件主力厂商，见表3-1。

表3-1　平台软件主力厂商

产品类型	主力厂商
操作系统	微软、IBM、Oracle、惠普、Novell、Redhat、中科红旗、拓林思、中标软、共创开源等
数据库管理系统	Oracle、微软等
系统及网络管理软件	微软、CA、IBM、惠普、Sun、联想等
软件开发工具	微软、IBM等

第三节　中间件市场

中间件是指为了满足网络分布式计算环境中大规模应用软件跨平台运行的要求而建立的一种基于标准的、独立于网络、计算机硬件以及操作系统，并支撑应用软件开发和运行的平台。目前，中间件主要包括中间件软件、信息安全软件和协同软件。

一、中间件软件

中间件软件是基于计算机硬件和操作系统之上，支持应用软件开发和运行的系统软件。它为企业级的分布式应用提供了一个标准的平台，使得应用软件开发和运行能够独立于特定的计算机硬件和操作系统平台，实现企业应用系统的集成。

近几年，中间件市场格局基本稳定，大体上维持 IBM、Oracle（BEA）、东方通中间件三足鼎立的局面。从总体上来看，国产品牌未能在市场中占据领先优势。

IBM 有 CICS、MQSeries、WEBSphere 等中间件产品，BEA 有 Tuxedo、E－commerce Transactionserver 等中间件产品，东方通科技有消息中间件 TongLINK/Q、交易中间件 TongEASY、对象中间件 TongBroker、安全平台 TongSEC、通用代理业务平台 ezBanker 等中间件产品。

二、信息安全软件

网络安全产品是指支撑计算机系统及应用软件安全开发和运行的软件产品。它主要有天融信、江民、金山、瑞星、冠群金辰、趋势科技、赛门铁克、NAI、安氏等厂商的防杀毒软件、防火墙、入侵检测系统、信息加密、安全认证等产品。

调查结果表明，几乎所有的中小企业都采取了信息安全措施，主要集中在防病毒和防火墙两项内容，两者的比例分别为 82.72% 和 81.48%，入侵检测、加密、CA 认证等措施应用较少。中小企业采取的信息安全措施，如图 3－5 所示。

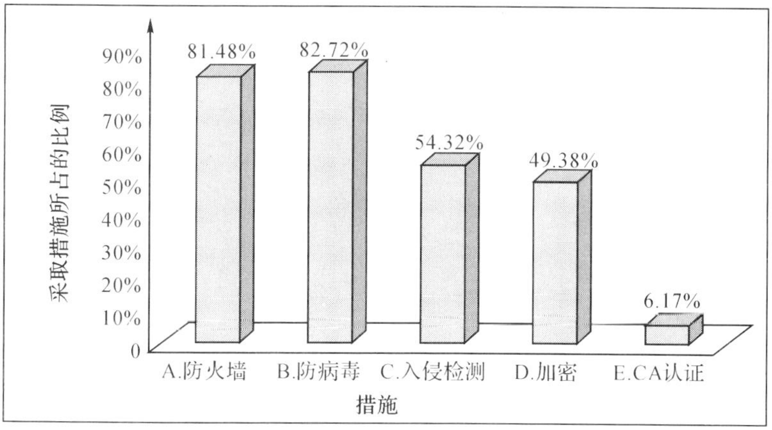

图 3－5　中小企业采取的信息安全措施

中小企业使用的信息安全产品主要来自瑞星和金山，其中瑞星的使用比例最大，达 77.03%。调研的中小企业使用信息安全产品厂商的分布，如图 3－6

所示。

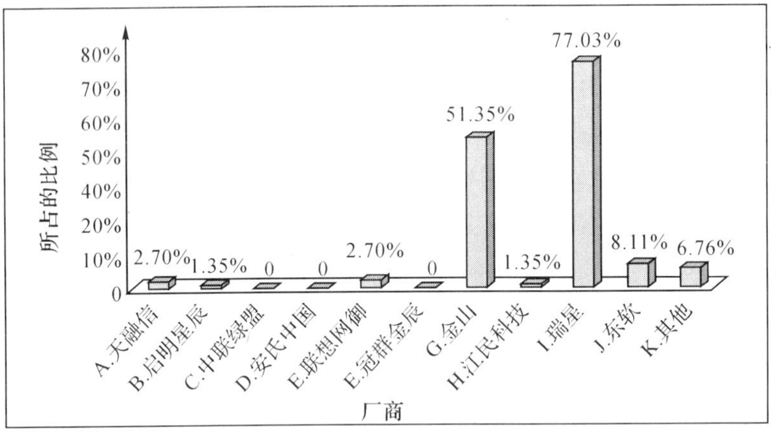

图 3-6　中小企业信息安全产品主要厂商的分布

三、协同软件

从产品功能的角度来看，协同软件主要有 3 种类型：协同工具软件、协同平台软件、协同应用软件。协同工具软件的主要功能是协作沟通，如竞开协同之星、腾讯通 RTX 以及众多的邮件和通信等管理软件；协同平台软件是指在此之上构建应用软件的平台软件，如协达的协同软件业务架构平台 CAP、东兰的 DL-Flo 工作流平台等；协同应用软件是指最终实现用户相互沟通和协作、提高管理效率、实现企业协同管理的协同办公、协同商务、协同政务等软件，如协达基于自主 CAP 平台的 CTOP 协同应用软件、合强基于 Domino 平台的智能办公软件、蓝凌协同化的知识管理软件、泛微协同化的办公和 CRM、HR 软件等。中间体主力厂商，见表 3-2。

表 3-2　中间件主力厂商

产品类型	主力厂商
中间件	IBM、Oracle、微软、惠普、BEA、东方通科技、中创、金蝶、普元等
协同软件	泛微、用友致远、金和、万户网络、协达、点击科技、金航数码、任我行、华天动力、红帆、灰姑娘、八百客等
网络安全软件	天融信、江民、瑞星、冠群金辰、趋势科技、赛门铁克、NAI、安氏等

应用软件是指直接完成某种具体应用而无需用户重新编程的软件。应用软件

一般是供最终用户使用的。这类软件的范围最广、产品最多。应用软件又分为通用应用软件和行业应用软件两类。中小企业实施最多的是其中的管理软件和工业软件。

第四节 管理软件市场

管理软件是指辅助人工完成企业或组织内部某类业务或全部业务管理的软件。它主要包括用友、金蝶、浪潮、SAP、Oracle、JDE、QAD 等众多厂商的财务管理软件、企业资源计划（ERP）软件、客户关系管理（CRM）软件、供应链管理（SCM）软件、人力资源管理（HR）软件、产品数据管理（PDM）软件、办公自动化（OA）软件、商务管理软件及其他通用性管理软件。企业管理软件主力厂商，见表 3－3。

表 3－3 企业管理软件主力厂商

产品类型	主力厂商
ERP 软件	SAP、Oracle、浪潮、用友、金蝶、鼎捷、INFOR、金算盘、QAD、博科资讯、任我行等
CRM 软件	SAP、Oracle、微软、用友、金蝶、SAGE、SalesForce 、Achievo、IBM、易达、神州数码、东软等
SCM 软件	博科资讯、用友、浪潮、金蝶、SAP、Oracle、明基逐鹿、金算盘等
HR 软件	用友、施特伟、万古、铂金、奇正、嘉杨、东软、金蝶、明基、朗新、益康世纪、天时智成、SAP、Oracle、点击科技等
BI 软件	SAS、Oracle、SAP、IBM、微软等

阿里巴巴集团旗下的子公司阿里软件，2009 年宣布斥资 10 亿元向国内中小企业推广管理软件，并承诺未来 3 年免费，发起面向中小企业的管理软件普及活动。其目标是在 3 年内使中小企业管理软件的普及率从 10% 提升至 40%。针对这一计划，阿里软件率先推出的一款产品是“钱掌柜”，包括了“财务、进销存、客户关系管理”企业管理三大核心应用。5 月中旬，任我行软件发起了一场主题为“普及到位实惠到底”的中小企业信息化普及活动，针对全国各地的小型企业、个体工商户、夫妻店等批发及零售企业，大力推广售价为 880 元的管家婆普及版软件。

一、ERP 软件

在国际金融危机的大背景下，中小企业已经成为各 ERP 厂商争夺的焦点。2009 年 6 月 6 日，在用友技术大会上，用友宣布以 698 万元收购一家提供 PLM（产品生命周期）解决方案的公司——重庆迈特，希望把 PLM 集成到用友的管理软件，向中小企业用户提供更加完善的解决方案。加上 4 月份在金融危机压力下中小企业刚刚推出的 T 系列产品，用友对中小企业投入了更多的关注。6 月 8 日，金蝶国际软件集团联合 IBM、百度、深圳发展银行、信用中国、中国中小企业协会、奇虎 360 等多家单位在北京发布“你的企业还能承受多久？——金蝶援助计划”。该计划将通过为中小企业客户提供包括管理软件、IT 硬件、管理培训、咨询、在线诊断、资信评估等内容，为企业主提供简单、易用、高投资回报率的企业管理综合解决方案。“金蝶援助计划”将推出包括融资包、成长包、订单包、转型包和创业包在内的 5 款产品。在推出“金蝶援助计划”的过程中，金蝶中小企业事业部经过了大量调研和客户访问，深入了解在当前经济环境下中小企业的生存现状，探求中小企业最切实的管理需求，并结合金蝶多年的管理经验为客户提供“可解燃眉之急的、有效的、性价比高的”管理解决方案。金融危机是一把双刃剑，既压迫着中小企业加快信息化转型，也压迫着 ERP 厂商激烈的竞争市场。中小企业使用的 ERP 软件厂商分布，如图 3－7 所示。

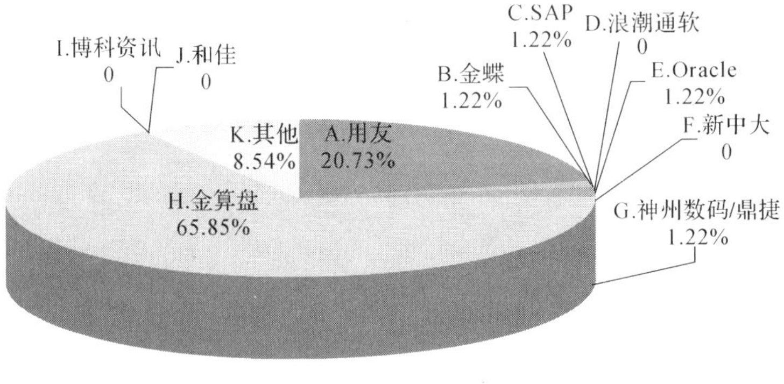

图 3－7　中小企业使用的 ERP 软件厂商分布

在被调查的中小企业中，86.36% 的企业应用了 ERP 系统，主要来自用友、金算盘、金蝶、鼎捷。ERP 实施之后，对应用效果满意的占 65.82%。其中，对 ERP 系统很满意的占 36.71%，对 ERP 系统比较满意的占 29.11%。中小企业对

ERP 软件的评价，如图 3 - 8 所示。

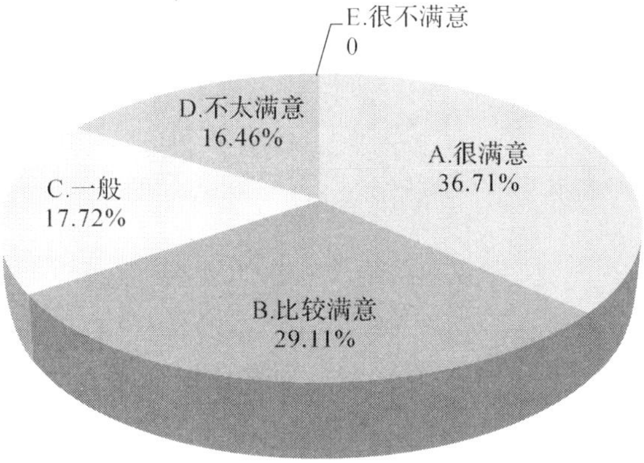

图 3 - 8　中小企业对 ERP 软件的评价

三大 ERP 主力厂商评价结果的排名依次是用友、金蝶、鼎捷。2009 年中国中小企业 ERP 市场主要厂商的竞争力评估，如图 3 - 9 所示。

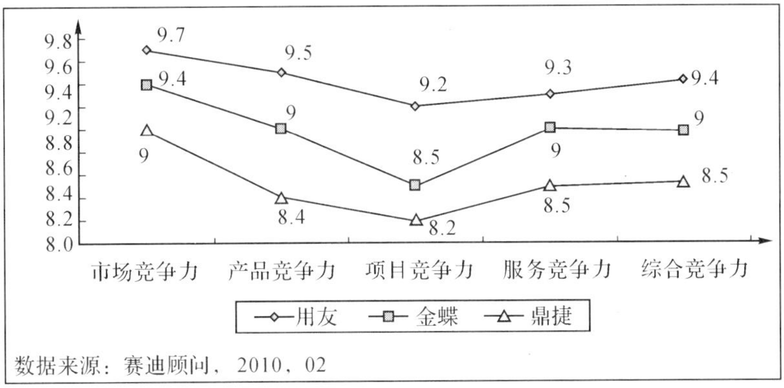

图 3 - 9　2009 年中国中小企业 ERP 市场主要厂商的竞争力评估

二、CRM 软件

37.8% 的企业应用了 CRM 系统。中小企业使用 CRM 系统的比例，如图 3 - 10 所示。CRM 系统主要来自微软、SAP、管家婆等。中小企业使用的 CRM 系统厂商分布，如图 3 - 11 所示。对 CRM 系统很满意或比较满意的占 77.42%。中小企业对 CRM 系统的评价，如图 3 - 12 所示。

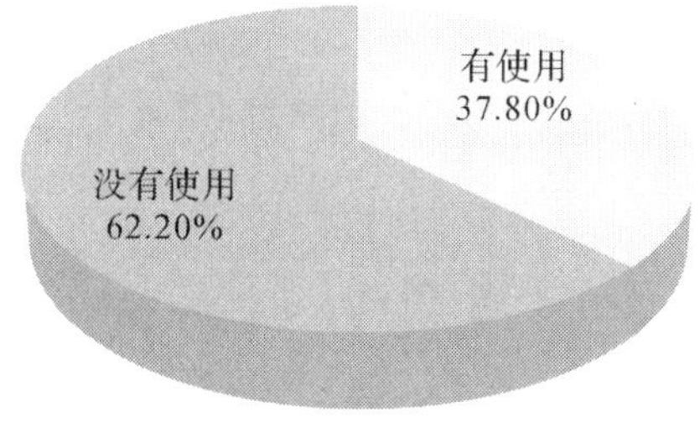

图 3-10　中小企业使用 CRM 系统的比例

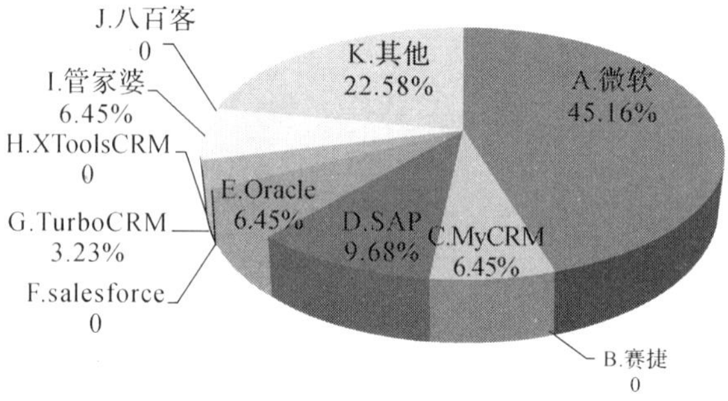

图 3-11　中小企业使用的 CRM 系统厂商分布

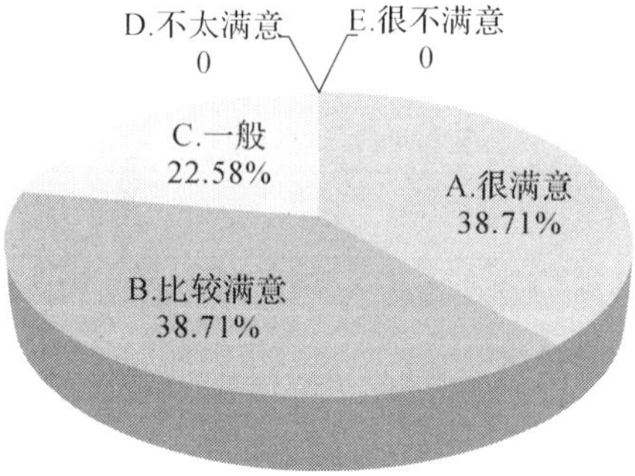

图 3-12　中小企业对 CRM 系统的评价

三大 CRM 主力厂商评价结果的排名依次是用友、微软、立友信。2009 年中国中小企业 CRM 市场主要厂商分的竞争力评估，如图 3-13 所示。

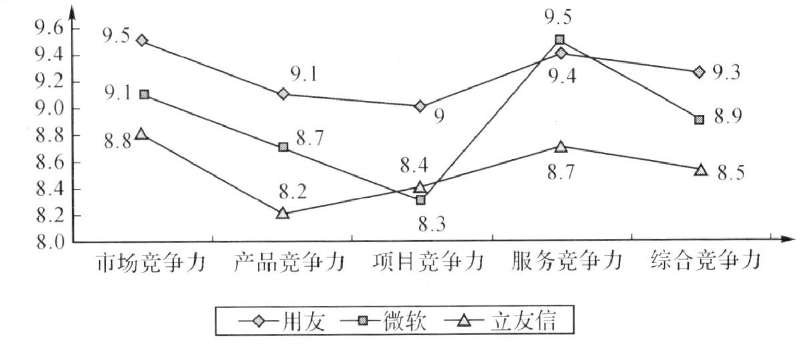

数据来源：赛迪顾问，2010，02

图 3－13　2009 年中国中小企业 CRM 市场主要厂商的竞争力评估

三、BI 软件

BI 主流厂商均来自国外，包括 Cognos、BO、Hyperion 等在内的 BI 著名品牌均在过去 3 年内被 IBM、SAP、Oracle 等收购。2010 年 3 月，用友发布 BQ 商业智能平台，这是继 2009 年年底收购广州尚南科技公司以来，用友进军商业智能（BI）领域的又一重要举措。

第五节　工业软件市场

工业软件包括 CAD 软件、CAM 软件、CAPP 软件、CAE 软件、工业控制软件、数控系统等。工业软件主力厂商，见表 3－4。

表 3－4　工业软件主力厂商

产品类型	主力厂商
CAD 软件	Autodesk、达索、PTC、CAXA、浩辰、中望、开目、清软英泰、艾克斯特、山大华天、天喻、天和软件、探索者、清华天河、成捷迅、华岩、博超、鸿业科技、优泰科技、清华斯维尔等
CAM 软件	Autodesk、达索、PTC 、CAXA、浩辰、中望、天舟兴业、UGS、山大华天、思普软件等
CAPP 软件	CAXA、艾克斯特、开目、山大华天、天喻、思普软件、天和软件等
CAE 软件	Autodesk、达索系统、PTC 、中望、思普软件等

(续)

产品类型	主力厂商
PDM/PLM 软件	用友、CAXA、艾克斯特、达索系统、西门子、开目、清软英泰、山大华天、天喻、思普软件、新模式、天和软件等
工业控制软件	CAXA、艾克斯特、开目等
数控系统	广州数控、法因数控等

计算机辅助设计(CAD)、计算机辅助制造(CAM)、计算机辅助工艺过程设计(CAPP)、计算机辅助工程(CAE)软件提供商主要有Autodesk、达索、艾克斯特、PTC、CAXA、浩辰、中望等。

北京数码大方科技有限公司(CAXA)是中国领先的工业软件和服务公司。它主要提供用于产品研发设计的“研发设计PLM解决方案”,包括二维、三维CAD,工艺CAPP和管理PDM等软件;用于产品生产制造的“数字化工厂PLM解决方案”,包括CAM、网络DNC、MES和MPM等软件。

广州数控设备有限公司(GSK)——中国南方数控产业基地是国内技术领先的专业成套机床数控系统供应商。其主营业务包括数控系统、伺服驱动、伺服电动机研发生产,数控机床连锁营销、机床数控化工程,工业机器人、精密数控注塑机研制、数控高技能人才培训。它是国内最大的机床数控系统研发、生产基地,有科研开发人员800多人,年投入科研经费占销售收入的8%以上,年新产品收入占总销售的75%以上。年产销数控系统连续10年全国第一,占国内同类产品市场的1/2份额。

在被调查的中小企业中,采用的CAD软件主要是AutoCAD,占80.77%。中小企业使用的CAD软件厂商分布,如图3-14所示。采用的PDM/PLM软件主要来自北京数码大方科技有限公司、上海思普公司、南京东大软件公司。中小企业使用的PDM/PLM软件厂商分布,如图3-15所示。31.58%的企业对PDM/PLM软件很满意或比较满意。中小企业对PDM/PLM软件的评价,如图3-16所示。

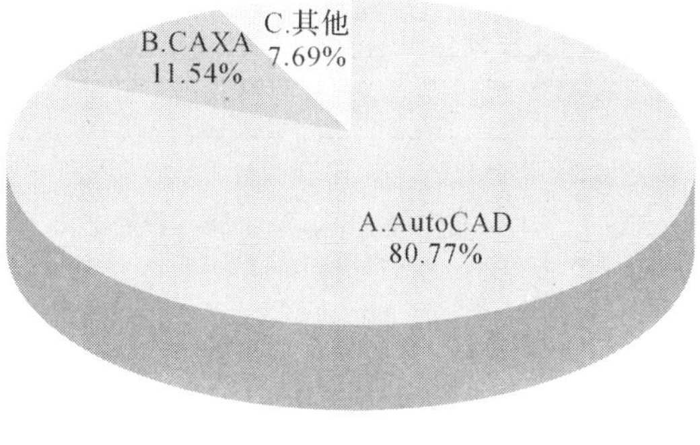

图 3－14　中小企业使用的 CAD 软件厂商分布

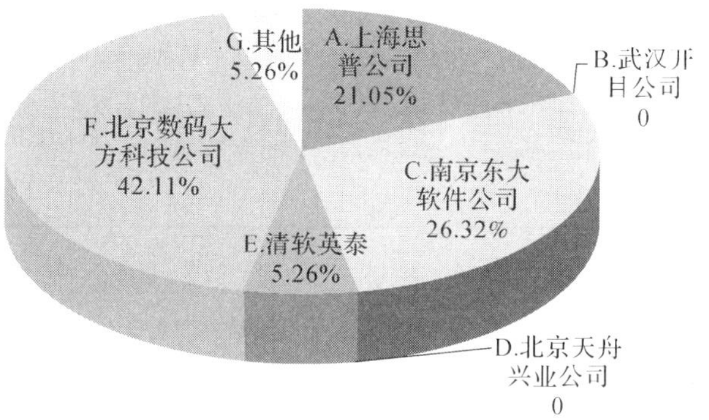

图 3－15　中小企业使用的 PDM/PLM 软件厂商分布

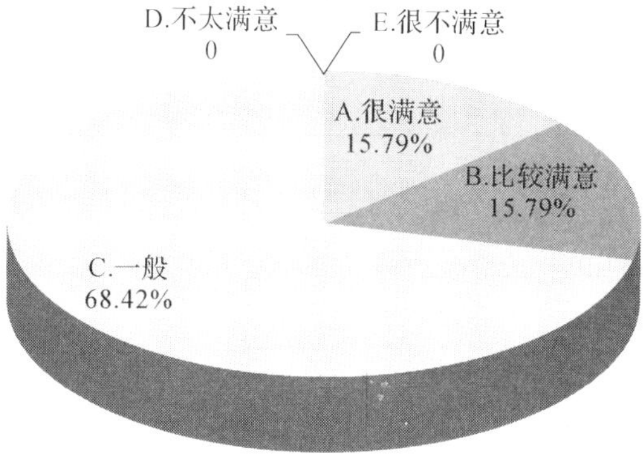

图 3－16　中小企业对 PDM/PLM 软件的评价

主要软件提供商的产品、解决方案和优势，见表3－5。

表3－5 主要软件提供商的产品、解决方案和优势

厂商	提供的产品	优势
IBM	IT基础架构解决方案、商务智能（BI）、供应链管理（SCM）、企业资源计划（ERP）、客户关系管理（CRM）、产品生命周期管理（PLM）、协同办公、内容管理、信息集成	强大的技术实力和技术引领作用
Oracle	数据库、中间件（应用服务器、面向服务的架构、内容管理、Enterprise 2.0和门户、身份管理、Enterprise Manager for Middleware等）、管理软件（Oracle电子商务套件、PeopleSoft Enterprise、应用集成架构、业务流程外包、客户关系管理、Enterprise Manager for Applications、商务智能、财务管理、公司治理、风险管理和法规遵守管理、人力资本管理、主数据管理、Oracle融合管理软件、Oracle CRM On Demand、Product Lifecycle Management、项目组合管理、供应链管理、Transportation Management、用户生产力套件与辅导软件）	全面而完善的产品类别，覆盖面广
微软	Windows操作系统、数据库、微软Dynamics系列（CRM、商务管理）、企业生产力基础结构（企业协作、统一沟通、商业智能、企业内容管理、企业搜索）	强大的技术实力和整合优势，易于提供集平台、数据库、企业应用于一体的融合性软件
SAP	SAP可持续发展解决方案、客户关系管理、企业资源计划、产品生命周期管理、供应链管理、供应商关系管理、服务与资产管理、Linux解决方案、移动商务解决方案、SAP xApps 、SAP BusinessObjects（智能平台 、GRC解决方案 、企业绩效管理解决方案）	拥有较广泛的合作伙伴，较强的技术实力
用友	分销管理、供应链管理、财务管理、人力资源管理、客户关系管理、商业智能分析、生产制造管理、移动应用MERP、电子商务、产品生命周期管理、集团控制（国际化集团财务管理、内控与企业风险管理、集团资产与采购管理、集团协同门户等）、在线应用服务（客源滚滚系列、财源滚滚系列、移动应用）	比较大的市场份额，客户较稳定，易于推广产品；产品丰富；推出了在线应用，引领趋势
金蝶	财务管理、人力资源管理、制造管理、供应链管理、客户关系管理、战略管理、协同管理、企业资产管理（其中，金蝶K/3、金蝶KIS针对中小企开发）	较大的市场份额，对中小企业有针对性的产品

第六节　中小企业软件市场存在的问题

一、软件企业规模小、实力弱

在中小企业软件提供商中，除了用友、金蝶、鼎捷、金算盘等软件企业具有一定规模外，绝大多数软件企业的规模都很小，技术实力弱，服务能力低。许多软件企业的人员规模在 50 人以下，有相当一部分软件企业的人员规模在 20 人以下。近 9 届中国软件百强名单的平均更新率达到 25%，显示出中国软件业的激烈竞争和沧桑变化。单个软件企业规模普遍偏小、抵御风险能力不足是名单不断变化的重要原因。

二、管理软件同质化现象比较严重

管理软件经过十几年的高速发展，已经进入了瓶颈期。目前，中国的 ERP 产业在经历了两三年的风光后，陷入了困局。激烈的恶性竞争使得供应商经营难度越来越大，营业额虽然在上涨，但利润率却不断下滑。造成恶性竞争的根本原因在于国内 ERP 产业的同质化现象越来越严重。

三、工业软件市场发育不足

相对管理软件市场而言，我国工业软件市场发育明显不足。2010 年 5 月底，工业和信息化部公布的 2010 年（第九届）中国软件业务收入前百家企业名单显示，以工业（控制）软件为主的企业有 16 家，收入只占百家企业的 8%。以工业设计领域为例，常用的平面设计软件 Photoshop、Illustrator、CorelDRAW 等，常用的三维设计软件 3DMAX、Alias、Maya、Rhino、CINEMA4D 等，常用的计算机辅助设计软件 AutoCAD、Pro/E 等都是国外软件。此外，在工业控制、工业仿真、嵌入式软件等领域，国产软件的市场份额很低。

第七节　中小企业软件市场发展对策

一、出台软件业扶持政策措施

为软件企业提供更加优惠的税收、人才引进、贷款、融资、政府采购等方面的政策。加大对软件企业的专项资金扶持力度。以政府集中采购的方式，为中小企业发放一些应用效果好、质量高的软件产品。借鉴“家电下乡”的做法，开展“信息化进中小企业”的活动，中小企业从软件企业购买指定的产品和服务，政府财政给予一定比例的补贴。

二、提高软件产品的实用性和易用性

为中小企业提供的软件产品需要具备实用性和易用性的特征。对于中小企业来说，软件的功能不一定要很复杂，对企业的管理要求可以不高，但是一定要实用，能覆盖到企业管理的各个方面，同时还要容易上手，易学易用，容错性要好。如果操作人员的素质不高，使用中出错的概率就会很高。

三、采取灵活的市场营销策略

针对中小企业的特点，软件厂商可以采取捆绑销售、价格折扣、免费试用、租用、分期付款、套餐等灵活的市场营销手段来开拓中小企业软件市场，降低中小企业信息化的门槛。

第四章　中小企业硬件市场分析

硬件是企业信息化的基本物质基础，是中小企业进行信息化建设的必要条件。中小企业对信息化硬件设备的要求已经与过去有了很大的不同，硬件提供商既要看到中小企业对硬件设备的现实和潜在的需求，又要从价格、服务、质量等多方面下功夫，为中小企业提供质量可靠、性能稳定、价格合理、服务良好的信息化硬件设备，为中小企业信息化提供卓越的硬件保障。硬件设备主要包括主机类设备、外部设备和网络设备等。

第一节　总体情况

一、市场规模

2009 年，中小企业的硬件投资达到了 1199.1 亿元，同比增长 3.0%，相比 2008 年同期 1.7% 的下降而言形势有所好转。这主要得益于笔记本电脑、上网本等主机类设备采购以及光网络等网络设备采购的增长。2006－2009 年中国中小企业硬件投资规模，如图 4－1 所示。

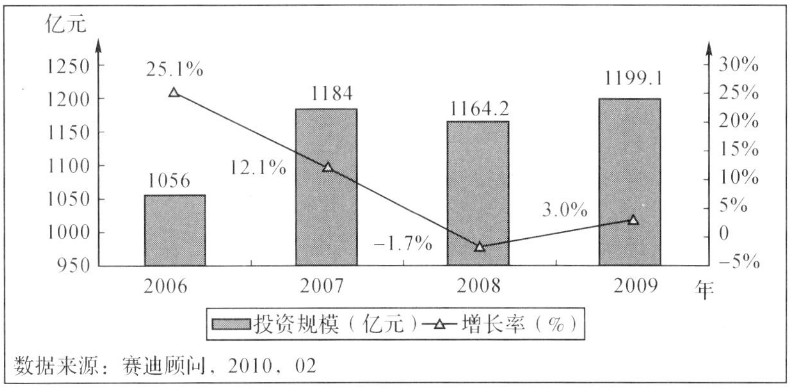

图 4－1　2006－2009 年中国中小企业硬件投资规模

2008－2009 年中国中小企业硬件市场规模，见表 4－1。

表 4－1　2008－2009 年中国中小企业硬件市场规模

	2008 年/亿元	2009 年/亿元	同比增长率（%）
主机类设备	501.2	525.1	4.8
外部设备	228.7	231.2	1.1
网络设备	74.2	77.4	4.3
其他设备	360.1	365.4	1.5
硬件整体	1164.2	1199.1	3.0

预计未来两年，中小企业硬件投资将保持较低速度的增长，到 2012 年，硬件投资规模将达到 1344.3 亿元，未来两年的复合增长率为 3.9%。2010－2012 年中间中小企业硬件投资规模预测，如图 4－2 所示。

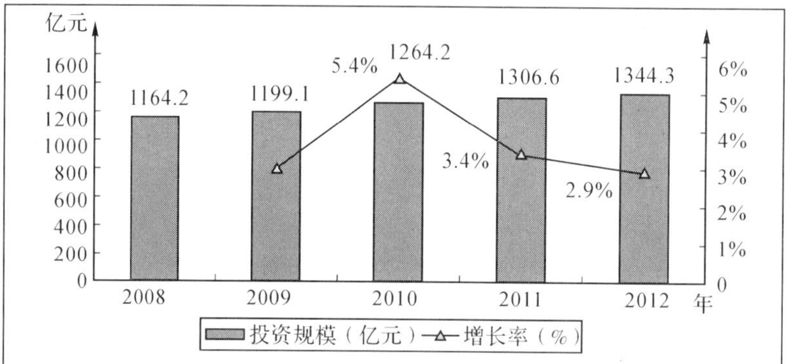

数据来源：赛迪顾问，2010，02

图 4－2　2010－2012 年中国中小企业硬件投资规模预测

二、市场结构

从硬件投资结构上来看，主机产品在笔记本电脑等基础办公需求的带动下，占比达到 43.7%。笔记本电脑取代台式 PC 日益明显，中小企业采购笔记本的数量上升很快，台式 PC 出现明显的下降趋势。在服务器的应用上，虚拟化作为降低 IT 成本的一种重要手段，近几年来也取得了长足进步，特别是 Nehalem 平台的出现对虚拟化技术的推广起到了关键作用。中小企业对服务器升级换代的反应速度加快，因此对服务器产品的需求有所提升。在显示器方面，网吧专用显示器的主要功能除了防盗、耐用外，绿色、环保、节能也成为了网吧业主在采购时的重要参考指标。2009 年中国中小企业硬件投资结构，如图 4－3 所示。

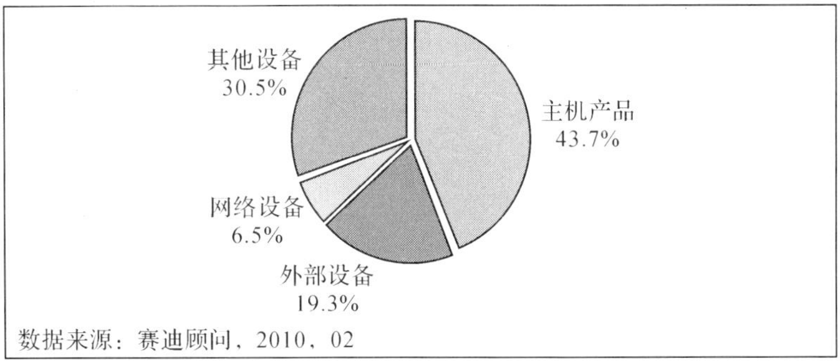

图 4－3　2009 年中国中小企业硬件投资结构

第二节　市场特点

1. 性价比成为影响桌面级产品购买的最关键因素

随着笔记本电脑性价比的进一步提升，对台式 PC 的替代效果更加明显，而台式 PC 的价格期望也在进一步降低。2009 年，在对中小企业用户购买台式 PC 的价格的调查中，有 57.2% 的用户选择了 4000 元以下的低价台式机；选择 4000 ~6000 元的用户为 36.4%；选择 6000 元以上的用户仅为 6.4%。2009 年中国中小企业台式 PC 采购价格倾向，如图 4－4 所示。

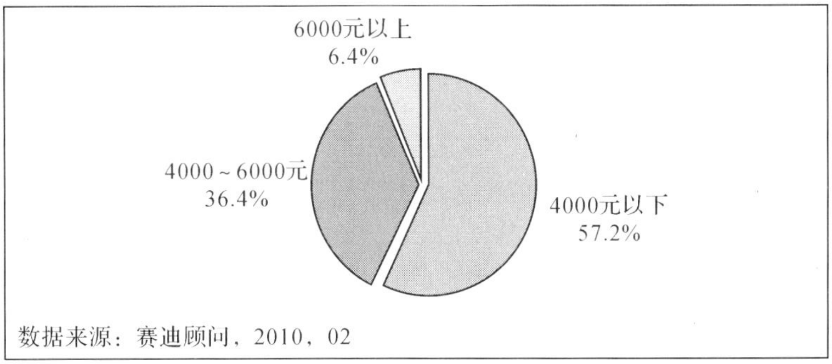

图 4－4　2009 年中国中小企业台式 PC 采购价格倾向

笔记本电脑的价格下降也使得中小企业用户对未来采购价格的预期下调，尤其是在产品标准化、同质化的情况下，用户更多地将其作为办公用基础设备。从价格倾向来看，5000 元以下的比例达到 45.5%，5000 ~ 8000 元的比例达到 46.9%，8000 元以上的比例仅为 7.6%。2009 年中国中小企业笔记本电脑采购价格倾向，如图 4－5 所示。

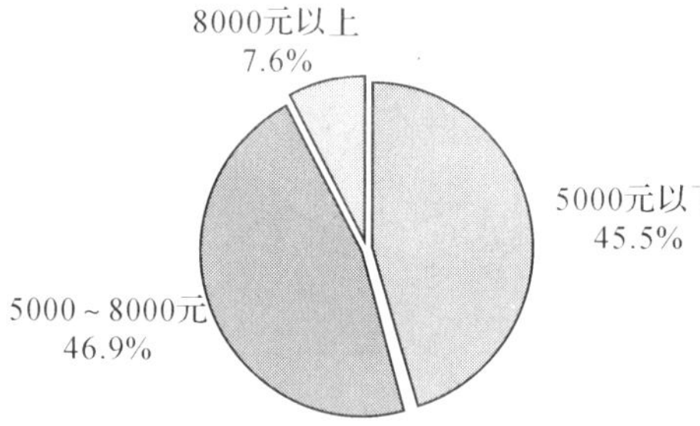

数据来源：赛迪顾问，2010，02

图 4－5　2009 年中国中小企业笔记本电脑采购价格倾向

2. 外部设备倾向于外包服务

外部设备的管理和采购主要放在了传统的行政和后勤部门，相对于服务器、网络、存储、ERP 等来说，打印在企业内部不大受重视，很少得到系统性的规划。但是，在金融危机的影响之下，中国的中小企业开始重视打印尤其是耗材带来的支出费用，催生了打印外包在中国的发展。2009 年，更多的中小企业用户开始选择这一服务模式，而减少了打印及耗材方面的采购，使得外部设备的投入比例减少。

3. 虚拟化技术在中小企业的应用需求快速上升

很多中小企业都处在业务摸索阶段，需要整套 IT 系统有很强的灵活和适应性。同时，很多中小企业处在快速成长期，业务量日益上升，也对其 IT 系统提出了高成长性的要求。因此，中小企业需要动态适应企业业务拓展的 IT 系统，随着企业的业务变化而智能调整资源分配，以保障投资利益。虚拟化由于其灵活的业务部署和可扩充特性，成为了解决此类问题的最佳方案。从硬件采购的角度来看，中小企业购买服务器对虚拟化技术的要求越来越高。中小企业将自己的业务从机架服务器上搬移至虚拟机上。这样，一方面虚拟机可以用另一台物理机上同样的虚拟机做冗余备份，另一方面也保证了服务器的利用率。

第三节　重点产品品牌分布

一、台式 PC

2009 年，中小企业对台式 PC 的需求注重性价比，随着国际品牌的价格下调，国内品牌的价格优势不再，联想、戴尔、惠普前三的市场份额进一步提高，联想依然稳居中小企业台式 PC 市场的第一。2009 年中国中小企业台式 PC 采购品牌结构，如图 4－6 所示。

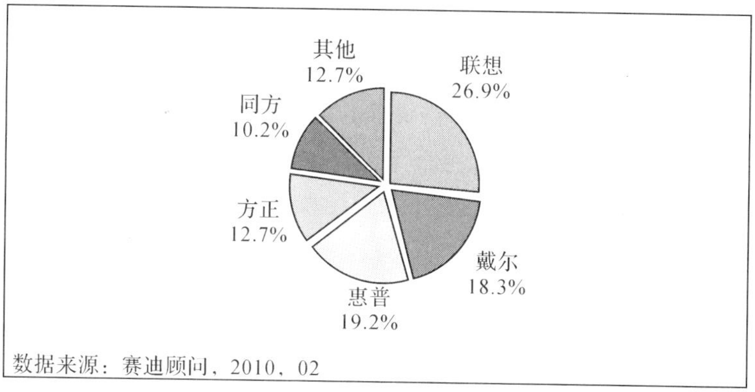

图 4－6　2009 年中国中小企业台式 PC 采购品牌结构

二、笔记本电脑

2009 年，随着笔记本电脑产品性价比的进一步提升，中小企业对笔记本电脑的采购持续增长，销量增长率达到 42.4%。从品牌来看，联想、惠普、戴尔依旧具有较好的市场表现。2009 年中国中小企业笔记本电脑采购品牌结构，如图 4－7 所示。

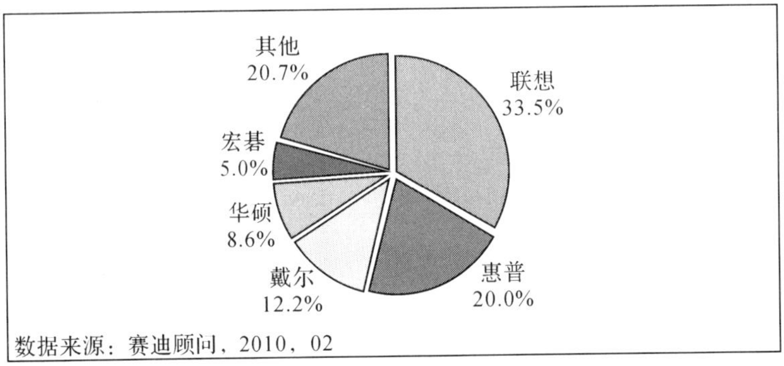

图4－7　2009年中国中小企业笔记本电脑采购品牌结构

三、服务器

近年来，随着中小企业对服务器要求的增加，带动了中低端服务器需求的增长。2009年中国中小企业X86服务器采购品牌结构，如图4－8所示。

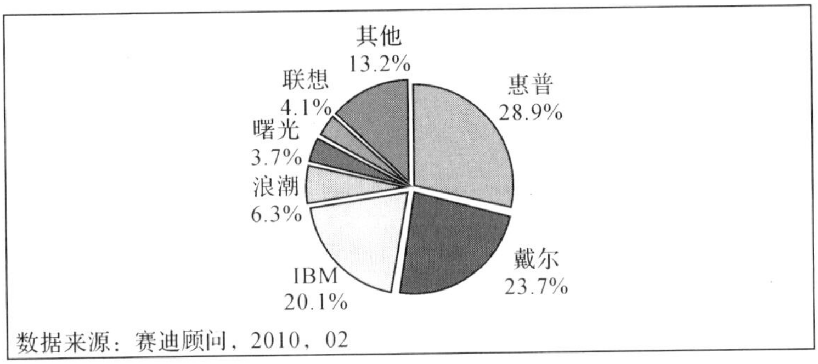

图4－8　2009年中国中小企业X86服务器采购品牌结构

主机类设备主力厂商，见表4－2。

表4－2　主机类设备主力厂商

产品类型	主力厂商
PC	联想、惠普、戴尔、华硕、宏碁、方正、三星、TCL等
服务器	IBM、联想、浪潮

外部设备主要包括传真机、打印机、复印机、扫描仪、刻录机、键盘、鼠

标、音箱、移动硬盘、UPS 等。外部设备主力厂商，见表 4 – 3。

表 4 – 3　外部设备主力厂商

产品类型	主力厂商
打印机	惠普、利盟、爱普生、佳能、三星、联想、明基、富士施乐、方正、映美、松下、OKI、富士通等
复印机	东芝、佳能、理光、施乐、松下、夏普、美能达等
传真机	松下、佳能、三星、兄弟、飞利浦、理光、SVA、光电、联想等
扫描仪	佳能、中晶、爱普生、紫光、惠普、明基、汉王、方正、虹光等
刻录机	先锋、索尼、三星、华硕、明基、LG、台电、建兴、飞利浦、浦科特等
投影机	明基、索尼、爱普生、奥图码、三洋、日立、三星、夏普、纽曼、NEC、松下、丽讯等
移动硬盘	希捷、纽曼、西部数据、日立、联想、力杰、东芝、爱国者等

四、网络设备

在被调查的中小企业中，中小企业购买的网络设备主要来自华为、中兴和 TP – Link。中小企业网络设备主要厂商分布，如图 4 – 9 所示。

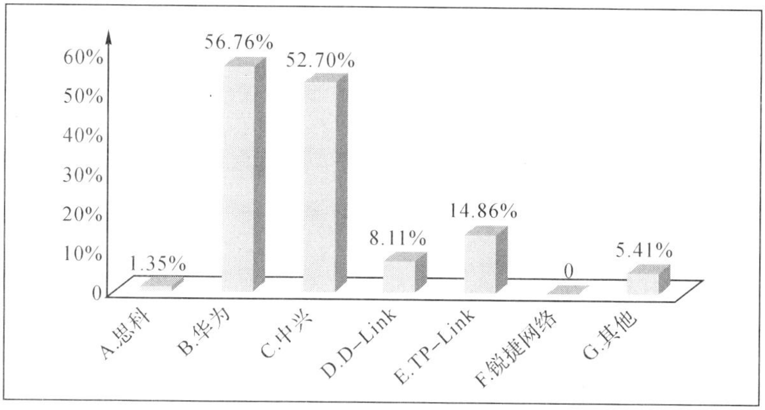

图 4 – 9　中小企业网络设备主要厂商分布

网络设备主力厂商，见表 4 – 4。

表 4 – 4　网络设备主力厂商

产品类型	主力厂商
服务器	IBM、惠普、戴尔、联想、正睿、浪潮、曙光

（续）

产品类型	主力厂商
交换机	H3C、腾达、思科、TP - Link、IP - COM、D - Link、华为等
路由器	TP - Link、腾达、D - Link、IP - COM、思科、H3C、飞鱼星等
无线网卡	TP - Link、水星、D - Link、B - Link、腾达、迅捷网络、Netcore 等
网络存储	QLogic、博科、IBM、惠普、戴尔、EMULEX、思科、NETGEAR、D - Link、金品、华艺、LSI Logic、Overland 等
防火墙	安氏领信、思科、Juniper、H3C、天融信、飞塔、联想网御、NETGEAR、SonicWALL、诺基亚、东软、启明星辰、金山 KingGate、方正等

部分主要硬件厂商提供的产品和解决方案，见表4－5。

表4－5　部分主要硬件厂商提供的产品和解决方案

厂商	提供的产品	针对中小企业的产品或解决方案
华为	路由器、交换机、业务控制网关、资源策略控制系统、网管产品、安全产品（数组备份、数据容灾）、终端产品（移动宽带、手机、融合终端、固网 CPE、视频通信）等	小型企业局域网组网方案、中型企业局域网组网方案、企业广域网解决方案、三网融合解决方案（语音、数据、视频）
联想	商用台式机、商用笔记本电脑、图形工作站、服务器与存储、打印机及耗材、投影机、鼠标、内存电池、电源、摄像头、移动硬盘、存储卡	商用台式机、商用笔记本电脑、图形工作站、服务器与存储、打印机及耗材、投影机
思科	网络系统（路由、交换、网络管理、思科 IOS 和 NX - OS 软件、板卡与模块、光网络）、协作、语音和视频（语音和统一通信、网真、视频、宽带有线和内容传输、Service Exchange、WebEx、通用网关和接入服务器（US））、安全（网络安全、虚拟专用网（VPN）、安全管理、物理安全和建筑物系统、防火墙（US））、数据中心（统一计算、应用网络服务、存储网络、数据中心交换机、刀片交换机（US））、移动/无线（无线网络、无线局域网控制器、接入点（US）、室外无线（US））等	路由器与交换机（交换机、路由器、配件）、安全（视频监视、垃圾邮件和病毒拦截器、自适应安全设备、安全服务网关）、语音和电话会议（语音系统、电话、语音网关和配件、电话会议）、无线（接入点、无线局域网控制器）、网络存储（网络存储系统、持续数据保护）

（续）

厂商	提供的产品	针对中小企业的产品或解决方案
浪潮	服务器（存储服务器、架式服务器、塔式服务器、刀片服务器、安全服务器、节能服务器）、存储产品、浪潮计算机、MAS 服务器、税控产品、信息安全（网泰防火墙 、网泰入侵检测系统 、网泰安全隔离与信息交换系统 、网泰 VPN 系统）、数字媒体、加固产品、自助设备	服务器、存储产品、浪潮计算机、MAS 服务器、税控产品、信息安全
惠普	服务器、惠普刀片系统、存储设备、企业打印解决方案、打印耗材、ProCurve 网络设备、Halo 远程展现系统、笔记本与平板电脑、台式机与工作站、打印机与多功能一体机、显示器、掌上电脑及计算器、扫描仪、耗材与附件	笔记本与平板电脑、台式机与工作站、打印机与多功能一体机、打印耗材、显示器、掌上电脑及计算器、扫描仪、服务器、存储设备、耗材与附件、惠普灵动商务应用解决方案（高效沟通解决方案、业务保护解决方案、信息安全解决方案、移动办公解决方案）、惠普灵动商务行业解决方案
戴尔	台式计算机、笔记本电脑、服务器（刀片式服务器、机架式服务器、入门级网络服务器、远程办公解决方案、塔式服务器、机架机柜）、存储器（磁盘备份、磁带备份、网络化存储、直连式存储）、交换机、显示器、打印机及墨盒、电子产品及附件、投影机	台式机计算机、笔记本电脑、服务器、存储器、交换机、显示器、打印机及墨盒、电子产品及附件、投影机、技术解决方案、智能数据管理方案、IT 基础架构管理方案、虚拟化解决方案、应用管理解决方案、移动性解决方案、安全性解决方案
华硕	台式计算机、笔记本电脑、显示器、Eee 家族、手持导航、网络产品（路由器、网卡、交换机）、服务器与工作站（机架式服务器、塔式服务器）、PC 配件（机箱、显卡、主板、多媒体产品、光存储、电源、散热器）等	台式计算机、笔记本电脑、显示器、网络产品、服务器与工作站、PC 配件

第四节　中小企业硬件市场存在的问题

一、硬件厂商售后服务跟不上

很多中小企业所在的地区不是很繁华，硬件厂商在这类地区的服务网络不完善，中小企业出现的问题得不到快速的响应和解决。一些中小企业选择的产品并不是知名品牌，产品服务的保障能力有限。另外，硬件厂商缺少对中小企业使用其产品的培训，在产品出现问题时无法依靠企业员工直接解决问题，延长了解决产品问题的时间。

二、硬件产品同质化现象严重

目前，市场上的硬件产品种类繁多，如台式计算机、笔记本电脑、服务器、传真机、打印机、复印机、扫描仪、路由器、交换机防火墙等，而每一种产品又同时有多个品牌，在技术日益成熟的今天，很多产品表现出同质化的特征，使中小企业不知如何才能选择到适合自己的产品。例如，仅笔记本电脑这一种产品，就有海尔、索尼、ThinkPad、多彩、三星、明基、星天地、长城、苹果、富士通、微星、Gateway、七喜、七彩虹、新蓝、万利达、Alienware 等众多品牌。

三、部分硬件存在假冒伪劣产品

针对硬件产品，现在市场上存在两种假冒伪劣的情况。一是部分名牌产品中存在高仿产品，特别是一些技术门槛低的名牌产品，品牌效应好、成本投入低，深受一些山寨企业的追捧，造成同一种产品鱼龙混杂，质量得不到保证。二是部分中小企业为节约成本，选择低价的硬件产品，而低价产品中不乏假冒伪劣产品，这类产品在做工、质量、耐用性和售后服务等方面都可能有严重缺陷，中小企业采用这类产品搭建系统会存在严重隐患。针对这样的情况，中小企业应学会选择口碑、质量和服务俱佳的产品，慎重选择产品经销商。

第五节　中小企业硬件市场的发展对策

一、采取灵活的销售策略

对于中小企业而言，硬件采购的一次性投入成本过高，短期之内看不到投资回报率。因此，硬件厂商要采取灵活的销售策略，如分期付款、租用等。以前分期付款的产品在服务器等相对高端的产品，现在面临着资金问题的中小企业，如果能提供多种终端硬件产品的分期付款，让企业客户仍能维持既定的 IT 采购，对提升竞争力有重要的作用。

二、从产品化向服务化转型

中小企业的系统建设越来越多地采用外包的方式，而且对系统集成、运行维护、培训等方面的服务需求也越来越强烈，硬件厂商需要积极向软件和 IT 服务领域延伸，提供一站式的打包服务。在为中小企业提供硬件产品的同时，应配套为其提供相应的软件产品、运行维护、培训等服务。硬件厂商可以通过自主研发和合作的方式来实现硬件、软件和 IT 服务的打包。

三、积极发展云计算服务

鼓励发展面向中小企业的云计算服务，同时解决好安全、网络速度、可靠性，为中小企业提供廉价的存储和计算能力。发展云计算服务，可以带动服务器、存储设备市场的发展。

第五章　电信运营商为中小企业提供信息化服务的情况

第一节　中国移动

一、主要产品和解决方案

中国移动目前已形成“三层六类”的信息化产品体系，“三层”依次是标准化产品、行业解决方案和集成服务，“六类”分别是基础通信、办公管理、营销服务、生产控制、行业解决方案和集成服务。中国移动针对中小企业提供的信息化产品分为专项产品、动力100业务包和行业解决方案。中国移动中小企业信息化产品，见表5－1。

表5－1　中国移动中小企业信息化产品

企业需求	专项产品	动力100业务包	行业解决方案
通信保障	基础语音、无线商话、手机对讲（PDC）、电话会议、视频会议、专线专网、无线宽带、固定宽带、集团V网、融合通信、IDC、商务宝、集团短/彩信	集团V网＋宽带＋固话＋移动总机＋短号短信	目前，在多个行业开展了信息化应用，提供个性化解决方案，如商贸、交通物流、制造等
办公管理	集团通信录、企业有限、手机邮箱、黑莓（BlackBerry）、移动办公、一卡通、移动财务	集团V网＋宽带＋固话＋企业邮箱＋移动OA＋商务宝	
营销管理	集团彩铃，客户服务中心，移动总机，移动400、800、12580，企业建站，移动CRM	集团V网＋宽带＋固话＋企业建站＋集团彩铃＋移动400	
生产控制	M2M应用、视频监控、车务通		

中国移动面向集团客户推出的品牌是“动力100”。“动力100”依托中国移

动的强大实力和科技创新，致力于为集团客户提供综合信息化应用服务，并从效率、创新、竞争、共赢4个层面帮助各行各业推进信息化进程。

中小企业信息化服务包是中国移动携手中国工商银行、中国农业银行、中国民生银行以及用友集团、浪潮集团共同为中小企业量身定制的综合信息化系列优惠服务举措。其内涵可概括为信息化产品服务、金融产品服务、软件产品服务3类产品；节省成本、提高效率、捕捉商机、争取资金四大收益；上门服务、优惠体验、专项资金、绿色通道、企业家俱乐部五大尊崇服务。

二、发展特点

中国移动依托自身强大的实力，提供丰富、全面的信息化产品。其面向集团客户的品牌“动力100”，提供的信息化产品覆盖企业生产控制、办公管理、营销服务等各个环节，服务行业包括汽车、机械、电子、快速消费、纺织和原材料加工等多个领域。另外，中国移动“动力100”根据企业的需求，提供生产控制、办公管理、营销服务和基础通信综合解决方案和动力包，信息化产品具有很强的综合性和适应性。解决方案以丰富的信息应用大大提高中小企业的信息流通效率，使企业内部管理人员之间的沟通交流更为顺畅，帮助中小企业跨越庞大的IT基础设施投资壁垒，实现“突围”式的发展。在3个动力包中，通信动力包简约而富于实效，可为企业节省大量的日常通信成本，其主打产品为VPMN，形成“VPMN+移动总机”和“VPMN+移动短号短信”两种模式；办公动力包则着眼于在基础通信服务之上，发挥移动互联优势，满足中小企业高效办公的需求，实现移动办公，不受空间限制；营销动力包更适合于有广泛的外界沟通需求、追求销售业绩、注重客户服务满意度、对销售量和销售管理较敏感的企业。

创新服务模式。中国移动在深入研究的基础上，为中小企业打造了ADC（Application Data Center）服务模式。ADC服务基于完善的、相对标准化的后台支撑，可以为不具备传统OA、邮件、ERP和MIS等信息化系统的客户提供基于移动终端的托管式的信息化应用服务。企业只要将终端接入互联网，并远程登录中国移动的ADC平台，就可以获得企业办公、财务管理、销售管理、无线网站和客户管理等丰富应用。ADC服务模式具备以下特点：一是ADC服务最大的优点是低成本，能够以较低的门槛为中小企业提供入门级的信息化应用；二是ADC在商务模式上具有即开即用、免维护的特征，中国移动可以在后台打造一系列标准化的解决方案；三是 ADC 服务的移动性特征符合中小企业的运营特征。

产品创新性明显。中国移动开发了一些独具特色的业务，如 IDC 数据中心、移动财务和企业一卡通。这些产品是其他两家运营商没有提供的。互联网数据中心（Internet Data Center）简称 IDC，是中国移动整合网络通信线路、带宽资源，建立的标准化的电信级机房环境，可以为企事业单位提供服务器托管、租用、接入、运营维护等一揽子服务；移动财务使企事业单位的管理人员和财务人员可以通过手机等移动终端实现数据查询、上报、审批等各类财务管理以及分析、预警和控制工作；企业一卡通是升级手机 SIM 卡支持非接触通信技术（RFID），配合单位的内部 IT 系统改造，员工手机“刷卡”实现考勤、门禁、就餐、停车，并享受缺勤提醒、消费账单通知等增值服务。

领跑 M2M 应用业务。M2M（Machine to Machine）应用是基于特定行业终端以移动通信网络为传输载体，为集团客户提供设备到设备、设备到人、人到设备的信息传递，从而实现生产过程监控、指挥调度、远程数据采集、远程诊断等行业应用。其适用于金融、制造、能源、公共事业、环保、气象等各个行业。典型的应用业务有电力无线抄表、物流货物跟踪、企业安防监控、能源安全管理、制造业生产控制、车辆监控调度等。中国移动在 2007 年前后就在重庆建立了 M2M 运营支撑中心，负责全国 M2M 产品的研发、M2M 平台的建设等工作。据了解，目前中国移动 M2M 业务管理平台已实现 3 次全面升级，初步具备了全网业务支撑能力，在 M2M 业务领域处于一级平台地位，并建立了 M2M 门户网站。中国移动针对 M2M 的战略部署是，在卡号资源上对 M2M 的规模化发展提供储备，加强对 M2M 业务的宣传，加强与客户的沟通，并在此基础上以行业应用标杆推动具体业务的规模化发展。截至 2009 年年末，中国移动 M2M 终端已达 300 万，年均增长超过 80%，在全国超过 30 个省份开通了 M2M 业务，中国移动的 M2M 业务走在三大运营商的前列。

广泛深入推进中小企业信息化工作。中国移动依托丰富而全面的信息化产品，广泛深入地参与了中国小企业信息化进程。早在 2007 年，中国移动北京公司推出专为中小企业量身打造的手机邮箱中小企业版、无线网站、移动 OA 及移动进销存 4 款行业应用托管解决方案（ADC）新业务。2009 年 10 月，广东省信息产业厅、广东省中小企业局与中国移动广东公司启动了“中小企业信息化种子计划”，旨在全力推进广东省中小企业信息化建设，助力中小企业的快速发展。

2009 年 11 月，中国移动与用友正式签署战略合作协议，将共同推进双方客户的移动信息化，并互为业务推广合作伙伴，旨在通过技术、资源、客户、渠道的资源共享和整合，把握 3G 机遇，提速企业管理升级转型。2009 年 12 月，山东省中小企业办公室与中国移动山东公司就信息化推进中小企业营销方式、管理方式创新签署合作协议，从 2010 年开始，双方将共同实施全省中小企业信息化普及活动，2010 年至少在 10 万家中小企业开展移动信息化体验和普及，争取 3 年内在全省大部分中小企业普及信息化，推动中小企业转方式、调结构，提高增长质量和效益。2010 年 2 月，辽宁省中小企业厅与中国移动辽宁公司签署共同促进辽宁中小企业信息化发展合作协议，合作开展“中小企业信息化百千万发展规划”和“中小企业信息服务畅通计划”，在中小企业中实施辽宁移动专为辽宁中小企业设计的“动力 100 业务包”。另外，中国移动启动了“网络商学院之中小企业种子计划”。“网络商学院”旨在通过构建中小企业产品供需发布与交流“双网”门户，为中小企业提供建站、综合通信等信息化服务，帮助中小企业通过互联网和移动通信网进行营销推广，提升中小企业的市场开拓能力，并在此基础上推动中小企业的电子商务应用。

三、市场活动

为助力中小企业发展，在各级政府及相关部门的大力支持下，中国移动联合中国工商银行、中国农业银行、中国民生银行以及用友集团、浪潮集团等厂商，集合优势，各展所长，一站服务，联手推出“中小企业信息化服务包”，开展“百万中小企业信息化体验活动”（简称“百万计划”）。

中国移动与各级中小企业主管部门建立起密切联系，与价值链各环节进一步加强合作，深化互信、互利共赢，组织了数百场研讨会和上千场培训。

“中小企业信息化服务包”包括 3 类产品、4 大收益、5 项尊崇服务。“3 类产品”是指中国移动“动力 100”系列产品、银行金融类系统列产品、软件类系列产品；“4 大收益”是指中小企业通过使用信息化服务包在节省成本、提高效率、捕捉商机、争取资金 4 个方面获得显著收益；“5 项尊崇服务”是指使用信息化服务包的客户在享有常规服务的基础上，还可以尊享上门服务、优惠体验、专项资金、绿色通道、企业家俱乐部的服务。

第二节 中国电信

一、主要产品和解决方案

中国电信面向企业客户推出的客户品牌是商务领航。商务领航针对不同类型企业客户的综合通信和信息需求，提供通信应用、信息应用、行业应用，满足客户提升企业形象、降低运营成本、增加商业机会、促进业务增长、提高工作效率及一站式服务等方面的需求。

中国电信提供的信息化产品和解决方案，见表5-2。

表5-2 中国电信提供的信息化产品和解决方案

产品类别	产品或解决方案
通信应用	金视通视频会议、网络传真、企业短信（网络版）、精英型企业邮箱、G级邮箱、全球眼、宽带加密快车、行业短信
基础信息化应用	安全门神、个人信息助理、网络文件柜、企业网站、网上商铺、域名服务
综合信息化应用	综合办公、商务管理系统、客户关系管理系统、办公自动化（OA）
定制终端	企智通、网络百宝箱、E网通、商航信息版定制终端XT套餐、定制网关
信息化解决方案	网络安全服务、网络外包服务、一体化安防、智能化楼宇、数字医院、无线定位、物流新干线、数码E房、政企快线

商务领航是中国电信面向所有企业客户推出的客户品牌。它依托中国电信品牌、产品、服务、网络、渠道、客户资源优势和中国电信企业信息化综合服务平台，将众多IT软、硬件产品与电信的基础通信业务和增值业务相融合，为企业客户搭建了一个专业的、安全可靠的、高效的电信级网络和服务平台，能够更好地解决企业客户信息化应用需求，有效控制企业管理成本，加速企业信息化进程。企业不需要购买软件系统、服务器、也不需要维护费用，只要按月支付很少的系统租用费，因此对企业而言是零投资风险。它采用“即开即用”的信息化服务使用模式：企业申请的信息化产品通过商务领航平台即时开通，中国电信对企业提供专业、高效、长期、稳健的信息化系统运营服务，提供及时、专业的信息化系统升级服务。它提供丰富完善的信息化解决方案：商务领航包括了面向特定客户的解决方案、套餐系列、客户服务和忠诚度计划，企业客户可以根据不同

的需求选择不同的信息化产品、产品组合、资费套餐组合服务。

此外，中国电信已陆续推出的企业建站、在线安全、办公管理、客户关系管理、供应链管理等多种应用和服务受到了广大中小企业用户的热烈欢迎。

中国电信面向中小型企业，通过商企信息化综合服务平台（商企平台），为中小型企业提供量身定制能涵盖企业信息化各阶段需求的一站式信息化应用解决方案。目前，平台提供了通信应用、信息应用、行业应用、服务支持四大类如企业短信、企业邮箱、网络传真、办公自动化、企业安全、VPN 组网、企业报税、设备租赁、行业解决方案等40 余个软件、硬件、服务类产品。

二、发展特点

1. 提供较丰富的办公、管理类业务

中国电信已陆续推出的企业建站、网上商铺、在线安全、办公管理、商务管理、客户关系管理、供应链管理等多种应用和服务受到了广大中小企业用户的热烈欢迎。客户关系管理系统是中国电信比较有特色的一项业务。该业务专门服务于中小企业的销售管理、客户管理的 ASP 应用软件，主要功能包括潜在客户管理、客户管理、联系人管理、销售机会管理、合同/订单管理、市场管理以及与销售部门相关的组织管理等功能，旨在促进中小企业提高客户满意度，提升销售业绩。中小企业用户普遍认为这些服务降低了 IT 运作成本，提高了 IT 系统服务质量，帮助他们较轻松地实现了企业信息化。同时，借助中国电信优良的网络资源、服务支撑网络和严格的信息安全制度，中小企业使用信息化服务的安全性、稳定性和可靠性得到了很大提高。

2. 重视中小企业信息产品研发

中国电信针对中小企业的特点，商务领航特别为中小企业推出了通信应用和信息应用两项业务。通信应用针对中小企业的多样化通信需求，为客户提供集本地话费优惠、月租费减免、固定电话移动电话互拨优惠、便捷企业总机等功能的通信解决方案；信息应用针对中小企业客户对网络通信、信息服务及网络维护服务的整体服务需求，通过专门定制的、可管理的领航者定制终端设备，为客户提供集语音、互联网宽带接入、信息服务为一体的综合解决方案。

3. 在酒店管理、销售、物流管理和工商管理等方面具有一定的优势

针对行业应用，中国电信的商务领航提供包括酒店完美联盟、销售管家、定

位调度、综合配货、物流E通、工商E通等专业性的信息化产品，应用面较广。其中，酒店完美联盟是中国电信针对不同类型酒店客户的信息化需求，以及酒店宾客的信息通信服务诉求开发出的酒店信息化整体解决方案，全面提供包含宽带接入、互联网应用及增值服务在内的各类通信业务，可向加盟酒店提供数码E房、长话畅聊、会务通、号码百事通商旅服务、商旅管理服务、酒店管理系统等多项服务；销售管家移动应用服务是中国电信与合作商推出的一种基于STK/UTK技术的企业终端业务数据管理服务，适合快速消费品、服装服饰、连锁便利店、家电、数字消费产品、食品、保险营销、医药营销、加盟便利店等众多行业；物流E通是运用自动识别技术、移动通信技术、GPSone定位技术、网络数据库技术实现的一套物流行业信息化解决方案；工商E通是一个食品备案信息系统，该系统作为食品安全管理和监控领域中的农产品定制化生产、生产过程全程监控和信息化管理方案，可以有效解决食品生产安全管控问题。

4. 聚焦客户的信息化战略成为工作重点

近几年，中国电信提出了一个聚焦客户的信息化创新战略。关键词就是信息化（服务于国家经济社会的信息化）、聚焦客户（从以产品为中心的经营方式到以客户为中心来开展业务）、创新（在IP通信、IP技术、信息内容这3方面的交叉点上发力）。企业未来的发展目标是保持收入持续增长，EVA稳步提升，资本支出占收入的比重稳步下降，人均劳动生产率稳步提升。从信息化的角度来讲，要成为国家信息化建设的重要力量，具备领先的基于互联网的信息化运营和支撑能力。以宽带、增值和综合信息服务拉动增长，打造信息化的专业人才队伍。其中的重点就是加强服务企业转型，支持精确管理，创造企业新的业务价值。

5. 加快推进M2M业务发展

M2M业务被中国电信列为2009年重点开发和培育的产品。中国电信将大致分3个阶段拓展M2M市场，第一个阶段的主要目标是快速切入市场；第二个阶段将加快推进终端标准化，降低终端生产成本，建设开放的M2M管理平台，并重点提升M2M业务的附加值、建设标准化的行业应用；第三个阶段是从2010年起，中国电信将探讨引入公用M2M终端接入网络的可能，为政企客户提供真正的泛在网络。目前，中国电信M2M业务已经在一些省份进行了商用，如安徽电信在环保和烟草行业的应用。

三、市场活动

促进成立中国中小企业信息化联盟。早在 2005 年 8 月，中国电信携手思科系统（中国）技术有限公司、神州数码控股有限公司、北京点击科技有限公司、中国惠普有限公司、联想集团、微软（中国）有限公司、用友软件股份有限公司、中兴通讯股份有限公司等国内通信、IT 领域的重量级企业强强联合，建立中国中小企业信息化联盟。联盟的宗旨是，全力配合政府有关部门实施中小企业信息化推进工程，发挥各自优势，实现优势互补，共同打造为中小企业提供支持和服务的信息化综合平台，创造良好的信息化建设基础环境，提供一体化的解决方案，不断提高我国中小企业的技术水平和市场竞争力，推动中小企业健康、快速发展。该联盟是一个开放性的联盟，将联合所有致力于服务中小企业信息化的企业来共同开拓市场。联盟内部分工明确，应用提供商（AP）主要负责提供客户信息化应用建设的软件产品，并提供技术支持；设备提供商（EP）主要负责提供客户信息化应用建设的硬件产品与技术支持；客户服务提供商（CSP）负责提供客户信息化建设的规划与实施，运行维护及培训教育等；中国电信负责综合信息服务平台的建设、运营以及产品的销售和客户服务。

2007 年，中国电信跨越上海、广东、浙江、江苏、福建、四川、湖北、陕西八省市，组织开展“商务领航中小企业信息应用整体解决方案巡展”活动。共有 1000 多家企业的代表参加了该次巡展，使中国电信针对企业信息化推出的商务领航受到越来越多的企业客户特别是中小企业客户的青睐。

第三节 中国联通

一、主要产品和解决方案

中国联通针对集团客户推出的客户品牌是宽带商务。宽带商务为集团客户提供一系列服务的解决方案，旨在打造全方位的企业信息化平台，针对客户的不同企业性质及自身需求，提供专业稳定的服务支撑，并为集团客户的商业拓展创造机会。中国联通提供的主要信息化产品和解决方案，见表 5 - 3。

表 5-3　中国联通提供的主要信息化产品和方案

产品类别	产品或解决方案
集团产品	物流新干线、网中网、商务总机、集团短信通、集团炫铃、手机银行、掌上股市、一键通业务、企业一卡通、企业名片、电话会议、电视会议、无线办公、视频传输、车载定位服务、移动资源管理、销售管家、移动视频服务器
集团服务	分类和级别评定、集团服务体系、集团活动花絮

中国联通提出以 3G 上网卡为企业移动办公的首选终端，以联通随 E 联数字商务套餐为企业内商务人士信息化服务保驾护航，通过联通中小企业信息化套餐（含企业 OA、企业进销存服务、企业 FTP 文件服务）和随 E 传网络传真服务为企业内部商务人士提供信息化应用服务为核心，并由联通培训以及后续技术支持服务，全力打造具有联通特色的高性价比中小企业信息化服务。联通行业应用产品和功能，见表 5-4。

表 5-4　联通行业应用产品和功能

产品名称	产品功能
移动 OA	1. 公文流转：提供查看正文附件、审阅、搜索、转发、催办等功能 2. 附件解析：提供 Word、PDF、Excel、PPT 等常见文档格式的解析 3. 待办事项短信提醒
销售管家	1. 零售终端人员使用专用手机号卡可以上报或查询各类数据与信息 2. 经营管理者通过销售管家得到的数据，及时对经营活动进行有效的调整，实现对整个销售过程的即时管理
手机监控	实时视频浏览、镜头控制、图像截取和拍照、视频分发，多用户同时访问同一监控点、客户端录像、存储和回放功能、报警和联动功能
手机报税	向纳税人提供网上申报、扣缴税额、网上文书受理、税收信息查询等业务，使纳税人足不出户即可完成更多的涉税业务
手机执法	1. 移动办公：会议管理、公文处理、通知信息等 2. 移动巡查：无照经营管理、警示商品管理、商品查验等 3. 业务管理：投诉任务分配、警示商品维护、考核管理等
企业一卡通	广泛应用于食堂、洗衣店、浴室、班车等所有内部消费，持卡人可用一张卡在企业范围内实现无纸化电子货币结算，通过该系统的智能化管理提升工作效率和管理水平

（续）

产品名称	产品功能
手机定位	1. 提供实时定位、轨迹查询、考勤管理、客户资料管理、地图、操作等多种智能信息服务 2. 建立有效的管理机制，充分提高工作效率
企业名片	1. 通过企业名片可以提升企业的形象 2. 通过各种方式的名片来关怀客户 3. 业务模式类似企业炫铃，用户无需过多操作即可轻松使用 4. 为企业提供网页的管理功能，企业可以完全自主地管理
集团炫铃	1. 声色俱备、立体宣传 2. 个性设置，分类处理
集团 IPVN	1. 资费设置灵活：集团客户可选定多种 IVPN 资费，灵活配置 2. 多网覆盖：移动通信网与固网电话网有机结合 3. 短号互拨：网内用户可自由编号，实现短号互拨 4. 全国漫游：用户在异地也可拨打短号与网内用户沟通 5. 短号长号自由选择：通过短号与长号，网内均可随意沟通

二、发展特点

1. 缺少行业或整体的解决方案

中国联通“宽带商务”的基础集团产品较为丰富，但没有针对各行业和生产环节提供解决方案，信息化产品的综合性还有待提高。

2. 提供少量信息化服务

例如，中国联通广东分公司提供了分类和级别评定、集团服务体系和集团活动花絮 3 种集团服务。

M2M 业务还没有清晰的发展路径，但相关业务已经推出。目前，中国联通的 M2M 业务的整体规划还没有发布，在 2009 中国国际信息通信展上，中国联通首次展示了其基于 M2M 技术的公共交通车管理平台和无线环保检测平台两款行业解决方案。中国联通 M2M 解决方案未来将以平台的形式推出。

3. 中国联通定位向信息化服务商转变

在 2009 年“中小企业信息化与电信运营商转型专家座谈会”上，中国联通把服务和促进中小企业信息化作为促进国民经济发展和实现企业转型的重要内容，并将自身定位为“信息基础设施的提供者”、“公关服务平台的搭建者”和能帮助企业整合产业链的“行业综合解决方案的提供者”，为给中小企业提供更贴切、更为全面细致的信息化服务打下了良好的基础。

三、市场活动

2007 年 7 月，中国联通与 AMD（超威半导体）公司合作，宣布将通过各自的优势技术和资源向中小企业提供基于 AMD 领先技术的中国联通数据增值业务解决方案，并在推广和营销方面密切合作。AMD 将提供硬件测试平台，为中国联通提供技术支持和软件测试环境，同时协调 OEM 合作伙伴，配合中国联通推广基于 AMD 技术的数据增值业务解决方案。

为中小企业搭建公用平台，解决中小企业信息化资金投入少的问题。中国联通考虑到中小企业信息运用资金投入紧缺的问题，正在建立一个公用的平台，为中小企业提供人力资源、OA、内部物流管理等方面的软件服务。目前，在北方，尤其是河北、河南等省，已经有 20 多万的中小企业都采取这种方式，通过每月交纳一定的租费和使用费，利用中国联通的平台来实现企业的信息化。

成立系统集成公司，专门开展行业性的信息系统集成及应用，为中小企业提供 IT、CT 的服务。同时，还将与一些社会上信息系统集成做得比较好的品牌密切合作，更好地发挥 CT 和 IT 集成的服务功效。为了保证网络及应用软件的安全，中国联通成立了中网公司，专门负责保障客户网络和应用的安全。

2009 年 11 月，广东联通与广东中小企业局在广州签订了《关于中小企业信息化应用与推广战略合作框架协议》。协议约定，双方将在信息技术、网络、服务方面展开合作，对广东省境内的中小企业予以全面扶持，同时联通将充分整合信息技术、网络、服务等方面的资源，大力促进中小企业信息化发展。

2010 年 5 月，中国联通与河北省工业和信息化厅共同开展了“加快信息服务业发展，推进企业信息化建设”主题培训暨中国联通宽带商务巡展活动。中国联通利用全球技术最先进、网络速度最快、应用最丰富的 WCDMA 3G 网络，全面展示了为企业提供的包括 3G、网站建设、电子商务、呼叫中心、信息魅力、安全网关和神眼、车务通等为核心的综合信息化一揽子解决方案，帮助中小企业利用信息技术开展生产、管理和创新活动，推动中小企业的信息化发展，提高企业的综合竞争实力。

第四节　存在的问题

一、信息化服务积累不足

电信运营商的主营业务是通信服务，而不是信息化应用服务。虽然三大电信运营商的技术力量都很强，但他们涉足信息化领域的时间不长，在信息化方面的产品、服务还有待进一步积累。

二、产品功能比较单一

经过2008年电信重组，三大电信运营商开展全业务竞争，各电信运营商都非常重视企业信息化服务市场，各自推出了不同产品。如中国移动的“动力100”，中国电信的“商务领航”等。但这些产品功能比较单一，主要是通信、移动办公等，涉及中小企业深层次应用的产品少。

三、电信资费依然偏高

虽然我国电信资费一直在降低，电信资费综合价格水平在2009年下降9%的基础上，2010年又下降11%。但对于中小企业而言，目前的电信资费依然偏高。特别是随着中小企业信息化应用的深入，移动办公、移动视频监控等应用的电信流量较大，企业支出的电信资费总额快速上升。

第五节　发展对策

一、发挥优势，合作共赢

企业信息化中的通信需求是最基本的需求，也是电信运营商相对于其他IT服务商的最大优势。国家中小企业信息化推进工程近期的侧重点是推动企业上网。在这方面，固话和数据运营商无疑具有优势，可以为固话用户引入宽带接入，利用宽带优势引入基础信息化产品等。同时，开发基于固话的增值业务，如会议电话、自选回铃音等。信息化产品体系包含不同的产品元素，运营商要避免把过多的精力投入到不专业、不熟悉的产品中，而应将其交给专业合作伙伴，如高端的视频项目、CRM/ERP/OA 等纯软件产品、设备供应等，完全可以由合作商负责。运营商则专注于发挥通信网络、数据网络、传输网络、信息平台和服务网络的优势，与合作伙伴形成优势互补。

二、提高产品性价比，增强用户黏着度

电信运营商应该根据中小企业信息化的实施原则，进行产品组合，在兼顾成本的基础上开发易用、好用、价格低廉的信息化产品，满足中小企业的初期应用。什么样的产品组合能最有效地满足用户的信息化需求，既是一个营销策略问题，也是一个市场导向问题。应提倡避重就轻、组合简单、易于接受的产品，不要一味追求“大而全”，硬把许多产品往一个包中塞。在坚持为不同类型的用户提供不同的基本包的同时，要给用户提供更多的可选产品，引导用户关注新的产品。例如，新开业的用户侧重于形象和知名度宣传，就适宜提供个性化回铃音、企业展台等产品。

价值填充，简单说就是把一些价值低廉、用户又很需要的产品让利给用户，根据用户需求将其包含在一个大的产品包中。这类产品有两种：一种是运营商的增值业务，如个性化回铃音、虚拟专网等；另一种则是运营商缺乏竞争力而且成本较低的产品，如企业展台、自助建站、域名服务等。为提高企业竞争力，为信息化产品需求高的用户提供价值填充形式的捆绑赠送，以增加用户黏着度。

三、采取灵活的收费方式

信息化产品价格高是目前影响中小企业信息化进程的瓶颈。为此，除了降低产品价格外，还有一个方法就是借鉴基础电信业务的收费方式，变购买信息化产品的一次性费用为周期性的付费方式（月租），分散用户的信息化产品投资，提高用户投资的承受能力，降低信息化门槛。在这方面，电信运营商相比其他 IT 厂商有不可比拟的现金流优势。对一些实施信息化的必要设备，前者可以提供保留产权的租赁服务，同时也拓展了运营商在基础电信业务以外的投资方向。

第六章　中小企业 IT 服务市场的发展情况

第一节　市场规模

2009 年，中国中小企业 IT 服务市场规模达到 499.7 亿元，同比增长 18.8%，增幅同比反弹。2006－2009 年中国中小企业 IT 服务投资规模，如图 6－1 所示。

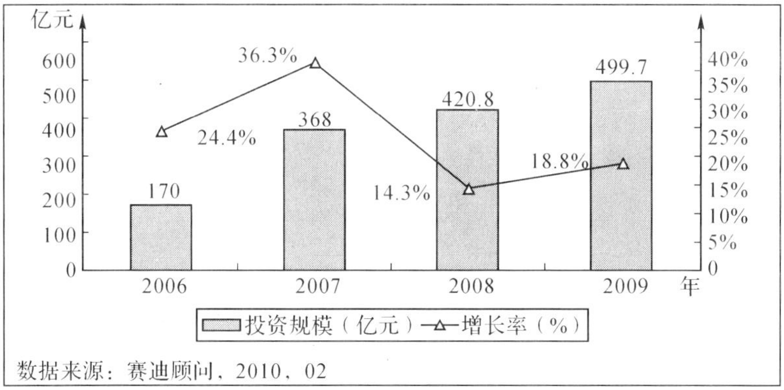

图 6－1　2006－2009 年中国中小企业 IT 服务投资规模

第二节　市场结构

2009 年，受到 SaaS 等服务模式的影响，在中国中小企业的 IT 服务投资中，网络服务得到了进一步的提升，达到 39.8%。而 IT 运营维护与支持服务受到专业服务的影响，继续下降。2009 年中国中小企业 IT 服务结构，如图 6－2 所示。

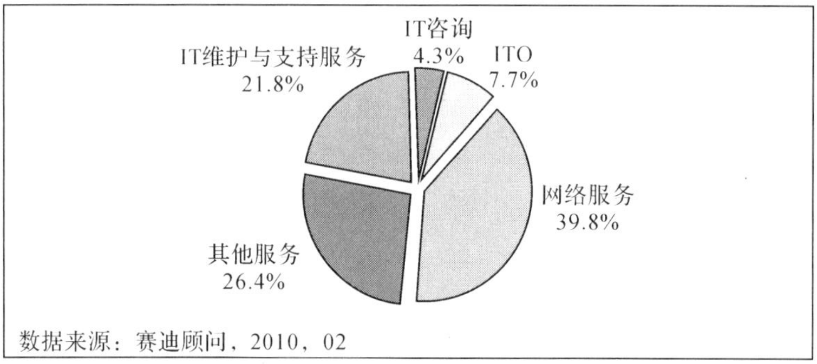

图6－2　2009年中国中小企业IT服务结构

在中小企业IT服务市场中，用户的复杂性也使得厂商机会众多，每个厂商都可能在市场上分一杯羹，因此各个厂商所占份额均不大，市场集中度不高。总的来讲，网络服务供应商最为繁多，如运营商、互联网企业、网络设备提供商、互联网基础设施服务提供商、硬件厂商、软件厂商等；而传统的支持与维护服务提供商主要是行业软硬件提供商，如IBM、惠普、东软、用友等，以及神州数码、华胜天成、亚信科技等提供专业服务的企业。

在被调查的中小企业中，35.59%的中小企业采购过软件选型服务，44.07%的中小企业采购过信息化培训服务，38.98%的中小企业采购过信息化规划服务。中小企业购买IT服务的情况，如图6－3所示。

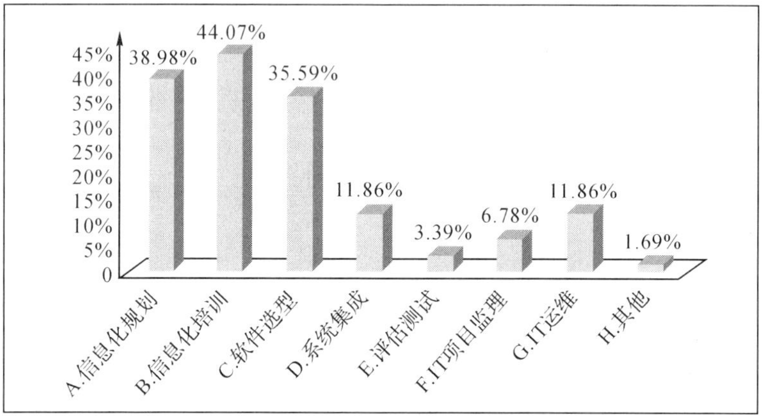

图6－3　中小企业购买IT服务的情况

第三节　市场特点

1. 中小企业对 IT 服务的需求开始显现潜力，IT 服务商逐渐开始关注

随着跨国企业的销售、生产甚至研发部门在全球范围的延伸，IT 服务的需求也跟着进入了众多 IT 需求发展相对落后的发展中国家，带动当地的用户及服务商开始持续投资 IT 服务。中小企业需求经过数年的培育，逐渐开始显现出了发展的潜力，但总体份额在所有垂直市场中依然较小。

2. IT 与业务的结合、通信与信息系统的融合推动了服务的发展

越来越多的企业开始强调 IT 对业务的支持，努力追求通过信息技术来实现内部增效节支并解决一些具体的商业问题，包括厂商对 SOA 概念的推广，企业 IT 部门对 ITSM 的日益重视。同时，便携式电脑、智能手机、3G 的日益普及，移动商务正在成为企业信息系统的延伸。这些都使得咨询及集成、外包等 IT 服务的需求被大大扩展，新增需求中约有 34% 来自以上因素的推动。

3. 服务商之间的合作与分工在加强，全球 IT 服务产业生态在优化

客户需求的多样和个性化使得即使像 IBM 这样全面的供应者也不得不用开发的态度来为他的客户提供服务。产业各环节的合作比以往更加紧密、有效，多厂商的战略合作，灵活地提供解决方案表现的十分明显。这既是产业、市场成熟的表现，也促进了产业生态的优化，有利于包括用户在内的所有产业相关者基于 IT 业务能力的提升。

4. 中小企业服务需求精细化

随着中国市场需求的释放，大量的外资也涌入中国市场，外资的进入对中国中小企业虽然形成了一定的冲击，但更多的是正面的影响与促进，使国内企业不出国门就能与国际跨国公司同台竞技，从一开始就能面对高水平的竞争。只有经得起严格的市场竞争的企业，通过提升自身能力获胜的企业，才能留下来。行业竞争越来越激烈，产品服务越来越需要精细化操作，企业在寻求自身的核心竞争力的同时，要用专业知识和设备为中小企业提供更加符合实际需求的 IT 服务。

5. 中小企业对云计算应用的需求逐步形成

作为一种共享式 IT 基础架构，云计算能够将多个计算机系统连结成大型的资源库，以提供 IT 服务。由于云计算使用的是“虚拟”资源，因此不受远程或近端计算机的限制。它是新一代的企业级信息中心，能像互联网一样运作，为用户提供极致的运算规模与快速的存取，还能依照需求，以简化集中化的平台，协助用户降低成本和能源耗量。要实现云计算，就需要从更高的高度来看待 IT 架构，这其中既包含庞大的服务器、存储局域网、各类输入/输出设备，也包含虚拟管理软件以及面向服务的应用程序架构。对于中小企业而言，如何利用好虚拟化技术、利用好云计算成为需要迫切解决的问题，也使得中小企业在 2009 年开始对云计算的需求初步形成。

第四节　市场预测

预计未来几年，中小企业 IT 服务将保持高速增长，到 2012 年投资规模将达到 896.8 亿元，未来 3 年的复合增长率将达到 21.5%。2010－2012 年中国中小企业 IT 服务投资规模预测，如图 6－4 所示。

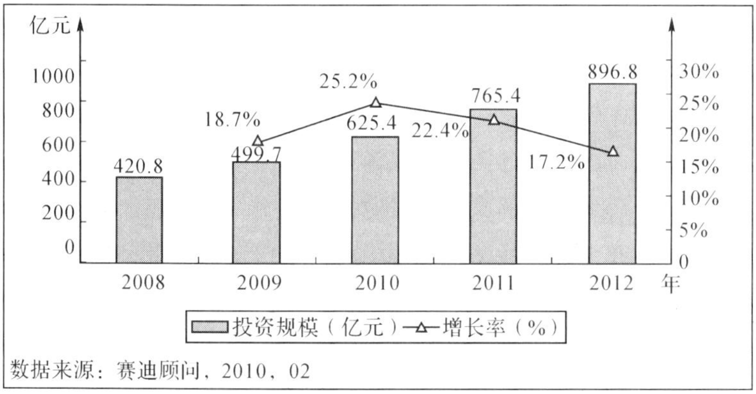

图 6－4　2010－2012 年中国中小企业 IT 服务投资规模预测

第五节　存在的问题

一、IT 服务市场有待规范

尽管中国 IT 服务市场已经发展到一定规模，但是市场成熟度还比较低，市场规范缺乏。IT 服务市场不规范主要体现在两个方面，一是服务内容的评价标准体系尚未建立，二是服务市场收费比较混乱。市场规范的缺乏阻碍了服务商的健康成长，也不利于中国 IT 服务市场的整体发展。

调查表明，用户对判断服务价值的标准感到困惑。服务价值标准的缺失不但使用户无法对已实施的服务进行准确的评价，也不利于 IT 服务企业间的交流与合作，阻碍了 IT 服务市场的成熟与壮大。

市场规范的缺乏还表现在收费混乱和合同双方权利的保障上。一方面服务市场的服务内容、服务评价的标准尚未建立，IT 服务商的收费全凭自身的经验决定，收费标准千差万别，这对中小企业选择 IT 服务商造成了很大的困难；另一方面，一些垄断性比较强的市场，企业用户在项目完成以后拖欠项目款项或者设定一些苛刻的条款，服务商的利益难以得到保障。特别是一些小型的服务商，一旦项目款项不能及时到位，公司就有倒闭的危险。

二、IT 服务产业结构有待优化

IT 服务市场存在很大的发展潜力，但是在国内 IT 服务市场中，低端服务市场占很大的比例、竞争能力不足，IT 服务产业结构亟待优化。目前，中国 IT 服务市场存在着大量规模小的服务商，一些服务商缺乏服务经验，在与用户谈判的过程中没有明确双方的责权关系，在实施过程中出现大量问题，结果造成整体项目的失败。还有一些服务商高估了自身的能力，去实施一些投入高、难度大的项目，结果造成项目延期、项目质量不达标的情况，给自己和企业都造成了时间和资金上的损失。

三、IT 服务资源分布不平衡

目前，较为专业的 IT 服务商主要集中在北京、上海、广州等几个商业化程度最高的大城市，而中小城市相对较少，IT 服务资源分布失衡突出。IT 服务商分布不均衡的情况造成了两个严重的问题。一个是中小企业分布广泛，大量中小企业所在的区域缺乏专业的 IT 服务商，制约了这些地区中小企业信息化的进程，同时也增加了其他地方服务商前来开展业务的成本；另一个是大量 IT 服务商集中在同一个城市，业务的重合造成服务商之间的竞争激烈，在某种程度上也不利于 IT 服务商的健康成长。

四、中小企业个性化服务不足

IT 服务有别于传统的产品服务或售后服务。它是整个过程的服务，必须清楚客户的需求和潜在需求，需要有对客户的理解和尊重，尊重客户的个性，只有这样才能提供高质量的服务。但是，中国的 IT 服务产业出于对利益规模化的追逐，基本上是产品售后的标准化服务。

调研结果表明，实用性不强被许多的中小企业认为是信息化服务市场最大的不足，也就是 IT 服务商的服务内容和企业的需求不匹配。个性化服务不强已成为影响信息化服务一个相当大的问题。

客户最终形成市场，关键的客户将是市场的主导，将集中体现为他提供服务的产业的价值。由于个性化 IT 服务所面对的最终客户在其所在行业的主导地位，个性化 IT 服务供应商在该类客户软件产品和技术、硬件产品和技术的选型，以及标准 IT 服务的选择过程中发挥着重要的作用。面对当前固化的信息系统和传统的 IT 服务模式，信息化建设要满足这种个性化且灵活多变的业务就必须为客户量身定做。

五、IT 服务市场存在不当竞争

我国 IT 服务市场呈现明显的地区分割的特征，在不同的地区市场上各自都有本地区的服务商，地区性服务商在本地占有大量的市场份额，但是在其他地区市场份额很少，或者根本没有在其他地区开展业务。

这些地区性的服务商一般技术实力比较弱，所能够提供的服务水平也比较低，通过本地区的企业和政府部门的密切关系，构建市场进入壁垒是他们的主要市场策略。一些地区政府的地方保护主义也阻止了其他地区服务商的进入，有实力的服务商并没有得到平等的竞争机会，使得有优势的服务商没有获得快速发展的条件，落后的服务商却在保护中继续生存。

第六节　发展对策

一、提高服务产品化、规范化水平

IT 服务的产品化是所有服务商的追求，它代表着更稳定可靠的质量和更可控的成本，这将为服务商带来更高的用户满意度、更大的规模及增长和更高的利润。产品化最重要的一点就是服务的标准化、规范化。

目前，在 IT 服务领域，对 IT 服务管理（ITSM）的标准化已经有了初步的成果。有了标准，还需要厂商的努力将标准转化为现实的服务规范，这对国内厂商来说需要一个过程。所以，像制造产品一样，生产服务是目前国内 IT 服务商获得市场突破的一个重要途径。服务产品化是就服务提供过程而言的，产品服务化和服务产品化构成了一个螺旋式上升的过程，即“产品 - 服务化的产品 - 产品化的服务”，这是一个明显的趋势。

二、提高客户对 IT 服务的认知水平

目前，制造行业用户对于 IT 服务创新所体现价值的认知水平已经有所提高，已经愿意为服务单独付费。但总体来说还处在上升期，多数的用户仍然是以 IT 系统自身为主要价值关注点（提高安全性和降低 TCO），而不是以股东、员工和客户的价值为关注点。但未来用户对 IT 服务的要求将是更深入、更好地与业务结合、与流程互动，IT 服务从帮助用户实现对股东、员工和客户三大企业主体的价值来彰显其深层次的价值。对 IT 服务创新价值的认知也将日益深刻。

未来的 IT 服务正越来越多地从产品和价格的角度转向价值和服务的角度，在此前提下，与客户建立全方位的信任关系是非常重要的。要解决 IT 服务存在的问题还需要一个过程，其很大程度上取决于用户认知的改变，也包括 IT 服务商从产品和价格向价值和服务的转变。客户需求的这些变化也要求 IT 服务商特别是集成商与专业软件厂商之间开展更紧密的协作。

第七章　中小企业电子商务的发展情况

中小企业的发展，势必促进市场的竞争。电子商务的发展给了中小企业一个和大企业同台竞技的舞台，相对中小企业的灵活定价和较低的管理成本，电子商务更符合中小企业的发展。采用电子商务方式，中小企业可以快捷地获取市场信息，降低成本，改善企业的管理结构，促进中小企业的创新优势。

第一节　电子商务市场的总体情况

一、市场规模

近年来，中国电子商务市场一直保持稳定发展的势头，电子商务交易额持续高速增长。2008 年底，中国电子商务市场交易额达到 24000 亿元。2009 年，中国电子商务市场的发展已成燎原之势，市场规模达到 35634 亿元，同比增长 48.5%。2009 年，我国中小企业通过电子商务创造的新增价值已占到我国 GDP 的 1.5%。中小企业通过开展电子商务直接创造的新增就业达 130 万人。电子商务服务业已成为我国重要的新兴产业。2005 - 2009 年中国电子商务市场的交易额及增长情况，如图 7 - 1 所示。

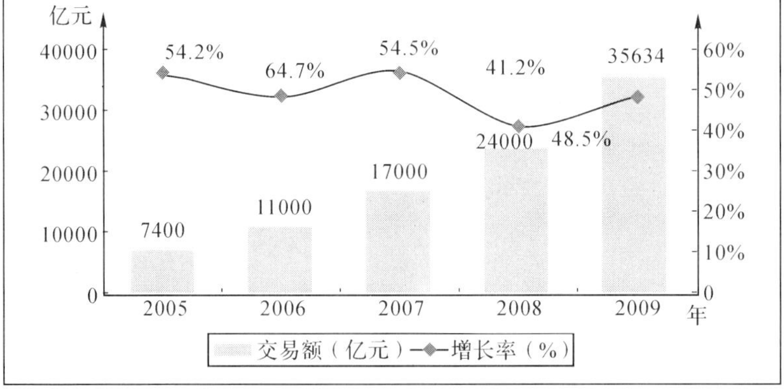

图 7 - 1　2005 - 2009 年中国电子商务市场的交易额及增长情况

自2000年开始，中国电子商务已在一个崭新的历史时期探索发展了十余年。在此期间，阿里巴巴从不满周岁发展成为五大业务并行的上市企业；网盛从中国化工网等垂直电子商务平台集群到推出生意搜索平台；百度从信息搜索服务延伸至C2C领域。中国电子商务市场规模始终保持40%～50%的高速稳定增长；电子商务从高科技逐步走进千家万户，成为中国企业与消费者日常商务与生活的重要组成部分；电子商务零售交易额规模在全年社会消费品零售总额（125343亿元）的占比从几乎为零稳步增长到3.9%，并且开始显现对GDP的拉动作用。

十余年来，B2B电子商务服务提供商的数量经历了几何级的增长。据中国B2B研究中心统计，截止到2009年6月，我国规模以上B2B电子商务服务企业有5320家。1997－2009年中国B2B电子商务服务企业的数量增长情况，如图7－2所示。

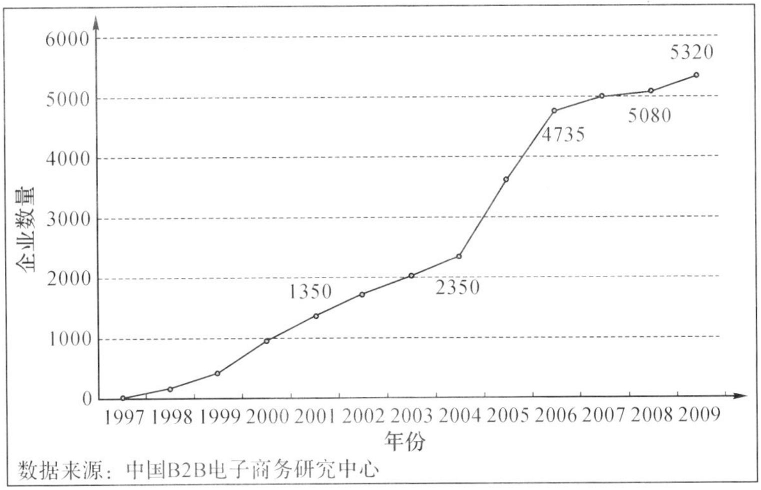

图7－2　1997－2009年中国B2B电子商务服务企业的数量增长情况

根据中国B2B研究中心的调查数据显示，截止到2009年12月，国内使用第三方电子商务平台的中小企业用户规模已经突破1250万，占总体中小企业的30%以上。大量中小企业的采购、分销仍沿用传统渠道，中小企业的B2B电子商务需求仍未得到充分的释放，中国中小企业B2B电子商务服务市场的潜力巨大。

电子商务具有对市场变化反应迅速、低成本、高效、个性等传统电子商务方式无可比拟的优势。这对中小企业的作用尤为明显，使中小企业以低成本生产和专业化精细分工等优势，走个性化、定制化的“小而美”的成长之路，参加到与大型企业的竞争之中。随着电子商务作用的逐渐显现，电子商务得到越来越多中小企业的认可，中小企业对电子商务的投入也不断增加。

二、市场特点

1. 电子商务价值观步入正轨

中国电子商务经过十年的发展，在2009年全社会对电子商务的认识已经进入到一个新的层次，从企业追求通过电子化的交易概念求新求变转变为以商务作为核心和根本，吸纳电子手段丰富业务渠道，最终实现市场价值的提升。从企业的角度来看，可以越来越多地看到传统行业的企业目光从平台建设的初级层面聚焦到新渠道建设的更深层面，渠道价值的评价与挖掘成为企业的着眼点；从政府的角度来看，电子商务的发展已经逐步与社会资源、宏观经济指标相对接，如何通过发展电子商务拉动经济提升、转变经济结构、预测经济走势成为政府的关注点；从消费者的角度来看，电子商务的价值已经从时尚化交易手段为导向逐渐演变为理性消费、便捷消费、安全消费为导向。

在被调查的中小企业中，15.85%的中小企业经常使用电子商务，48.78%的中小企业偶尔使用电子商务，28.05%的中小企业还没有用过电子商务。中小企业电子商务的使用情况，如图7-3所示。

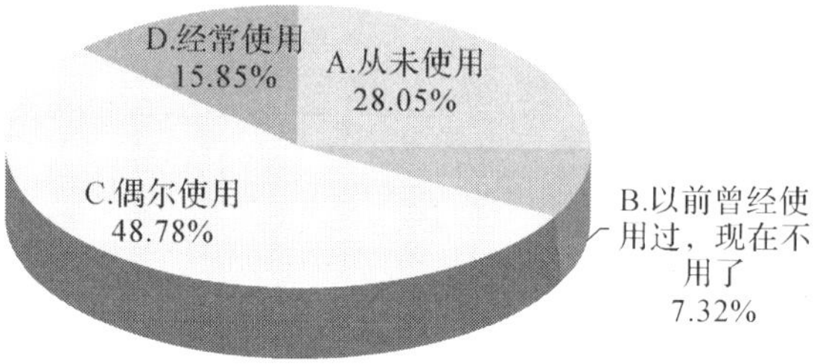

图7-3　中小企业电子商务的使用情况

2. 电子商务成为政府抓手工程

随着中国电子商务的高速发展，其影响力逐步增大，无论是电子商务所面临的问题还是电子商务的优势特点，都开始受到政府的广泛关注。健康发展电子商务，拉动中国经济发展已经被提到政府的工作日程之中。由于电子商务可以压缩企业供应链的长度，提高生产、库存、运输与销售环节的效率，从中央部委到地方政府，一系列的电子商务发展规划紧锣密鼓的开展起来。

2009年，中央经济会议的一系列要求都与电子商务存在联系。未来政府经济工作的重点主要是经济结构的调整，其体现在加大现代服务业对经济的拉动作用；加大消费对经济的拉动作用；加大技术创新对经济的拉动作用。电子商务本身恰恰是现代服务业的重要支撑载体，是拉动内需消费的重要手段，是技术创新拉动经济发展的重要表现形式，因此可以预知电子商务的地位将在未来几年得到稳步提升，政府的资源配置将向电子商务发展倾斜。

历经十余年的发展，大量民间企业的不断摸索，到2009年中国电子商务发展的结构已经逐步清晰。中国电子商务的发展架构分为3层体系，最上层是由传统企业、平台服务商、政府构建的电子商务应用平台，它们可以覆盖到各行各业，该层的发展需要依赖于各地的优势传统行业作为发展支撑；中间层是网络平台层，包括互联网、移动互联网等网络的构建；底层是物流、支付、安全、诚信、标准等支撑体系的构建，它们既是电子商务的使用者也是电子商务发展的基础，是可以随电子商务的发展逐步壮大的行业。电子商务发展架构的清晰为中国未来电子商务的发展指明了发展方向，政府可以根据实际情况制定发展重点，将电子商务作为抓手工程，推动经济的整体健康发展。

3. 电子商务市场规模高速发展

从电子商务发展的增速来看，十余年来中国电子商务始终保持40%～50%的高速发展，2009年的中国电子商务并未受到全球金融危机的影响，相反却在金融危机中爆发出更强的生命力和适应力。2009年，中国电子商务市场规模（交易额）达到35634亿元，同比增长48.5%，高于2008年的41.2%。其中，C2C市场增速更是达到97.8%，达到2340亿元。2009年，B2C市场受到经济危机的影响，企业自建平台的力度迫于金融危机下经营压力有所减弱，但电子商务渠道的价值更加受到经营者的认同，新渠道发展规划力度加大，这为未来B2C的提速发展积累了发展势能。

4. 电子商务市场结构稳中有变

2009年，中国电子商务的市场结构可谓是稳重有变。一方面，电子商务应用模式中C2C占比明显增加，达到6.57%。B2C与B2B占比保持稳定略有降低，分别为7.1%和86.3%。另一方面，从各细分市场第三方平台的竞争格局来看，龙头平台服务商的领先地位得到进一步巩固，阿里巴巴在第三方B2B市场的市场份额增长约13%，达到65.5%；京东商城在第三方B2C市场的市场份额达到18.6%，优势明显；淘宝在第三方C2C市场的占有率增长1.4%，达到85.9%。消费者的从众心理、平台的服务质量、品牌影响是这一现象出现的主要因素。另外，随移动互联网的发展和各地无线城市建设力度的加大，中国电子商务逐步衍生出移动商务市场，2009年电子商务与移动商务两大市场格局开始显现。

5. 电子商务外延渐广，内涵渐深

回顾2009年，中国电子商务发展的另一个特点是电子商务的应用范围越来越广。从行业应用来看，金融、商贸流通、物流、建材、化工、制造等行业应用不断深化，行业与电子商务的融合越来越紧密；从渠道建设手段来看，电子商务已经不仅仅局限于网站营销，呼叫中心、短信、新媒体营销的比重逐步增加，企业对大电子商务理念的认可度越来越高。第三方平台中的京东商城与行业用户中的保险企业就是将网站、呼叫中心和其他手段进行融合发展电子商务的先驱。

第二节　电子商务服务提供商的情况

一、商业模式

目前，国内第三方B2B电子商务服务商按商业模式可以分为4类，即综合B2B模式、行业B2B模式、“小门户+联盟”模式和仓单模式。B2B电子商务服务提供商的4类商业模式，见表7-1。

表7-1　B2B电子商务服务提供商4类商业模式

模式	主要特征	典型企业
综合B2B模式	品牌知名度广、行业覆盖面广、大而全、泛而不精、无法提供专业化的B2B产品与服务	阿里巴巴、慧聪网、中国制造网、环球资源
行业B2B模式	内容与服务专业化、规模相对较小、难以打通上下游产业链、大都以“会员+广告”为基础盈利模式	中国化工网、中国服装网、中国纺织网

（续）

模式	主要特征	典型企业
小门户＋联盟模式	将行业网站和综合 B2B 网站进行优势互补、提供“既专业又综合”的 B2B 服务	生意宝、中搜行业中国
仓单模式	多样化的收费模式、提供在线交易、在线支付结算和物流配送服务，交易商资金由银行第三方监管	金银岛、广东塑料交易所、浙江塑料网上交易市场

1. 综合 B2B 模式

该模式目前以阿里巴巴、慧聪网、中国制造网、环球资源 4 家为典型代表。

该类模式的特征表现为品牌知名度广、行业覆盖面广，但也存在“大而全、泛而不精”的天然缺陷，网站的编辑、运营与服务人员缺乏对行业深入的了解，无法提供专业化的 B2B 产品与服务。

2. 行业 B2B 模式

行业 B2B 模式（即行业电子商务网站）聚集了最多的 B2B 服务商，以中国化工网、中国服装网、中国纺织网等为典型，目前国内行业电子商务网站超过了 5000 家。

行业 B2B 模式的特征表现为专业性强，相比综合 B2B 网站，专注深耕于某一行业，无论网站内容与提供的服务都很专业化。该模式的缺点是产业规模相对较小，提供的服务难以打通上下游产业链。

行业 B2B 模式是目前中小企业电子商务应用的主要途径，是引领我国 B2B 电子商务朝着专业化发展的“生力军”。根据中国 B2B 研究中心的调查显示，2002－2009 年，国内行业 B2B 电子商务网站的数量持续高速增长。行业网站的数量从 2007 年的 4500 余家，增加到 2008 年的 5100 余家，增长幅度为 13%，呈现快速增长的势头。

可以将行业 B2B 模式细分为 6 种类型：行业资讯服务、供求商机信息服务、招商加盟服务、在线交易服务、技术社区服务、项目外包服务。行业电子商务模式的分类，见表 7－2。

表 7－2 行业电子商务模式的分类

模式	主要特征	典型企业
以行业资讯服务为主的行业 B2B 门户模式	需要有精通行业、善于做市场分析调查的行业专家参与	我的钢铁网、联讯纸业

（续）

模式	主要特征	典型企业
以供求商机信息服务为主的行业 B2B 模式	所涉及行业比较大，涉及企业数量多，产品品种繁多且标准化，能形成很大的市场	中国化工网、全球五金网、全球纺织网
以招商加盟服务为主的行业 B2B 模式	以收品牌商的广告费、会员费来维持其运转，会员可在一级或二级栏目上为自己的品牌做广告，也可查看大量经销商的联系方式	中国服装网、糖酒招商网、小生意
以在线交易服务为主的行业 B2B 模式	此类模式的企业在运营时，必须要建立好诚信机制，交易商品一般为大宗商品	金银岛网交所、浙江塑料网上交易市场
以技术社区服务为主的行业 B2B 门户模式	此类模式的企业一般不会独立出现，往往是几种模式结合起来，如：招聘服务、项目外包服务、在线出版服务等需求	中国机械专家网、程序员论坛、螺丝网
以项目外包服务为主的行业 B2B 模式	此类模式的企业盈利模式为收取加工厂的钱，需要加强对客户的培育，或线下运作	软件项目外包网、全球羊毛衫网

3. “小门户 + 联盟” 模式

该模式以 A 股上市公司网盛旗下的生意宝、中搜行业中国等新一代 B2B 网站为代表。

该模式的主要特征为将行业网站和综合 B2B 网站进行优势互补，将行业的信息孤岛用联盟方式整合，提供“既专业又综合”的 B2B 服务，以实现价值最大化。

4. 仓单模式

该模式以金银岛、广东塑料交易所、浙江塑料网上交易市场 3 家为典型，适合该模式在线交易的商品首先必须标准化，而且成交量比较大。

这些服务商提供多样化的收费模式，除了会员费、交易佣金外，金银岛还提供以现货吞吐为核心的大宗产品全方位解决方案。在全方位电子商务平台内，则初步实现了物流、资金流、信息流封闭循环运作。

二、主力厂商

国内 B2B 电子商务经过 10 多年的发展，出现了五大 B2B 电子商务平台。这五大电子商务平台分别是阿里巴巴、慧聪网、生意宝、环球资源、中国制造网。他们均为已上市公司或准上市公司，其所占 B2B 市场的份额超过 80%。其中，阿里巴巴的优势最明显，2008 年阿里巴巴的注册会员数、付费会员数以及全年营收收入占总体市场规模的比例都超过了 50%。中国 B2B 电子商务上市公司的综合服务比较，见表 7－3。

表 7－3　中国 B2B 电子商务上市公司的综合服务比较

上市服务商	内贸平台	外贸平台	行业咨询调研服务	线下出版物	线下展览或买家见面会	认证服务
阿里巴巴	中国交易市场	国际交易市场	无	无	网货交易会网商大会	供应商身份认证
生意宝	中文站	全球站、韩国站、日本站	部分优势行业有	部分优势行业有	自办或合作办展、组团海外参展	中国供应商资料认证
慧聪网	国内站	国际站	合资公司，多行业有	《慧聪商情广告》	供需见面会	身份认证
环球资源	内贸网	外贸平台	无	《世界经理人》	视频买家单独见面会	认证供应商
中国制造网	中文版	英文版	无	无	无	认证供应商

数据来源：中国 B2B 电子商务研究中心

由表 7－3，可以得出以下几条结论：

（1）5 家 B2B 电子商务上市公司在内外贸平台、线下展览或买家见面会和认证服务中均有提供。

（2）在线下展览或买家见面会方面，各大 B2B 平台各有特色。其中，生意宝以自办或合作办展等方式提供服务，慧聪网和环球资源则以举办买家与卖家供需见面会的形式进行。但不论以何种方式提供服务，都想借此线下服务抢占更多的市场份额。

（3）在行业咨询调研服务方面，目前只有生意宝和慧聪网两家有所涉及，其他 B2B 平台都尚无此项服务。

（4）在线下出版物方面，生意宝、慧聪网、环球资源提供此项服务。其中，生意宝有涉及化工、纺织、服装等多个专业领域的自办线下刊物，环球资源则有《世界经理人》杂志，慧聪网则有长期大量的《慧聪商情广告》。

（5）在 B2B 电子商务公司所提供的六大基本服务中，相比而言生意宝和慧聪网两家公司所提供的服务最为全面，其他平台均只是有所涉及，而未全面覆盖。

以“线上 B2B 服务为主、线下 B2B 服务为辅”的电子商务服务企业，能提供更为全面的服务且运营成本可控，这对于用户而言，则更有吸引力。为用户提供更为专业、深入、完善的服务是 B2B 电子商务平台所应追求的终极目标之一。

三、品牌结构

1. B2B 电子商务服务市场的品牌结构

从 B2B 电子商务服务市场来看，多数综合性 B2B 服务商都实现了盈利。从收入规模来看，2009 年中国 B2B 电子商务服务平台收入规模达到 75.1 亿元，其中，阿里巴巴收入规模达到 48 亿元，占 63.9%；环球资源收入规模达到 7.8 亿元，占 10.4%；生意宝收入 1.3 亿元；其余垂直行业网站以及其他综合电子商务服务商仅占总体 B2B 收入规模的 17.4%。2009 年中国 B2B 电子商务服务市场的品牌结构，如图 7－4 所示。

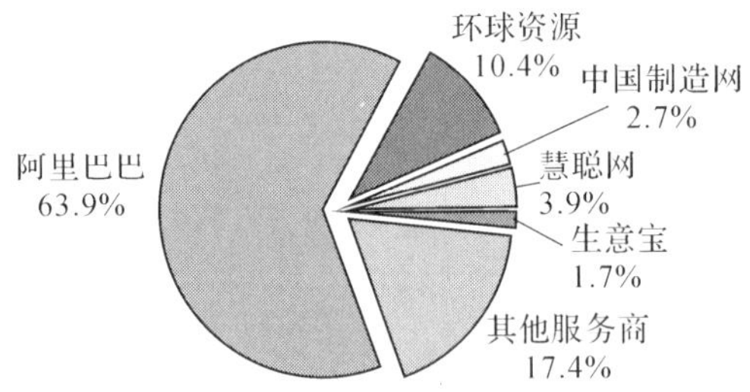

数据来源：赛迪顾问，2010，02

图 7－4　2009 年中国 B2B 电子商务服务市场的品牌结构

中小企业使用过阿里巴巴电子商务网站的比例高达 87.5%，生意宝、慧聪网、中国制造网、环球资源都有较大的使用比例。中小企业 B2B 电子商务服务市场的品牌结构与 B2B 整体电子商务服务市场的品牌基本吻合，其原因是应用 B2B 电子商务的主要就是中小企业。

2. B2C 电子商务市场的品牌结构

B2C 电子商务是中国电子商务领域最复杂最具特色的业务领域。由于业务模式的不同，此处只对 B2C 网上销售平台的品牌格局进行研究。

从网上销售平台来看，2008 年第三方 B2C 平台的总收入达到 214.5 亿元。

当当网、卓越网一直是中国 B2C 网上销售平台的代表性企业，此外还有京东商城、北斗手机网等 IT 数码类电子商务 B2C 平台也发展迅速。从销售额来看，2009 年当当网与卓越网的销售收入不相上下，二者在 B2C 网上销售平台市场中所占的份额约为 15%；京东商城迅速抢占市场，2009 年的交易额达到 40 亿元，获得 18.6% 的市场份额；凡客巩固服装类 B2C 服务商的领先地位；北斗手机网、新蛋、七彩谷等网上销售平台仍然维持较好的市场占有率。由于在线销售平台数量众多，其中绝大多数平台的销售额都较低。2009 年中国 B2C 网上销售平台的品牌结构，如图 7－5 所示。

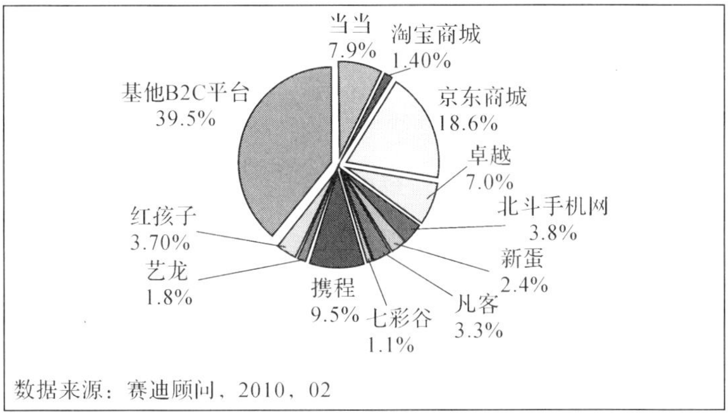

图 7－5　2009 年中国 B2C 网上销售平台的品牌结构

在被调查的中小企业中，阿里巴巴、慧聪网和中国制造网比较受中小企业的青睐。中小企业使用的电子商务网站分布比例，如图 7－6 所示。

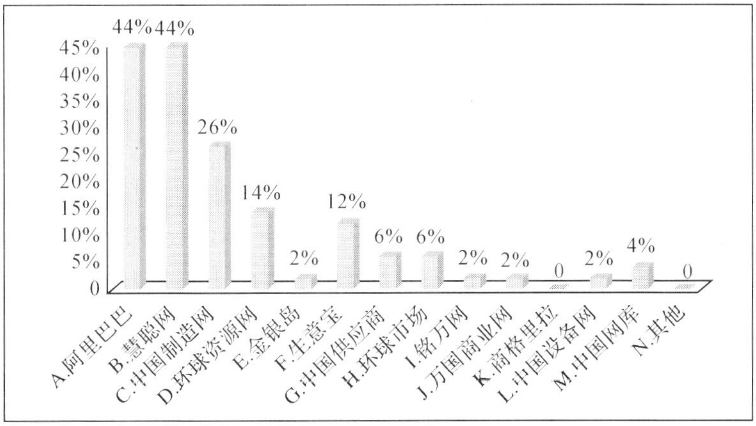

图 7－6　中小企业使用的电子商务网站分布比例

四、行业结构

2009 年，中国电子商务行业应用进一步普及，行业电子商务平台的数量和质量都有大幅度提高。传统行业参与电子商务的热情不断提高，一些重工业、制造业网上采购的比例不断增加，网上金融业务不断扩大。

根据中国 B2B 研究中心的调查数据显示，在电子商务服务企业的行业分布中排在前 10 名的依次为纺织服装、数码家电、钢铁机械、化工医药、建筑建材、农林、五金、包装印刷、食品糖酒、礼品饰品。2009 年中国电子商务行业结构，如图 7 -7 所示。

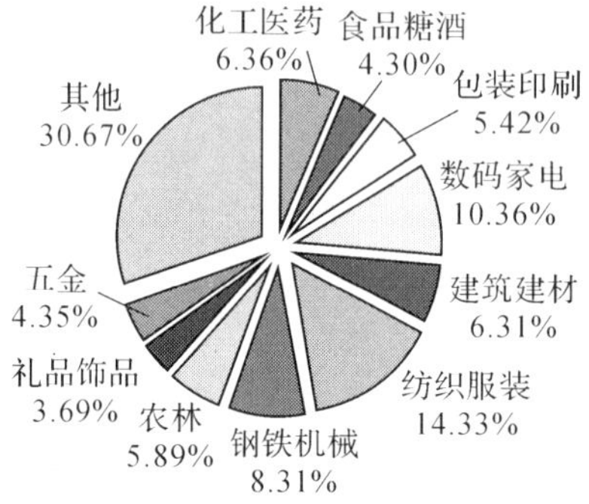

数据来源：赛迪顾问，2010，02

图 7 -7　2009 年中国电子商务行业结构

在行业分布中，因为纺织服装、数码家电都是跟人们的生活息息相关的生活必需品，所以这一行业的电子商务平台比较受欢迎。其中，纺织服装和数码家电行业所在比重最大，分别为 14. 33% 和 10. 36% 。

根据中国 B2B 研究中心的调查显示，目前全国仅家电类网上商城已超过 1000 家，2008 年家电网购销售额约为 200 亿元，2010 年近 800 亿元。近年来，不仅京东商城、世纪电器、新蛋、新七天等家电网购企业得到了迅猛发展，而且传统家电零售企业苏宁、国美等先后自建在线网购平台，战略布局电子商务。总体而言，以数码家电、服装配饰、家居百货为代表的 3 类主流商品，渐渐引导了网购的新一轮大战。

五、环节结构

在被调查的中小企业中，其主要是在销售和售后服务环节应用电子商务。中小企业应用电子商务的主要环节，如图 7－8 所示。

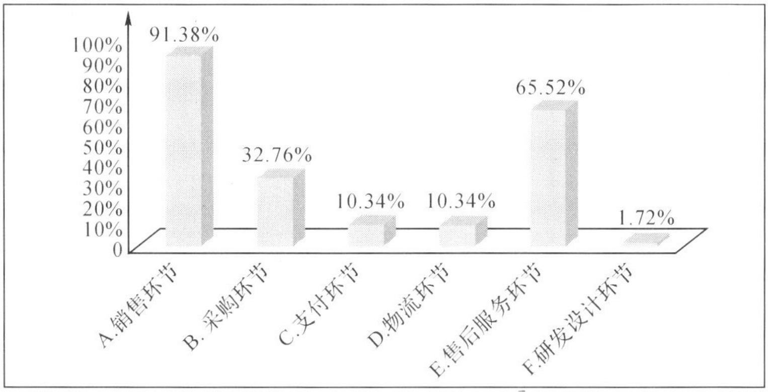

图 7－8　中小企业应用电子商务的主要环节

六、规模结构

在被调查的中小企业中，54.39% 的中小企业的电子商务交易额占总交易额的比例在 5% 以下，82.46% 的中小企业的电子商务交易额占总交易额的比例在 20% 以下。中小企业电子商务交易额的占比情况，如图 7－9 所示。

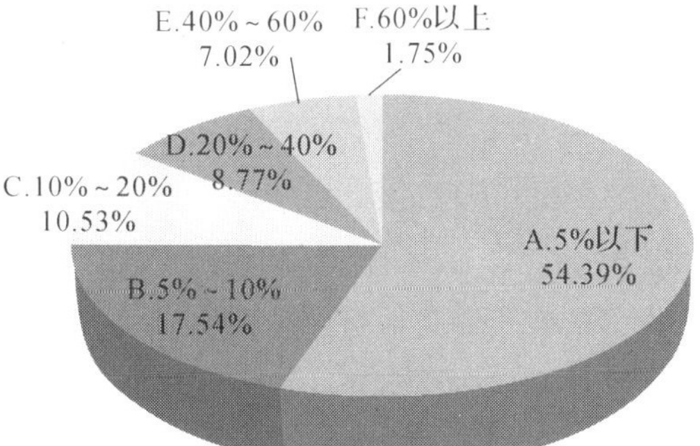

图 7－9　中小企业电子商务交易额的占比情况

第三节 存在的问题

一、信息安全和诚信是制约中小企业电子商务的两大问题

在被调查的中小企业中，其对电子商务最大的顾虑是信息安全问题和诚信问题。65.75%的中小企业表示最担心诚信问题，39.73%的中小企业表示最担心信息安全问题。可见，诚信和信息安全问题已成为制约中小企业电子商务发展的两大阻碍。中小企业对电子商务的顾虑因素，如图7-10所示。

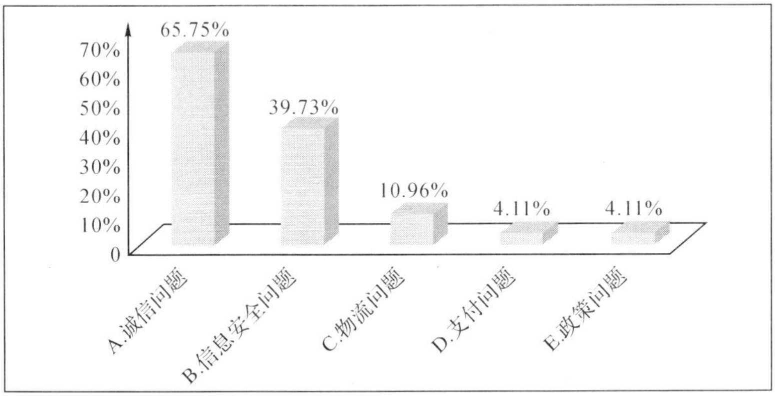

图7-10 中小企业对电子商务的顾虑因素

二、电子商务服务商分布不平衡

根据中国B2B研究中心调查统计显示，目前国内电子商务服务企业主要分布在长江三角洲、珠江三角洲一带以及北京等经济较为发达的省市。其中，长江三角洲占有33.52%的份额，珠江三角洲占有32.04%的份额，北京占有8.86%的份额。可见，目前我国的电子商务服务企业多分布在经济较为发达的省市，中西部地区电子商务服务企业数量少、规模小，电子商务对中小企业的促进作用明显低于长江三角洲、珠江三角洲等东部沿海地区。电子商务服务企业的过度集中不利于我国中小企业的均衡发展。

三、电子商务平台运营水平参差不齐

根据中国B2B研究中心的相关调查数据显示，截止到2009年6月，我国规模以上电子商务网站的总量已经达12282家，其中B2B电子商务服务企业有5320家。虽然电子商务服务企业已有几千家，但是电子商务服务商的经营、服务水平却不尽相同。阿里巴巴、慧聪网、生意宝、环球资源、中国制造网五大电子商务平台占据了国内80%以上的B2B电子商务市场份额，该类大型电子商务平台运营水平高，应用效果好。但是，其他企业提供的电子商务服务平台往往功能不完善，运营支持力度较差，售后服务无法保障。因此，总体来说，电子商务服务平台运营水平参差不齐。

四、缺乏一体化电子商务平台

目前，各服务商的电子商务平台都拥有较强的产品宣传、发布、交易处理、货物管理等基本功能。但是，要全面提升电子商务对中小企业的促进作用，必须强化电子商务所涉及的产业链，支付手段、信用保障、物流这3个环节需要融合到电子商务平台中。从目前已有的电子商务平台来看，具备产品宣传、发布、交易管理、电子支付、信用保障、物流支撑等功能环节于一体的综合电子商务平台还很少，除了阿里巴巴、慧聪网、环球资源等几家大的电子商务平台能够满足这样的要求外，大多数小的电子商务服务商还不能提供一体化的电子商务平台。

第四节　发展对策

一、对中小企业的建议

高度重视人才问题。中国电子商务的急剧发展，使得电子商务人才严重短缺。中国电子商务教育要尽快以各种形式大规模起步，为中国电子商务的发展培养出足够的、合格的、具备网络技术和商务知识的复合型电子商务人才。中小企业对于从事电子商务的专业人才不仅要招募高级人才，更要给他们足够的发挥余地。要吸收人，同时也要留住人。大多数中小企业在策划实施电子商务时，为尽快建立自己的队伍，大都选择高薪引进人才。由此，造成太多太频繁的人员流

动，既不利于企业稳定，也不利于人才自身的发展。人才资源的合理配置和优势互补才会产生更大的经济效益。

加强企业的安全防范。安全问题一直是网络所关注的关键性问题。互联网在提供强大信息功能的同时，也提供了窃取商业机密的机会。在为用户提供快捷交流方式的同时，他们无意间透露的内容催生了无数的犯罪，很多商业秘密都是在无意中被广而告知的。另外，对客户隐私的保护关系到企业的信誉，而客户对企业的信任是企业持久发展的动力，对中小企业来说尤其关键。因此，必须密切关注安全防范措施，并建立牢固的安全防范意识。

强化科技力量，注重企业内部信息化建设。对外电子商务、对内手工商务的现象在国内企业中并不少见。对于有限的建设资金而言，如何处理企业内部信息化建设和开展电子商务活动的关系至关重要。可以“由内而外”，先建立和整合企业内部管理、生产信息网络，然后再联结外部网直至实现电子商务。也可以“由外促内”，先在互联网上建立网站，再根据市场和客户的需要，有步骤地解决企业内部管理信息网络的问题并进一步开展电子商务。只有在企业外部与内部相协调的情况下，才能有更系统的发展。

此外，注重企业定位、加强营销思想、解决领导认识问题等都将有效地促进国内企业电子商务的实施与发展。在网络技术与信息通信技术日新月异的发展之下，国内企业只有开展切实有效的电子商务模式，才能在竞争日益激烈的当代生存发展，更充分地服务于客户，提高公众的注意力，开辟新市场，获得高收益。

二、对解决方案提供商的建议

由于中小企业不断地发展和本身经营方式更为灵活，解决方案提供商在为大型企业提供服务的同时，应该加强对中小企业的服务。

提供简单、易用、有效的电子商务解决方案。由于中小企业本身的局限性，企业拥有的专业电子商务人才或 IT 人才不足，流动性大，企业本身资金有限，管理水平较低，所以要求电子商务解决方案更加简单、易用，系统更加便于维护。这也是解决方案提供商需要重点关注的问题。

提高自身在中小企业中的知名度。有 60% 的企业在选择解决方案时会优先考虑提供商的知名度，而中小企业群体由于信息缺乏，对服务商的了解不多，因此解决方案提供商应该加强自身品牌在中小企业用户群体中的知名度，让更多的企业了解自己的产品和服务，从而增加产品和解决方案的被选率。

此外，价格因素也是中小企业考虑解决方案产品的主要因素之一，提供商应该针对中小企业的特点，开发相对简单灵活、价格优惠的解决方案以适应企业的具体情况。

三、对电子商务平台服务商的建议

随着中小企业电子商务意识的觉醒，B2B 电子商务也在不断地成熟。正因为如此，竞争才更加残酷。在未来的发展过程中，B2B 企业最重要的应该是向客户提供专业化的、细致的服务，以此赢得更多的市场，从而获得更高的利润。所谓专业化、细分化的服务可以是专业性很强的行业垂直电子商务平台，也可以是综合 B2B 平台上更加贴近企业用户需求的服务，如集成的商情搜索工具、完备的用户沟通工具、功能强大的用户产品及信息管理工具等。

目前中国的 B2C 市场已经进入了严重的同质化竞争时代，厂商之间的竞争焦点完全集中在价格上。价格战导致企业利润率不断降低，企业均挣扎在生存线的边缘。大多数用户只注重价格便宜是导致 B2C 价格战的关键原因之一。相比较而言，高端客户则更加注重个性化的商品以及优质的服务。因此，B2C 企业要想尽快走出价格战的阴影，必须发挥引导作用，改变用户的价值取向，从个性化商品和细节服务上突破，吸引更多的高端客户群体，从而提高企业的利润率。

依托产业集群和专业市场，发展全程电子商务平台。全程电子商务平台将是电子商务未来的发展趋势。全程电子商务平台以互联网和移动通信网为基础，将电子商务、业务管理信息化、供应链协同等服务融为一体，为中小企业提供全方位、一站式的信息化服务。全程电子商务平台将向用户（B2B 与 B2C）提供与业务管理、企业间业务协同相融合的应用服务。将内部业务管理与外部的供应商、分销商和客户之间的业务管理实现协同，是一个全面集成的应用服务平台。

第八章　中小企业信息化培训市场的发展情况

为加快中小企业信息化建设步伐，进一步提高中小企业信息化建设水平，促进中小企业又好又快发展，需要加强中小企业的信息化培训工作。

第一节　市场总体情况

2010 年 8 月，水清木华研究中心和第一调查网合作对中国市场 600 位用户进行了 IT 教育培训行业消费特征调查。调查内容包括参加培训目的的调查、参加培训方式的调查、选择培训课程类型的调查、课程设置偏好的调查、培训费用投入的调查、获取 IT 培训信息的调查、消费者不参加 IT 培训原因的调查、选择 IT 培训机构或考虑因素的调查、消费者对参加过 IT 培训机构满意程度的调查、参加 IT 培训对获得认证暨提高工作能力的调查等。

参加 IT 培训方式的调查结果显示，个人出资与公司组织是当前 IT 培训的两大方式。由于个人职业发展需要或个人爱好等原因参加过 IT 培训的消费者中，有四成以上以个人出资方式进行培训。另外，还有许多公司为了提高员工职业水平而组织员工进行培训，在本次调查中，有逾三成参加过 IT 培训的消费者以公司组织的形式参加了 IT 培训。学校组织参加 IT 培训的方式占少数。消费者参加 IT 培训方式的调查结果，如图 8 - 1 所示。

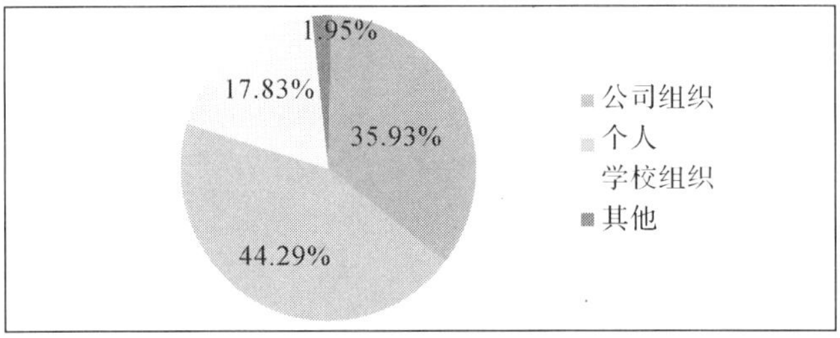

图 8 - 1　消费者参加 IT 培训方式的调查结果

消费者选择培训机构的调查结果显示，有 57.7% 的消费者选择北大青鸟，有 37.3% 的消费者选择新华电脑学校，有 23.4% 的消费者选择清华万博，有 23.1% 的消费者选择思远。消费者选择培训机构情况的调查结果，如图 8－2 所示。

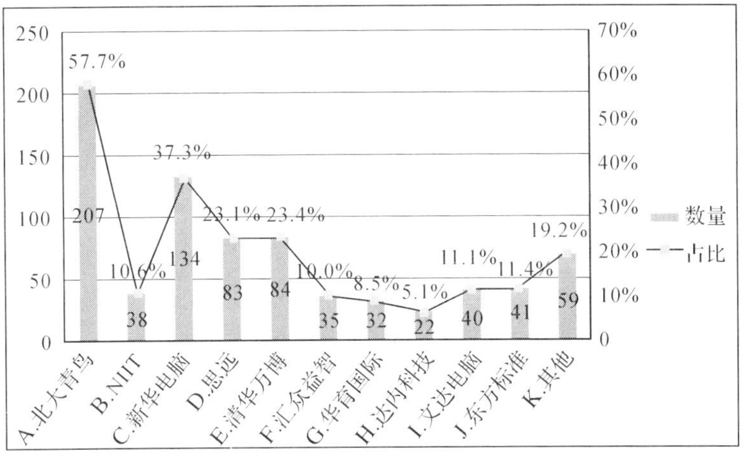

图 8－2　消费者选择培训机构情况的调查结果

消费者获取 IT 培训信息来源的调查结果显示，门户网站和搜索引擎是当前国内两种最为主要的信息获取渠道，消费者数量占比均已超过半数。其中，门户网站占比最高，已近七成。其次是人际传播，消费者数量占比已近五成。再次是学校机构网站、报纸杂志和电视等媒体，其消费者数量占比均在三成左右。消费者获取 IT 培训信息来源的调查结果，如图 8－3 所示。

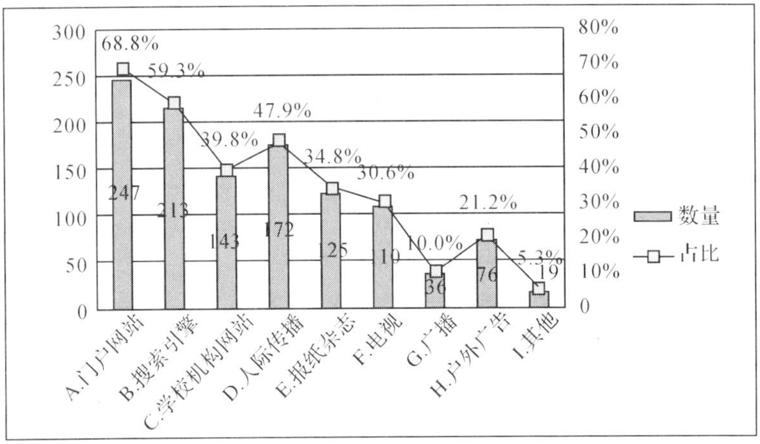

图 8－3　消费者获取 IT 培训信息来源的调查结果

从行业运行情况来看，2009 年上半年我国 IT 培训市场整体需求相比 2008 年同期有所减少，随着 IT 行业在 2009 年下半年逐渐复苏，我国 IT 培训市场的需求情况在进入 2010 年后有所转好。预计到 2011 年，我国整个 IT 培训市场的规模将达到 109.5 亿元，实现近 23% 的同比增长。预计未来 3 年内，我国 IT 培训市场的规模仍将保持 20% ~25% 的较高增长率。

通过对客户消费和需求特征进行深入分析和研究后，发现未来我国 IT 教育和培训行业的发展趋势和重点应在以下 3 个方面：

（1）注重提升就业推荐能力。与学历教育不同的是，职业教育本身也是一种就业教育。它的真正价值体现在通过培训，让学员掌握一种操作技能，能更好地实现就业。因此，为了增强自身的竞争力，今后 IT 职业培训机构将会更多地加强自身就业部门建设和就业合作渠道的建设。

（2）课程标准化是保证培训质量的重要部分。IT 培训的课程标准化，除了要求整个体系使用统一的培训教材、课件之外，在教学方法、教师队伍建设、讲课内容等方面都要求做到统一，甚至细致到某一堂课中某一节内容的讲解所用的时间，都要有统一的标准和规范。通过课程标准化，能够确保学员全面掌握课程的教学内容，保证教学质量。

（3）“实训机制”应该更加普及和完善。实训就是让学员在真实的企业开发环境里亲自动手，开发采编来自软件企业的实际项目，接受规范化的软件开发过程管理和全方位的企业员工素质训练。这种基于实际项目的训练区别于传统 IT 培训的案例式教学，学员毕业后，可直接进入软件企业就职，成为企业青睐、市场抢手的“实战型”软件人才。

第二节　培训机构类型

一、职业培训机构

中国 IT 培训市场的集中程度较高，根据 IDC2008 发布的数据，前 10 名的 IT 培训机构占据 73.9% 的市场份额。由于资本对行业的持续注入，部分品牌 IT 培训机构进一步扩大，形成品牌 IT 机构高度占领市场的格局。这 10 家 IT 培训机构按市场份额由大到小排列分别是北大青鸟、NIIT、新华电脑、思远、华育国际、汇众教育、清华万博、达内科技、东方标准和文达电脑。其中，北大青鸟的市场份额接近40%。主要IT培训品牌的市场份额，如图8－4所示。

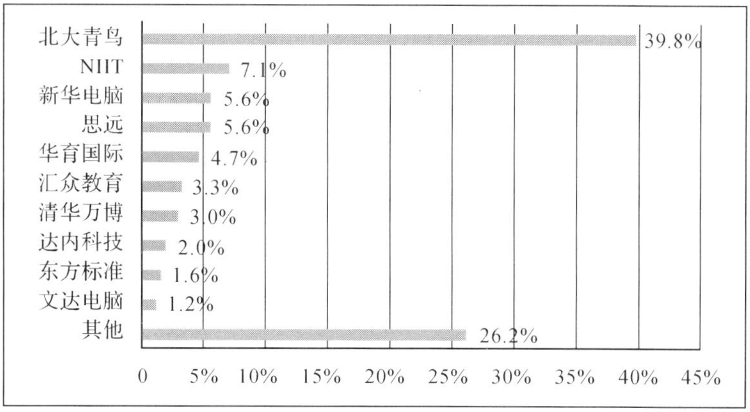

图8－4　主要IT培训品牌的市场份额

前10名的培训机构的主要培训课程和针对企业的培训内容，见表8－1。

表8－1　前10名的培训机构的主要培训课程和针对企业的培训内容

机构名称	主要培训课程	企业培训内容	特点
北大青鸟	ACCP软件工程师、BENET网络工程师、BTEST软件测试工程师、ACCP启蒙星		规模最大，培训内容覆盖软件开发、测试和网络管理
NIIT	新技术提高课程（微软系列课程、SUN系列课程）、厂商认证课程（CompTIA课程、思科系列课程）、博睿软件工程师、网络工程师	交付培训、公司培训计划、电子学习课程库、本地化服务和解决方案	很强的厂商认证培训实力，培训内容涵盖软件开发、网络和游戏开发，有针对企业开展的培训
新华电脑	信息技术应用工程师、电子商务应用工程师、网站开发工程师、网络技术工程师		有电子商务应用的培训
思远	软件开发、网络技术、数字创意、信息技术应用、呼叫中心管理		非加盟式IT培训机构、培训质量较好，有针对呼叫中心的培训

（续）

机构名称	主要培训课程	企业培训内容	特点
华育国际	软件工程师 ECSE、网络工程师 ECNE、动画设计师 ECAE		采用“订单实训”人才培养模式，根据企业、社会、个人所需开展定制式的培养
汇众教育	动漫课程体系、游戏课程体系		专注于数字娱乐职业教育、中国数字娱乐职业教育领军品牌
清华万博	1+6 网络工程师、软件工程师、网络工程师、网站设计开发工程师、视觉传达设计师、动画设计师、影视动画师		网络技术培训内容较为丰富
达内科技	C+E 国际软件工程师、Java 软件工程师、外企软件工程师、ORACLE9I OCP 证书经验培训、外企网络工程师、UNIX 系统管理证书		专注于培养 Java、C++、C#/. Net 等方面的中高端软件人才
东方标准	国际软件工程师、软件工程师、数字艺术、网络工程师、网络营销工程师	上门培训服务	软件工程师的培训内容比较丰富，有针对企业开展的培训
文达电脑	高级数控技术工程师、软件开发工程师、信息安全工程师、计算机网络工程师、计算机网络游戏开发设计师、影视动漫设计师、计算机服装设计师		有数控、信息安全方面的培训

由表 8-1 可以得出以下几个特点：

（1）培训对象以社会学员为主，企业培训较少涉及。前 10 名的培训机构均是以社会学员为主要培训对象，仅有 NIIT 和东方标准两家机构有针对企业的培训内容。市场份额近 40% 的北大青鸟的培训对象完全是社会学员。就目前培训对象的结构而言，为中国信息化培育了大量基础型人才，为推进信息化进程奠定了人才基础，但企业专业化的信息化人才却得不到满足。

（2）培训内容以软件开发和网络工程为主。以上 10 家培训机构中，除了汇众教育专注于数字娱乐外，其他培训机构均是以软件开发和网络工程为主要内容。根据 IDC2008 发布的数据，IT 职业培训的产品细分为软件开发、网络工程、基础IT应用和IT创意4类。软件开发包括各种开发语言培训及软件测试；网络工程包括网络系统集成、网络管理、网络安全等；基础IT应用包括基础计算机操作技能、网页制作、办公软件等；IT创意包括游戏开发、动漫设计、计算机美术等。其中，软件开发和网络工程占整个市场的86%，软件开发一项更是超过50%。工厂职业培训市场细分产品的市场份额，如图8-5所示。

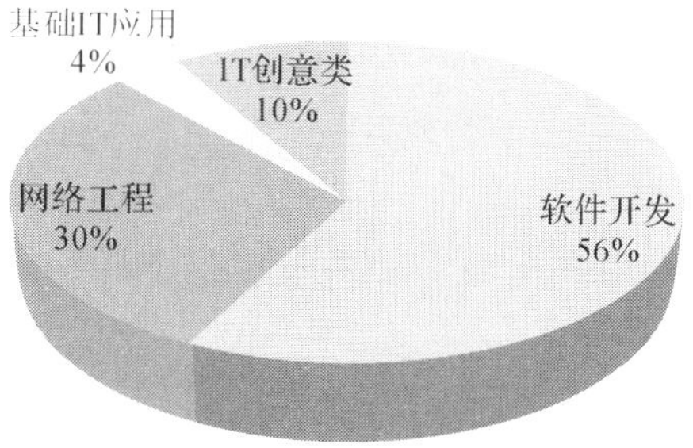

图8-5 IT职业培训市场细分产品的市场份额

（3）信息化管理系统培训很少。10家IT培训机构的培训课程体系主要按照大类设置，软件工程师是软件人才培训的主要途径。软件工程师的培训课程内容丰富而繁杂，往往泛而不精。以ERP、CRM为代表的管理系统是企业信息化的主要内容，企业缺乏实施、管理和维护这些系统的专业人才，而IT职业培训机构基本没有开设这些相对细分而专业的培训。在以上培训机构中，仅有新华电脑开展的电子商务培训和思远的呼叫中心管理培训，远远不能满足企业的需求。这就形成了企业专业信息化人才需求与IT职业培训机构人才不对口的矛盾。

二、IT厂商

中国IT职业培训机构为中国信息化培养了大批基础人才，但是在具体企业信息化实施过程中，还需要更为专业化的人才。目前，许多IT厂商依托自身多年的行业经验和产品实践，纷纷面向企业提供更为专业和具有针对性的信息化培训。目前，在中国提供IT培训服务的IT厂商主要有IBM、思科、SAP、微软、用友、东软、神州数码等。提供IT培训服务的IT厂商和培训内容，见表8-2。

表 8－2　提供 IT 培训服务的 IT 厂商和培训内容

厂商	主要培训内容	特点
IBM	IBM 成立了中国培训专业服务部，开展培训服务。培训的内容包括： 1. IBM 产品技术培训 AIX、Networking Solutions、AS/400、Object Technology、CICS OS/390、DB2、System Management、IMS VSE、Lotus Notes、专业认证考试、MQ Series、MVS 2. 非 IBM 产品技术培训 3. 管理及专业技能培训	1. 培训主要针对自身的产品 2. 有自身的专业认证考试 3. 强大的师资阵容 4. 有效的培训方式（公开课程、特色课程、分布式（网上）培训）
思科	思科的培训主要有两个方面的内容，一是思科自身的认证体系，二是思科网络技术学院。 1. 思科职业认证体系 1）思科工程师认证。 CCDA 、CCNA 路由和交换、CCNA Security 安全、CCNA Wireless 无线、CCNA Voice 语音 2）思科资深工程师认证。 CCDP、CCNP 路由和交换、CCSP 安全、CCVP 语音、CCNP Wireless 无线 3）思科专家认证。 CCDE、CCIE SP Operations、路由和交换、安全、Service Provider、存储网络、语音、Wireless 无线认证 2. 思科网络技术学院 思科网络技术学院项目是专门为学校设立的网络技术教育项目，致力于教授学生设计、构建和维护计算机网络，使学生成为符合信息时代发展要求的人才	1. 思科认证体系完善 2. 认证价值高 3. 设有网络技术学院培养学生

（续）

厂商	主要培训内容	特点
SAP	SAP的培训分为标准培训和客户化培训，SAP也有自身的认证即SAP认证，另外还成立了顾问学院。 1. 标准培训 财务会计FI、管理会计CO、物料管理MM、销售与分销SD、人力资源HR、生产PP、ABAP 2. 客户化培训 SAP客户化培训根据具体客户的项目实施需要，为特定客户量身定做课程内容，灵活安排培训时间及培训地点 3. SAP顾问学院 SAP顾问学院是针对于自身产品的专业实施人员和用户开发的一套集中速成式的认证培训课程。目前，已成功地帮助2000多人，在10多个领域取得了顾问资格认证。为企业用户培养和储备了大量的优质人才 4. SAP认证 SAP顾问学院认证（Solution Academy） SAP All－in－One顾问认证 SAP Business One认证	1. 培训涉及面广 2. 有针对企业的客户化培训 3. SAP认证价值高 4. 提供在线培训方式
微软	微软有一系列针对自身产品的认证，因此微软的培训业主要是围绕认证考试的。微软主要有以下认证： 微软认证IT专家（MCITP）、开发专家（MCPD）、架构师计划（MCAP）、高级技术专家（MCM）、操作系统技术支持工程师（MCDST）、学习顾问（MCLC）、系统管理员（MCSA）、系统工程师（MCSE）、数据库管理员（MCDBA）、讲师（MCT）、应用程序开发专家（MCAD）、解决方案开发专家（MCSD）、商务管理解决方案专员、商务管理解决方案专家、Office专家（MOS）、应用程序专家（MCAS）	1. 基于自身产品的认证体系丰富 2. 培训主要围绕认证考试展开

(续)

厂商	主要培训内容	特点
用友	用友在信息化培训方面做得比较出色。其主要依托两个培训平台，一个是用友培训教育事业部，包含企业培训和院校教育两部分内容；另一个是进行职业教育的用友管理软件学院。 1. 企业培训 用友 U8 培训服务、用友 NC 培训服务、企业经营管理培训服务、ERP 项目知识转移平台 2. 企业培训 高等院校实训教学整体解决方案（工商管理类、信息管理类、市场营销类、管理信息化实训）、中职类院校实训教学解决方案、人才培养与就业工程（企业“订单”式培训） 3. 用友管理软件学院 用友管理软件学院是亚太本土最大的管理软件供应商用友公司投资创办的直属教育机构，创建了“管理软件应用工程专业”，以基于 SOA 架构的商业应用套件 U9 作为教学平台，整合用友服务于中国超过 70 万企业客户的信息化应用经验与资源，致力于为中国管理信息化领域系统地培养专业化、高品质、应用创新型人才	1. 培训平台多样（企业、院校、用友学院） 2. 培训形式丰富（移动课堂、教室集中培训、上门培训、远程培训） 3. 专业性强（主要围绕管理软件方向培训，特别是 ERP 顾问培训） 4. 有自主学习系统用友 e－Learning 学习管理系统
东软	东软的培训业务主要依托 3 个平台，即东软信息学院、东软培训和东软人才实训中心。 1. 东软信息学院 学院设计算机科学与技术系、信息技术与商务管理系、嵌入式系统工程系、数字艺术系、英语系、日语系，开设 25 个本科专业和专业方向，开展普通全日制本科教育 2. 东软培训 1）技术培训 操作系统、办公应用、软件开发、数据库、网络技术（H3C、思科、网络安全 CIW）、管理咨询（信息化管理 ITIL、项目管理 PMP、企业信息化 SAP/ERP/CRM、沟通管理能力） 2）企业培训 IT 项目开发团队能力构建方案、IT 运营维护与服务支持团队能力构建方案、甲方 IT 项目管理与控制能力构建方案、企业涉外（日、欧美）团队能力构建方案、科技型创业企业团队辅导计划、中小企业竞争力优化计划 、ITO/BPO 企业人力资源能力构建方案	1. 培训平台多样（职业学院、培训部门、实训中心） 2. 技术培训内容较为丰富

（续）

厂商	主要培训内容	特点
东软	3）认证培训 Oracle数据库、ITIL、思科CCNA、东软CISP认证 3. 东软人才实训中心 1）高校人才培养解决方案（面向在校本科生、研究生、教师和学院整体开展实训和实习） 2）专项培训解决方案（软件工程技术培训、信息化应用培训、网络技术培训、中间件技术课程等，面对面与e－Learning培训相结合的复合式教学模式） 3）个人职业能力提升解决方案	3. 针对企业开发有多套培训解决方案 4. 开展认证培训
神州数码	1. 技术基础培训 神州数码考试中心、神州数码职业教育（为目标客户提供IT相关职业技术技能的培训或实训产品）、中高端技术培训（神州数码教育学院（培训中心）自1997年就开始专注IT培训业务，是目前国内最大的高端IT技术培训中心） 2. 经典管理课程培训 管理课程源于联想。课程内容涵盖人才培养和管理、风险管理、研发及项目管理、数字神经网络建设、企业文化、物流运作等 3. 软件工程师管理培训 4. 信息化管理系列培训 培训内容包括核心业务系统、ERP、E－Bridge、BI、供应链管理、客户管理等 5. 契合行业应用的人才解决方案	1. 培训内容较为丰富（管理、技术、行业） 2. 依托丰富的信息化建设经验开展信息化管理培训

由表8－2，可以得出以下几个特点：

（1）国外厂商的培训主要围绕自身的产品或认证展开。IBM、思科、微软等国外大型IT厂商往往具有十分先进的技术、丰富的产品和较大的市场份额，它们普遍依托这3方面的优势推出了自身的认证体系，而这些认证又往往具有很高的价值，因此参加这些认证的人员众多。所以，IBM等国外大型IT厂商的培训内容主要就是自身产品的培训和认证的培训。IBM和微软则是典型的这样的企业，思科的培训也是围绕思科认证体系展开的。

（2）国内厂商的培训平台多样，培训内容丰富。综合分析用友、东软、神州数码等企业的培训体系，国内 IT 厂商的培训平台较为丰富。例如，用友一方面成立了培训教育事业部开展企业培训和院校实训，另一方面成立了用友管理软件学院专门培养信息化人才；东软的培训平台和用友类似，东软自身的培训部门主要针对企业开展培训，人才实训中心主要开展高校学生等实训内容，信息学院则主要进行大量集成人才的培养。国内 IT 厂商往往没有自身的认证体系，因此它们的培训重点不是认证培训。相比之下，国内 IT 厂商的培训内容更为丰富，如用友、东软和神州数码的培训内容基本涵盖了技术、管理、营销等各个方面。

（3）用友在管理软件方面的培训优势突出。用友作为国内管理软件提供商的领导者之一，在管理软件的设计、研发和实施方面具有丰富的经验。用友的培训内容也正是充分利用了这方面的优势。在用友针对企业的培训中，培训的平台主要是自身开发的产品，如基于用友 U8 的培训和用友 NC 的培训；用友成立的用友管理软件学院旨在为中国管理信息化领域系统地培养专业化、高品质、应用创新型人才，其特色核心专业是管理软件应用工程专业。综合以上两点，用友在管理软件方面的培训优势十分突出。

三、大学及科研院所

我国高校计算机专业人才的培养在近十年有了飞速地发展，培养规模增长较大，学科建设形成体系，师资建设形成梯队，设备条件得到较大更新。现在，几乎所有的大学都设置了计算机专业，开设了计算机的相关课程。

第三节　国家信息化培训工程

一、国家中小企业银河培训工程

为提高中小企业管理人员的素质和管理水平，推动中小企业健康发展，我国从 2003 年开始启动了“国家中小企业银河培训工程”，对中小企业的经营管理者开展全国性的培训活动。

国家中小企业银河培训工程是为贯彻《中小企业促进法》而提出的一个全国性、统一性、公益性的培训工程，是一项专门针对中小企业及相关机构和组织，由国家财政专项资助，由工业和信息化部、财政部组织实施的培训工程。

国家中小企业银河培训工程以中小企业经营者和小企业创业者为培训重点，兼顾中小企业政府管理人员和服务机构从业人员，依托各地区中小企业管理部门和各类服务（培训）机构，开展培训工作。信息化是国家中小企业银河培训工程的一项重要内容。

国家中小企业银河培训工程主要开展的培训活动有对创业者开展创业知识和创业技能培训；对小企业经营管理及专业技术人员开展工商管理基础知识、法律法规、产业政策和企业信息化建设等培训；对中小企业服务机构从业人员开展专业知识和服务技能培训；对各级政府部门中直接从事中小企业管理工作的人员开展法律法规和促进中小企业发展的相关政策措施的培训等。

二、全国信息技术人才培养工程

根据工业和信息化部人才工作要点“关于继续组织实施全国信息技术人才培养工程”的要求，适应工业和通信业发展及工业和信息化融合对信息技术人才的需求，结合全国信息技术人才培养工作在建设教育培训体系、整合教育培训资源和创新人才选拔机制等方面取得的成绩，继续推进全国信息技术人才培养工作的开展。

该工程的指导思想是紧紧围绕加快两化融合、走新型工业化道路培养信息技术人才的主题，充分发挥全社会教育培训资源的作用，做大做强工业和信息技术教育培训体系，完善工业和信息化人才评测体系，大力拓展职业教育的课程体系，加强工业和信息技术从业人员的教育培训工作，加速工业和信息技术人才的成长，满足国民经济和社会信息化发展对工业和信息技术人才的需求。

该工程的总体目标有五个。一是以计算机软件、计算机网络、计算机应用、信息系统和信息服务等信息技术领域为重点，加快新技术、新领域、促进工业和信息化融合课程的研发力度，完善职业教育培训课程体系。二是优化组合行业教育培训资源，建立示范性工业和信息技术人才培训基地。三是提高教育培训和考试的科技手段，建立全国培训考试平台、考务管理平台和教育培训网。四是通过与相关部委及国际知名培训机构合作拓展教育培训认证范围和服务领域。五是大规模开展工业和信息技术职业培训、继续教育和在职学历教育，构筑工业和信息技术从业人员和后备人才的终身教育体系。

该工程从扩大培训体系规模、扩展专业门类、提高科技手段、提升服务与管理水平等方面着手，为工业与信息化融合、走新型工业化道路培养信息技术人才。

（1）发挥工业和信息化部行业教育机构的优势，结合工业和信息化融合对人才的需求，对目前和未来一段时期内行业人才需求和缺口状况进行深入调研，制定有针对性的人才培养规划，为全行业教育培训工作的决策提供依据。

（2）根据新型工业化的特点，将行业人才培养工作，从以培养信息技术人才为重点，扩展到培养复合型和跨专业人才，研发涉及新技术、新专业、跨行业的职业教育方案，关注信息技术服务于工业领域相关课程的研发，为大工业、大市场培养新一代产业大军。

（3）在现有教育培训体系中选择50家培训机构，创建示范性人才培训基地，探索更加有效的职业教育培训方式和方法。

（4）采取合作建设、委托开发等方式建设全国培训考试平台、考务管理平台、教育培训网，提高考试与培训的科技手段，实现优质教育资源共享，扩大教育培训的受益面，减少培训成本。

（5）指导全国计算机与软件专业技术资格考试、电子行业特有工种职业技能鉴定、全国信息技术水平考试实施机构开展培训工作，制订相关培训指南，培养选拔行业需要的合格人才。

该工程实施步骤如下：

（1）启动阶段（2009年3月—2009年6月）。设立全国信息技术人才培养工程二期领导小组和专家委员会；制订实施方案和阶段性计划；组织市场宣传和市场推广计划；完善相关的规章制度和管理办法。

（2）实施阶段（2009年6月—2014年6月）。进行课程方案研发，进行考试及培训平台建设，组织各项培训计划的实施，加强体系的管理与服务，阶段性总结和表彰。

（3）效果评估（2014年6月—2014年12月）。各培训管理中心、培训基地自行评估；教育与考试中心组织专家进行评估；项目总结并制订下一步发展规划。

第四节　存在的问题

一、中小企业信息化培训意识不强

目前，开始实施信息化应用的中小企业越来越多，但是开展信息化培训的企业却并不多，这主要还是企业的信息化培训意识不强。很多企业已经开始推进信息化建设，其财力、物力主要集中在硬件设备采购、信息系统搭建方面，但是却忽视了对人才、实施方法和管理流程的培训，最终造成已建成的信息化系统没有起到良好的效果。

中小企业普遍存在重功能轻流程的问题。系统功能很重要，但是流程对企业的意义更大，因此需要加强对中小企业关于信息系统流程管理的培训。功能是针对某一个应用点的，过多关注局部功能会让企业“捡了芝麻丢了西瓜”，最终的结果是企业不满意；流程创造价值，流程规避风险，流程决定效率，流程固化才能支撑扩大。

目前，中小企业信息化的培训主要依靠各级政府的信息化培训工程来实施，如“国家中小企业信息化推进工程”中的“百万中小企业信息化培训”活动以及各地的信息化培训工程。中小企业缺乏信息化培训的主动性，主动寻求并开展信息化培训的企业较少。

二、信息化培训市场存在供求矛盾

近年来，随着大量企业对信息化建设的重视程度越来越高，信息化培训的市场也随之逐年扩大。企业在实现信息化之前或实现信息化时，需要对其企业相关人员进行信息化培训，进行一轮信息化的普及活动。

信息化培训市场出现了一些供求矛盾：一面是各式各样的信息化培训满天飞；另一面是真正需要培训的企业以及个人找不到真正合适自己的信息化培训机构以及培训课程。一旦要上一个项目，就病急乱投医地找培训，如果培训机构和课程找得不合适，培训老师和学员磨合得不好，那么培训必然是收效甚微。如何在众多的培训市场中找到合适的培训机构，是中小企业需要解决的一个问题。

三、信息化培训内容缺乏针对性

信息化培训内容缺乏针对性主要表现在两个方面。一方面是信息化建设是一个复杂而系统的工程，阶段性和层次性明显，如果培训内容没有根据企业目前信息化所处的阶段开展针对性、实效性的培训，则培训的效果往往得不到体现；另一方面是信息化培训机构的培训内容缺乏针对性，中小企业千差万别，行业分布广泛，企业的信息化需求多样，而培训机构往往倾向于建立一个标准化的培训体系以实现其培训的便捷和高效，不注重针对单个企业展开调研分析，这样的培训方式不适合差异性明显的中小企业。

信息化培训应根据信息化建设的不同阶段、不同项目和不同要求，实行分类培训，使培训具有针对性和有效性，具体体现在三个“分”上。第一是分层次。第一层次是具有通用性的培训内容，如企业管理信息化概论、典型企业介绍、质量评估标准及方法等；第二层次是具有针对性的培训，如分综合管理信息化类、专项管理信息化类、电子商务类等不同内容进行培训；第三层次是具有实用性的培训内容，如专业技术服务类培训等。第二是分层面。第一个层面，组织专家对各地的信息化领导和企业负责人进行培训；第二个层面，对各地企业的厂长、分管信息工作的副厂长和信息中心主管的培训；第三个层面，在企业内部实施有针对性的全员培训。第三是分专业。在培训过程中，可按照企业性质、类型等不同情况分别开展培训。

第五节　发展对策

一、提高信息化培训的针对性

我国目前的IT培训机构主要以软件开发和网络工程为主。以ERP、CRM为代表的管理系统是企业信息化的主要内容，企业缺乏实施、管理和维护这些系统的专业人才，不能满足企业需求。从而形成了企业专业信息化人才需求与IT职业培训机构人才不对口的矛盾。因此，培训机构应该紧跟企业需求，培养相关人才。

二、加强与高校、企业的合作

与高校形成合作互补机制。高校培养主要注重理论方面的培养，学生在企业信息化实际操作方面存在不足。社会 IT 培训机构可以与高校合作培养，缩短企业信息化人才培养的时间，降低个人和社会成本。

目前，IT 培训机构的主要培训对象是是社会学员，企业培训较少。这种情况是造成人才与企业需求不配套的原因之一。IT 培训机构应与企业合作，对企业内部职工进行企业信息化方面的培训。

第九章　中小企业信息化咨询市场的发展情况

现代企业管理离不开信息技术的支持，不论是业务流程的规范、运作效率的提升，还是管理模式的变革、业务模式的创新，信息技术都在发挥着重要的支撑作用。咨询机构提供的信息化咨询可以帮助企业明晰企业战略，优化设计企业管控模式，梳理和优化核心业务流程，制订信息化发展战略和规划（IT 规划）、信息化需求分析和设计、信息系统诊断和评价、信息系统选型、信息安全管理体系建设、ERP 系统实施、信息系统监理等业务。

第一节　市场总体情况

企业信息化咨询内容一般包括企业信息化规划、企业信息化选型、企业信息化实施咨询（如 ERP 实施咨询）、企业信息化项目监理、企业信息化评估、IT 服务管理和 IT 治理等。

易观国际发布的《中国 IT 咨询市场趋势预测 2007 - 2011 年》报告显示，预计到 2011 年，中国 IT 咨询市场规模将超过 213 亿元。2006 - 2011 年，年均复合增长率约为 22%，增速较高。

目前，中小企业信息化咨询市场规模还很小。2009 年，中小企业 IT 咨询占 IT 服务的 4.3%。2009 年中国中小企业 IT 服务结构，如图 9 - 1 所示。

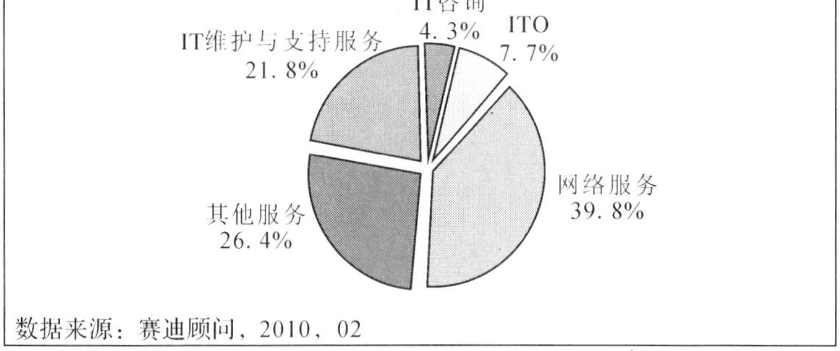

图 9 - 1　2009 年中国中小企业 IT 服务结构

在被调查的中小企业中，21.05%的中小企业购买过信息化规划咨询服务，78.95%的中小企业购买过软件选型咨询服务。中小企业购买信息化服务的比例，如图9-2所示。

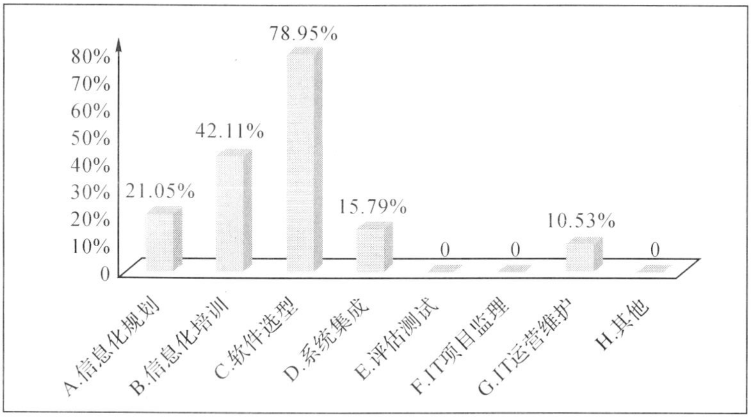

图9-2　中小企业购买信息化服务的比例

近年来，中小企业信息咨询的服务意识有所提高，对信息化咨询的需求逐渐提高。对于中小企业而言，信息服务尤其是信息咨询类服务一直被忽视，咨询的意识还未形成，这和信息化发展水平较高的大型企业有一定的差距。在2009年，中小企业重视信息化投资之后，对于IT投资的投入产出比要求更加严格，同时希望利用信息系统提升业务，在这之前进行信息咨询，了解信息系统与业务的内在联系、进行业务流程的梳理和优化、改造现有组织结构等需求更加明显，也使得信息咨询类服务的需求更加旺盛，占比进一步提高。

第二节　国外咨询机构

国外提供企业信息化咨询服务的主要是SAP、IBM、戴尔、德勤、埃森哲等。2009年10月，戴尔收购了著名咨询公司毕博。

一、SAP

SAP中国于1995年年底正式成立，分别设于北京、上海、广州及香港和台湾地区，总共拥有180多位资深咨询顾问。其中，大约80名在中国内地、40名在香港，30 名在台湾，另有 30 名作为一个客户技术支持群体随时处理来自世界各地的 SAP 解决方案问题。SAP 中国以其充足的人力资源、训练有素的咨询人员、专业的知识背景向中国企业提供全面的企业管理和信息化的支持服务，是 SAP 中国的成功所在。同时，SAP 中国已将广泛地发展和合作伙伴的协作关系纳入工作重点，从项目管理、质量保证和知识传递 3 方面支持合作伙伴队伍。

SAP 中国自 1996 年初推出了第一个中国本地化高质量、功能性的 SAP R/3 系统，到 2000 年 ValueSAP 实施方法论的全面推广，SAP 的每一位咨询顾问在掌握至少一个模块的专业知识基础上都分别配合 SAP 所针对的几大业务重点市场的管理理念提高了各自的专业水平，以便适应日益激烈的市场竞争。

仅在中国大陆，SAP 中国分别有专门负责商务智能化和企业财务管理（BI/CFM）、供应链管理（SCM）、客户关系管理（CRM）、人力资源管理（HR）、技术支持和交叉应用（BASIS/CA）、提供解决方案（SDM&SA）、培训（Training）总共 80 余名咨询顾问。分别通过现场业务/ 应用/ 技术咨询、远程应用/ 技术咨询、项目回顾程序、远程升级服务、远程归档服务、数据和结构转换服务、管理业务咨询（Business Consulting, BC）、IT 系统集成管理（Enterprise Application Integration, EAI）等多种途径为客户实施各项解决方案，并且灵活地从 21 个行业解决方案概念中为不同企业选择一个最佳业务实践方案。

ValueSAP 实施方法论的推广乃至 Global ASAP 实施方法论的配合运用正是为了全面优化和提高客户在 SAP 行业解决方案上的投资价值。SAP 顾问专家在它的指导下持续性地为维护客户整个系统生命周期进行不同阶段的实施。自从 SAP 中国进入中国市场以来，已经成功地实施了 100 多个项目，获得了很高的客户满意度，这既表明了 SAP 中国得到了客户的充分认可，也为将来更好地服务于中国企业奠定了稳固的基础。从 2002 年开始，SAP 中国成功为联想集团、青岛海尔集团、无锡小天鹅股份、浦东发展银行、Nokia、Ericsson、Siemens、Bayer、BASF、Coca Cola、SGM、Nippon Paint 等多家国内外不同行业的集团及企业提供了 SAP 最新的 ValueSAP 持续性服务。

二、IBM

IBM 全球企业咨询服务部是全球最大的咨询机构，业务遍布 160 个国家和地区，在 17 个行业向客户提供精深的业务咨询和系统集成服务。在大中华地区拥有上千位专业咨询顾问，在22个城市设有办事处，并在北京、上海、广州、成都、香港及台湾设立了分支机构。

在中国，IBM拥有2000名左右的专业咨询顾问。IBM客户由知名的跨国公司、国有企业，私人企业组成，它们在中国同行业中都占有重要的位置，并包括高科技、服务、通信、医药、能源、石油、化工、汽车、金融业等。

IBM咨询服务涵盖策略变革、客户关系管理、供应链管理、财务管理、人力资源管理、信息技术及商业外包服务、集成技术服务、应用管理服务、策略外包服务、培训服务及全球的财务管理。

IBM咨询的组织结构是标准的多维矩阵结构。

从Sector维度，按行业有公共事业（Public）、工业（Industrial）、金融（Financial）、流通（Distribution）、电信（Communications）、中小企业（SMB）。

从Service维度，按解决方案有策略变更咨询（Strategy & Change）、Financial Mgmt、Supply Chain Mgmt、Customer Relationship Mgmt、Human Capital Mgmt、SAP Oracle、应用创新服务（Application Innovation Service）、应用管理服务（Application Management Service）、应用实施（Application Service Delivery）。每个Services下面还有更具体的解决方案。

从地域维度，在北京、上海、广州、成都设有分支机构，在22个城市设有办事处。

IBM区别于其他公司的是，IBM不是一个纯粹的咨询公司，也不把公司定义为IT技术公司，IBM能够帮助客户解决包括硬件、软件、服务等全方位的问题。IBM的特点是从业务与IT的交合点切入，这是IBM的长处。

IBM服务从最高端的咨询服务到最低端的桌面管理服务，一应俱全。庞大的规模使其能够提供全方位的服务。因为全方位，所以可以在不同的领域里积累大量的经验，总结出许多最佳的做法。这些经验和最佳做法又转化成了巨大的知识资产，被公司的员工广泛共享和使用。当IBM把这些经验和做法带到客户那里去做项目的时候，通过了解客户的需求、解决客户的问题，又能够学到很多新的知识，为公司的知识资产进一步添砖加瓦。

IBM咨询的特点是服务触角更全面，反应需求更快速，服务实施更中立。

第三节　国内咨询机构

国内提供企业信息化咨询服务的主要是赛迪顾问、AMT、北大纵横、长城战略、汉得、启远资讯、微立方科技等。

一、赛迪顾问

赛迪顾问股份有限公司（简称“赛迪顾问”）是中国首家在香港创业板上市，并在业内率先通过国际、国家质量管理与体繁（ISO9001）标准认证的现代咨询企业（股票代码：HK08235），直属于中华人民共和平共国工业和信息化部中国电子信息产业发展研究院（赛迪集团，CCID）。公司总部设在北京，经过多年的发展，目前公司在上海、广州、深圳、南京、武汉、成都等地设有分支机构，拥有300余名专业咨询人员，业务网络覆盖全国200多个大中型城市。

赛迪顾问凭借自身在行业资源、信息技术与数据渠道等方面的竞争优势，能够为客户提供公共政策制定、产业竞争力提升、发展战略与规划、营销策略与研究、人力资源管理、IT规划与治理等现代咨询服务，服务对象既包括政府各级主管部门与各类开发区，又涵盖电子、电信、能源、金融与汽车等行业与企业用户，致力成为中国本土的政府决策第一智库、企业战略第一顾问、信息化咨询第一品牌。

二、AMT

AMT咨询是国内领先的管理咨询服务机构，以协助企事业单位“价值落地”为核心，以业界领先的“管理+IT”咨询模式为客户创造价值。

AMT咨询为客户提供一系列的管理咨询服务、外包服务，帮助企业提升管理能力和效率，增强竞争力，创造管理价值。

AMT咨询拥有实践经验、学习能力和知识整合能力强大的咨询团队。AMT咨询能够为客户提供从战略到业务领域、职能领域、管理IT融合的全方位管理咨询业务、外包业务；AMT咨询以“价值落地”为核心，专精于企业战略执行保障体系的构建，从战略执行、流程价值、管理IT融合三大领域，向客户提供专业实用的咨询服务，并追求帮助客户将咨询结果落地操作。

AMT Group 运营总部在上海，在无锡建有服务外包基地与总部，在北京、上海、无锡、杭州、合肥、广州、深圳、成都、长沙建有分子公司或办事处。

AMT 咨询的信息化咨询业务主要包括 IT 规划、IT 治理/评估、IT 监理。另外，还提供战略控制系统咨询（会议管理体系、集团管控、经营分析）业务和运营系统咨询（研发管理咨询、供应链管理咨询、市场与销售管理咨询、流程管理咨询、知识管理咨询、人力资源管理）业务。

AMT 咨询为中小企业提供了大量管理信息化方面的服务。服务企业的行业涉及服装纺织、电子、通信、医药、能源、房地产等多个领域。

三、北大纵横

北大纵横管理咨询集团成立于 1996 年。它是国内第一家按照《公司法》成立的管理咨询公司，是中国管理咨询行业的先行者和领导者。北大纵横目前拥有国内外名校 MBA、国内外大型企业中高层管理人员在内的近 1000 位员工。北大纵横管理咨询公司品牌也已经成为中国咨询行业的知名品牌之一。

北大纵横作为国内最具历史和规模的管理咨询专业机构，先后为国内近千家企业提供过一流的咨询服务，其中近 1/3 为国内 500 强或上市公司，积累了丰富的管理咨询经验。在多年的管理咨询服务中，北大纵横创立了专业唯精、全局唯效的系统咨询方法，在战略管理、组织设计与人力资源管理、营销管理、财务管理、企业文化、信息化多个管理领域奠定了深厚的业务资源和运作技术积累。公司依托外部专业数据库供应商、数百名咨询顾问和丰富的客户资源，现已建成能源、金融、石油、化工、机械、医药、IT、电子、商贸、通信等 100 多个行业和 500 强企业研究数据库。

北大纵横主要从事管理咨询业务，IT 电子咨询中心是其提供信息化咨询的主要部门。

IT 电子咨询中心依托北大纵横曾服务过的上千家客户，上百个 IT 电子企业咨询案例，凭借 IT 电子咨询中心各位专家系统的理论研究和丰富的管理实践，为各类 IT 电子企业提供“量身定制”的管理咨询解决方案，包括战略规划、企业文化、营销管理、管控模式与组织设计、人力资源管理、财务管理、预算管理、风险管理、资产并购重组、企业改制、组织变革、业务流程重组等管理模块的项目咨询，致力于为从事微电子产品，电子计算机、终端设备及其配套的各种软件、硬件产品，各种信息材料，信息服务业（包括信息数据、检索、查询、商务咨询），通信业（包括计算机、卫星通信、电报、电话、邮政等），以及为各种传统制造业提供信息技术服务的企业提供全方位的咨询服务。

第四节　存在的问题

一、信息化咨询市场发育不全

随着企业信息化建设的深入开展，企业信息化咨询市场在近几年呈现增长态势，竞争也日趋白热化，市场不规范的问题日益突显。企业信息化咨询究竟是属于商业服务业还是属于信息服务业，国家工商部门尚没有明确界定。信息化咨询业至今没有自己的行业组织，没有自己的运营规则，没有共同遵守的价值观与职业操守。由于缺乏市场准入机制，信息化咨询公司投机行为、短期行为和恶性竞争时有发生。许多咨询公司的服务不规范，缺乏专业理论和经验基础，没有成型的咨询体系，没有咨询案例库，不能为企业提供严谨、详实、规范的咨询报告。

二、信息化咨询市场主体异化

按照服务主体的不同，可以将企业信息化咨询市场分为3类：第一类，IT厂商自己提供咨询服务；第二类，与IT厂商结成代理销售关系的咨询公司提供咨询服务；第三类，独立的第三方咨询服务。目前，前两个细分市场仍占有较大的市场份额，第三方咨询市场发育不足。在第一类市场上，IT厂商咨询的目的经常是为了销售自己的产品，因此很难做到客观、公正。在第二类市场上，由于咨询公司与IT厂商存在连带利益关系，也难以做到客观、公正。

我国的第三方咨询公司也存在着很多不足，和国外大型咨询公司相比还有不少差距。咨询公司缺乏具有多学科知识融合背景的咨询专家，缺乏企业信息化及企业管理理论和经验基础，咨询服务不规范，缺乏成功案例积累，缺乏企业品牌，缺乏核心竞争力，主要从事中低端业务。

三、信息化咨询服务水平低

目前，我国企业信息化咨询仍处于低水平运作阶段。不少用户企业感觉咨询公司的报告没有价值。在咨询过程中，双方的不信任和在时间、费用、咨询目标等方面的背离，使得咨询项目的成功率大大降低。另外，企业信息化咨询业务大部分还仅限于管理信息化咨询。国内专门从事管理信息化咨询业务的公司还不多，大部分是管理咨询公司中的某个部门在从事这方面业务。由于专业能力不足，主要提供中低端服务，难以满足用户需求。

一些咨询公司对企业信息化的理解以偏概全，尤其是一些管理咨询公司，把管理信息化等同于企业信息化。制订的企业信息化规划不服从于企业的发展战略，就信息化论信息化；一些咨询公司理论脱离实际，堆砌新名词、新概念，却不重视企业的实际需要；一些咨询公司为了眼前利益，什么项目都接，不考虑自己能否胜任，咨询结果往往难以令人满意。

不少本土咨询公司将自己定位为中低端业务公司，缺乏合格的研究人员和咨询顾问，业务承接和拓展能力较弱，缺少高端企业信息化咨询市场的开拓能力。

四、企业用户对信息化咨询认识不足

虽然很多中小企业已经意识到企业信息化建设需要购买咨询服务，但对咨询公司的认识还停留在“出点子”上。由于企业信息化咨询市场不规范，一些企业曾上当受骗，他们认为咨询公司都是“骗子公司”。

许多企业对信息化咨询的价值认识不清，缺少信息化咨询费用的预算或预算不足。国际惯例是信息化咨询费占信息化项目总投资的1/3左右，而我国信息化询费占信息化项目总投资的比例往往低于10%，有的甚至不到1%。

五、缺乏合格的企业信息化咨询人才

企业信息化是一个高度专业化的、跨学科的领域，对人才的知识结构、技能和经验要求很高。目前，我国企业信息化咨询人才极度匮乏，制约了信息化咨询服务业的发展。

企业信息化咨询人才一般应具有企业管理知识、计算机技术知识、行业专业知识。要有一定的企业管理实践和项目管理经验，要熟悉企业内部业务和流程，了解用户企业所从事领域的技术和工艺发展特点，能站在战略的高度审视企业信息化。这类复合型人才学校是很难培养出来的。

第五节 发展对策

一、规范信息化咨询市场

建议工业和信息化部、国家发展和改革委员会联合出台《信息化咨询单位资格认定办法》，明确信息化咨询单位资格等级标准，划分信息化咨询专业和服务范围，明确信息化咨询单位资格认定和管理权限、资格认定程序、资格认定时限以及资格升级、降级、变更和终止。

建议工业和信息化部、人力资源和社会保障部联合出台注册信息化咨询师执业资格制度，明确注册信息化咨询师考试、注册、执业方法，明确注册信息化咨询师的权利和义务。

二、扶持信息化咨询机构

出台针对独立第三方信息化咨询机构的优惠政策，如税收优惠政策、人才引进优惠政策、房地产优惠政策等。例如，对于独立第三方信息化咨询机构，减征1%的营业税；受雇于独立第三方信息化咨询机构的硕士、博士毕业生，解决其落户问题；对于独立第三方信息化咨询机构购置土地建写字楼或购买办公用房用于咨询业务拓展的，降低土地出让价格或契税，对中小企业采购信息化咨询服务给予一定的资金补助。

三、培养信息化咨询人才

尽管我国信息化建设已经开展了近 30 年了，党中央、国务院也非常重视信息化建设，由总理担任国家信息化领导小组组长，但我国高等教育信息化相关专业及课程建设严重滞后。尽管我国几乎所有高校都开设了计算机专业，一些高校开设了信息管理、电子商务等相关专业，但还没有设立企业信息化专业，企业信息化还没有列入工商管理硕士（MBA）的课程。国内信息管理专业多脱胎于图书馆学、科技情报、档案学专业，对企业运行缺乏了解。国内电子商务专业通常学习网站建设、网络营销等课程，把电子商务理解成网站、电子交易。因此，建议教育部设立企业信息化专业，把企业信息化列为 MBA 的核心课程之一。

第十章 中小企业信息化公共服务平台建设

中小企业信息化公共服务平台是中小企业信息化服务体系建设的一项重要内容。中小企业信息化公共服务平台一般是指按照开放性和资源共享性原则，为区域和行业中小企业提供信息发布、电子交易、电子支付等服务的法人实体或技术系统。服务平台在解决中小企业信息化共性需求、畅通信息渠道等方面发挥着重要的支撑作用。

第一节 整体情况

在被调查的中小企业中，约有11%的中小企业使用过政府搭建的企业信息化公共技术或服务平台。中小企业使用过政府搭建的企业信息化公共技术或服务平台的比例，如图10－1所示。绝有44%的中小企业对信息化公共服务平台使用效果比较满意。中小企业信息化公共服务平台的使用效果，如图10－2所示。

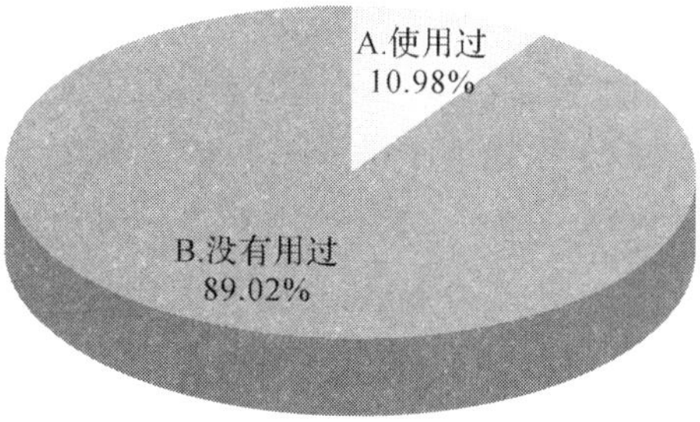

图10－1 中小企业使用过政府搭建的企业信息化公共技术或服务平台的比例

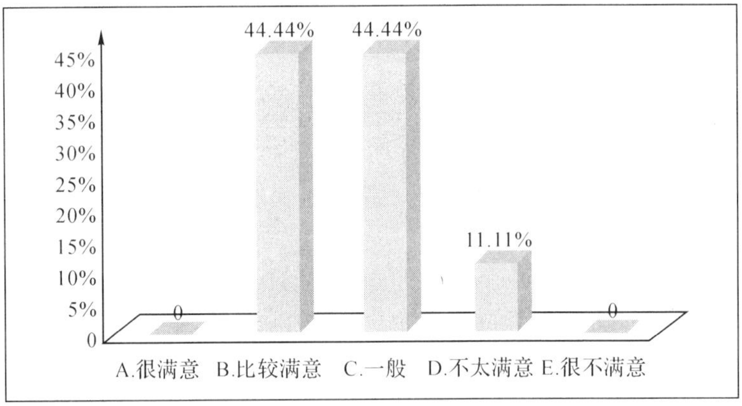

图 10－2　中小企业信息化公共服务平台的使用效果

第二节　典型平台

一、用友畅捷通“中小企业健康成长计划”

2009 年，为应对金融危机，工业和信息化部中小企业司开展了“中小企业信息化推进工程”管理升级的服务平台试点工作，用友软件股份有限公司小型管理软件事业部圆满完成了 2009 年度中小企业健康成长计划的实施工作，编写了《中国中小企业管理运营健康调查报告》，在社会上引起了巨大的反响。2010 年 1 月，原用友软件股份有限公司小型管理软件事业部独立为用友集团的全资子公司，即畅捷通软件有限公司。目前，拥有技术服务人员 600 多名，全国渠道营销服务机构 2000 多家，从业人员 2 万多名，已拥有 70 多万家用户，在全国中小企业管理软件市场的用户量排名第一。

2010 年以来，根据工业和信息化部中小企业司在《关于开展“管理升级公共服务平台”试点的复函》中同意组织实施中小企业健康成长计划的精神，全国各省市信息化主管部门共同开展了执行中小企业健康成长计划的合作推进工作。扶持中小企业公共技术平台的建设，依托各省市重点产业集群和优势产业建立的中小企业信息化平台的建设取得了新进展。并以平台化的方式，整合产业链资源，为中小型企业提供“一站式”的信息化服务及能力提升，取得了一些阶段性的成果。

1. 中小企业健康成长计划的实施状况

2010 年，全国已经建立的“中小企业信息化辅导站”达到 280 家，较 2009 年新增 150 家，基本上覆盖了除西藏以外的省市及部分二、三级城市。辅导站配合当地中小企业主管部门，针对当地的中小企业开展了管理运营健康体检、信息化普及培训、信息化技术咨询服务和信息实施成功样板树立等多项工作，成为我国第一个具有统一管理标准、统一对外形象、统一服务模式的较为完整的中小企业信息化服务体系。畅捷通软件有限公司还为各地辅导站采购了 100 辆印有“中小企业信息化推进工程”的服务快车。

2010 年，组织体检师培训及认证考核 80 场，新认证的体检师达到 1125 人；对 5 万多家中小企业经营状况进行健康体检，计划 2010 年底发布《2010 年度中小企业管理运营调查报告》；开展中小企业信息化大讲堂、专家咨询会、企业管理沙龙、沙盘管理实战等 6000 余场活动，参加培训的中小企业近 30 万家，培训信息化专业人才和信息化主管超过 50 万人次。同时，帮助近 13 万家中小企业实施了信息化，并在各地建立区域性信息化成功示范企业案例 1000 多家，筛选出全国级案例 126 家。此次在专家组的指导下，根据区域特点和行业特点，归纳了 30 篇案例故事，形成了《中小企业管理信息化案例研究（2010）》。

2. 中小企业健康成长计划的经验总结

（1）完整的中小企业信息化服务体系，有助于应对中小企业数量众多、分布广泛、需求差异大的状况。全国有 4000 多万家中小企业，分布广泛，成长速度快，需求差异大，消亡率较高，面对这个纷繁复杂的状况，需要有一个服务规范、品质统一的服务网络。畅捷通软件有限公司在全国有 2000 多家营销服务合作伙伴，计划通过统一管理标准、统一对外形象、统一技术产品、统一服务模式、统一认证培训的“五统一工程”来搭建这个服务体系，为中小企业提供快捷、标准的信息化服务。

（2）服务模式创新，增强中小企业的信息化意识和信心。中小企业健康成长计划是在 2008 年金融危机的背景之下产生的，畅捷通软件有限公司在实施过程中探索出了一套“企业运营状况体检—优化组合信息化产品—及时高效的服务保障—推动企业持续成长”的中小企业信息化全程服务模式，使企业认识到，信息化是企业控制成本、管理升级、持续发展的必备条件，而非为了信息化而信息化。实施成功的事例都可以在案例汇编中看到。同时，在此基础上融合最新通信技术与电子商务，帮助企业提升管理水平、提升管理效率、提升经营效益，打造中小企业转型升级的“加速器”，并陪伴企业成长的全过程，帮助企业健康快速地发展。

（3）校企合作，培养当地的信息化人才。信息化是一个人才密集型的工程，中小企业缺乏 IT 人才，这就为信息化普及工作带来一定的阻碍。畅捷通软件有限公司尝试在武汉、重庆和成都等地，通过校企合作模式，建立企业信息化实训基地，借助高校的师资力量和系统理论水平，结合畅捷通软件有限公司信息化实践经验，为学生提供在企业实践的机会，使他们更好地将理论与实践结合。同时，向辅导站、畅捷通软件有限公司营销服务机构和用户单位输出信息化人才，为院校的扩招提供有利条件。

3. 深入推动中小企业健康成长计划的建议

（1）建立统一规范的服务网络体系，需要中央及地方政府的协调支持。目前，中小企业健康成长计划在各地开展的进度还各有不同，要符合当地中小企业信息化推进工作的整体安排，可以先从各地辅导站体系建设的统一步骤抓起，明确辅导站网络建设的各项目标，对于辅导站体系建设中涉及的人员培训、设施装备、场所扩大、活动组织等工作，给予专项的政策和资金的支持。

（2）鼓励技术应用与服务模式的创新升级。中小企业健康成长计划的实施目前已涉及融入新的通信技术、网络技术和创新应用模式。建议以与各省市经济和信息化委员会、中小企业局（处）共同搭建的信息化服务体系平台为基础，构建基于云计算的中小企业服务平台。鼓励依托产业集群、优势产业建设 SaaS 信息化应用平台，形成市、县、企业配套的信息化服务体系，探索新型综合信息化应用服务模式。通过产业集群带动中小企业开展行业信息化领域深入应用，将公共服务延伸到中小企业的生产、经营、管理产品升级等，以应用带动普及，以普及促进应用。建议各地就上述设想结合当地情况，共同拟订“云服务应用平台专项实施计划”。

（3）进一步加强对信息化实施成功企业的案例研究，总结成功案例，典型示范，进行交流推广，对促进信息化建设，探索出适合我国国情的中小企业信息化发展途径具有重要意义。2010 年，畅捷通软件有限公司收集和整理了一批典型案例，用案例展示了一批中小企业通过信息化提升了管理水平，给企业带来了效率和效益。2011 年，更需要主管部门配合加强对信息化实施成功企业的宣传，大力宣传信息化样板企业，让他们现身说法起到榜样的作用，会带动更多中小企业实施信息化的热情。在《中小企业管理信息化案例》的基础上，形成全国各省市产业集群可推广的行业示范型企业。

（4）建议对实施信息化的中小企业提供扶持政策与资金。中小企业在经营资金上本来就不足，当对信息化的认识和信心还没有达到一定程度时，难免投入不大。这时，如果有政府部门的扶持资金，引导他们加强信息化建设，会起到很大的助推作用，如对信息化达标企业采取适当的补贴或奖励、对于提供服务的地方信息化辅导站采取达标奖励和扶持资金等。

4. 2011 年中小企业健康成长计划的主要工作思路

中小企业健康成长计划经历了 2009 年的“10 万入户体检”和 2010 年的“服务体系建设”两个阶段后，在 2011 年将把工作的重点放在“创新服务模式”方面。旨在利用新兴信息与通信技术，探索信息化服务应用模式，加强与社会资源的合作，丰富信息化产品和服务，同时延伸服务链条，为中小企业提供全程的多样化服务。

2011 年中小企业健康成长时划的主要工作目标如下：

（1）保持对 5 万家以上的中小企业入户体检，累积数据分析结果，形成年度中小企业运营状况对比分析报告。

（2）发展授权辅导站 350 家，完全覆盖省级和地市级城市，开展“五统一工程”，提升服务品质。

（3）开展千城万家信息化普及活动，培训企业 30 万家，培训人员 50 万人次，实施信息化企业 20 万家。

（4）建立中小企业信息化人才实训基地 3 ~ 5 个，建立云计算研究与服务应用试点（平台）1 ~ 2 个。

（5）2011 年 1 月中旬，召开“中小企业服务机构千人大会”，吹响中小企业信息化服务的号角，启动信息化普及活动。

二、金算盘全程电子商务平台

金算盘全程电子商务平台是领先的中小企业电子商务解决方案。它主要包括三大部分内容：金算盘电子商务网站（金算盘亿禧网 www. 72ec. com）、金算盘电子商务工具（金算盘 eTools）和金算盘电子商务供应链管理软件系统（金算盘9i）。

金算盘全程电子商务平台的特色是创造性地将电子商务和供应链管理进行融合，形成了独特的新型电子商务模式。其主要表现在3个方面：一是将供应链管理从企业内部延伸到了企业外部的上游供应商和下游客户，提供了 eERP、eCRM、eSRM 和 eOA 等在线应用（部分功能支持离线应用）系统，形成了一个全程供应链管理系统。二是将电子商务从以发布信息、搜索商机为主延伸到电子采购、诚信认证、在线支付、协同工作等领域，形成了一个完整的全程电子商务交易系统。三是将软件服务化（Software as a Service，SaaS）模式成功地整合到管理软件和电子商务的应用领域。

金算盘亿禧网是一个技术领先、功能全面的新型电子商务网站。其与众不同之处在于，金算盘电子商务网站拥有一个坚固的后台供应链管理系统（金算盘9i）作为基础，电子商务工具（金算盘 eTools）作为辅助，使得客户能够将来自网络的各种信息（供应商、分销商、客户、战略伙伴、商品等）迅速转化为可视化资源，从而能够有效利用，创造价值。金算盘亿禧网包含信息发布、交易撮合、商务论坛、个人博客、行业资讯、网上专业市场等强大功能，并与金算盘9i、金算盘 eTools 高度集成，相互融合，相互补充，保证业务逻辑和业务数据的和谐一致。金算盘全程电子商务平台率先提出中小企业的管理应该从企业内部延伸到外部合作伙伴，帮助用户打造能够将上游供应商、下游分销商和客户紧密联系在一起的全程供应链管理，已经完全突破了传统管理软件的定义界限，为新一代管理软件的外延指引了明确的方向。金算盘全程电子商务平台也创造性地将电子商务从简单的信息发布、信息匹配和交易撮合，延伸到了外部信息、交易过程要与企业内部的核心业务进行结合与互动，彻底改变了第一代电子商务的业务范围。同时，还大大提高了用户在电子商务过程中的参与度，在 Web2.0 概念中注入了实实在在的商务内容，使得 Web2.0 不再是一个空洞的概念，而是一个用户完全可以参与其中并从中获益的商业活动平台。金算盘公司革命性地在中小企业用户中推行软件服务化模式，彻底解决了中小企业信息化过程中的障碍和难题，成为了中国 SaaS 模式的领导者。SaaS 模式必将成为中小企业应用 IT 服务的标准模式，也将成为传统软件许可模式的颠覆者。

目前，金算盘开发的中小企业电子商务平台有忆禧网、温江花木网、环球生资网等，这些网站为中小企业的在线交易和内部管理提供了支持。

三、国家中小企业信息化公共服务平台

工业和信息化部中小企业发展促进中心是工业和信息化部专门从事中小企业服务的直属事业单位。为推动中小企业信息化发展，2009 年 3 月设立了中小企业信息化推进办公室，9 月在工业和信息化部的指导和支持下，发起实施了“国家中小企业信息化公共服务平台”（SMEIP），重点围绕人才培训、投融资、战略咨询、解决方案推介、支撑保障和电子商务等六大领域。通过整合社会力量，以企业现实需求为导向，以市场化运作为手段，以能力建设为核心，以分支机构建设为途径，初步具备了有序、有效、扎实服务于中小企业信息化的能力。国家中小企业信息化公共服务平台（SMETP）业务体系，如图 10－3 所示。

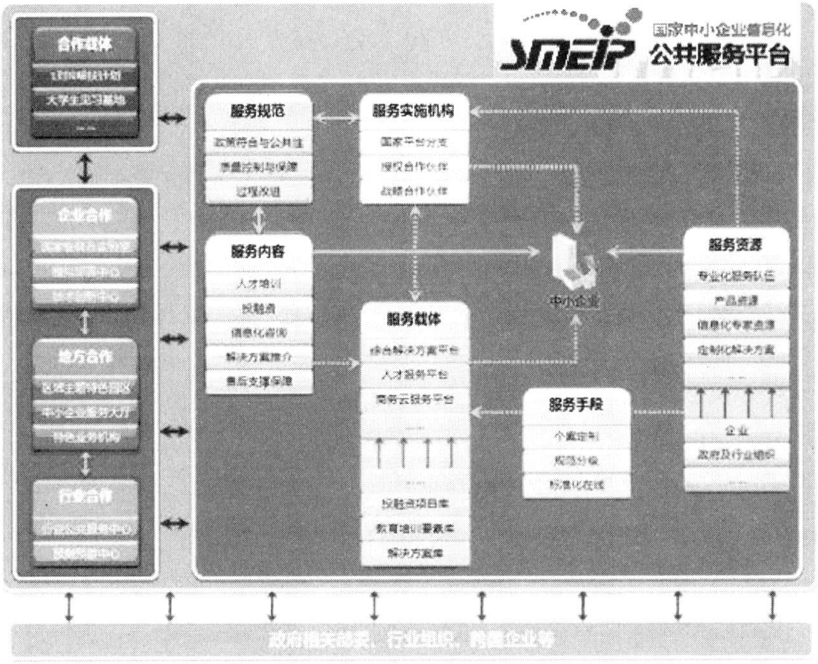

图 10－3 国家中小企业信息化公共服务平台（SMEIP）业务体系

2010 年，中心加大了与地方和企业的合作力度，重点建设了国家中小企业信息化公共服务平台云服务子平台及（上海）分中心。

1. 建设国家中小企业信息化公共服务平台云服务子平台

2010年8月，工业和信息化部中小企业发展促进中心与苏州工业园共同发起建设国家中小企业信息化公共服务平台云服务子平台（以下简称云服务平台），并由江苏风云网络服务有限公司具体承担推进，以苏州为主要运营地，面向广大中小企业提供基于云计算技术的在线信息化服务，是国家中小企业信息化公共服务平台的重要组成部分。

作为云服务平台主要承担单位的江苏风云网络服务有限公司（以下简称公司）是一家国有高科技企业，成立于2008年3月，注册资本人民币2500万元，由江苏风云科技服务有限公司、中新苏州工业园区创业投资有限公司、苏州工业园区融风投资管理有限公司共同投资组成，现有场地面积约2000平方米。在建设完成的风云在线企业信息化公共服务平台基础上，构建了国家中小企业信息化公共服务平台云服务子平台，累计投资超过3000万元。至2010年8月，云服务平台拥有员工85人，大专及以上学历80人，占总人数的94.1%；中级职称以上专业人员25人，占总人数的29.4%。公司总资产为2762万元。其中，服务设施、软件占总资产的39%；仪器设备132台套，占总资产的15.8%。

云服务平台专注于SaaS产业相关的孵化、服务支撑和应用管理，致力于为软件企业提供产品孵化、为中小企业提供SaaS模式的信息化服务。公司以先进的信息化经验为基石，以推动中国行业企业信息化发展为职责，以SaaS服务模式为中国企业，尤其是中小企业，提供高品质、低成本的信息化服务。公司成立至今已获得方正、神州数码、新宇、微软、IBM、SAP、Oracle等国内、国际厂商的战略支持，携手共同打造中国最大的SaaS产业孵化基地，促使SaaS产业向集群化发展，推动中国企业乃至社会的信息化进程。

2. 建设国家中小企业信息化公共服务平台（上海）分中心

2010年10月，中心与上海天霆互联网络信息有限公司（以下简称天霆公司）合作，建设了国家中小企业信息化公共服务平台（上海）分中心。天霆公司成立于2009年，注册资金近3000万元，总资产8200万元，是国内首家提供商用云计算解决方案的互联网基础设施服务提供商。天霆公司计划总投资25.6亿元，在上海建设大型云计算产业基地。其中，超大型云计算数据机房将配置10万台服务器，匹配1000万个云计算单元，为1000万用户提供各种云计算服务，包括云计算能力、云存储能力、云信息服务、云网络服务、云计算计算机、第一类增值电信服务等。一期工程位于上海市宝山区呼玛路 547 号上海范氏大厦，投资 3.6 亿元，建设配置有 10000 台服务器的云计算数据中心——呼叫中心，匹配 100 万个云计算单元，全网处理能力超过 20Gbit/s，可服务于 100 万用户。目前，一期工程已经基本完工，公司同期开发出的天霆云计算计算机，已经投入量产。数据中心具备高等级的网络、电力、空调、消防、安全等专业设施，配备了具有多年服务经验的专业团队，为客户获得高标准承诺与高质量是服务提供了可靠的保障。

经过 3～5 年的努力，（上海）分中心希望在上海地区 IDC 业务领域拥有 5%～10% 的市场占有率；在用户数量上占有 6% 左右的市场占有率。通过 5 年的时间开展全国性的 IDC 业务，力争发展成为规模庞大、技术水平高、产业模式新的云计算服务企业，成为全国云计算产业内云基础设施和云发展平台的领袖商业机构。

第三节　存在的问题

一、中小企业使用公共服务平台的比例偏少

根据调研结果的分析，中小企业使用过政府搭建的企业信息化公共技术或服务平台的比例仅为 41%，不足一半，公共平台使用率偏低。因此，有必要采取措施，加强政府及其他公共平台的宣传和应用培训，提高中小企业使用公共平台的比例，充分利用公共平台为企业的信息化服务。

二、中小企业使用公共服务平台的效果不理想

调研结果表明，在已经使用过政府搭建的企业信息化公共技术或服务平台的中小企业中，对公共平台的使用效果比较满意以及很满意的比例仅为 45%，一般和不太满意的比例之和超过了一半。这一结果揭示了公共服务平台在服务对象方面所面临的问题，即使用效果不理想。造成这一问题的原因主要有三个方面。一是目前信息化公共服务平台数量较少，部分平台还在建设和完善当中，可供中小企业使用的不多；二是政府、平台供应商对中小企业的宣传和培训力度还不够，限制了中小企业应用平台的效果；三是中小企业自身使用信息化公共服务平

台的意识还不高，使用平台的主动性不强。

第四节　发展对策

一、依托产业集群搭建公共服务平台

各地可以依托本地产业集群建设信息化公共服务平台，以此提高一大批中小企业的信息化水平。产业集群简单地说，就是在一个区域内，大部分企业基本围绕同一产业从事产品开发、生产和销售等经营活动，这样所形成的一个产业集合群体。产业集群的载体通常是产业园区、专业市场。产业集群一般是在市场规律的作用下自然形成的。建设信息化公共服务平台，可以使企业的线上经营活动和线下经营活动结合起来，提升企业的竞争力。

二、采用市场机制运营公共服务平台

中小企业的经营行为是市场行为，政府不能错位、越位。对于信息化公共服务平台建设，政府可以在政策、资金、推广等方面给予一定的支持，但不能由政府包办、政府建设、政府运营。实践证明，违反市场规律的中小企业信息化公共服务平台是没有生命力的。

因此，必须要建立市场化的中小企业信息化公共服务平台运营机制。中小企业信息化公共服务平台的运营主体必须是企业法人。这样，在盈利的驱使下，中小企业信息化公共服务平台才会迎合中小企业的实际需求，形成良性循环。中小企业信息化公共服务平台的功能才会更加丰富，吸引更多的中小企业使用。用户多了，盈利能力强了，就有更多的资金用于平台升级。

第十一章　湖北省中小企业信息化发展情况

第一节　湖北省中小企业信息化发展情况介绍

一、发展现状

从整体来看，湖北省中小企业已经具备了一定的信息化基础，信息化已经覆盖了大部分企业管理的主要流程，成为了企业不可或缺的一项管理工具，信息化的价值开始逐渐体现，为企业的规范化管理提供了有力的支撑，并形成了完整的信息化管理体系。但信息化应用的深度和广度还比较欠缺，在支撑企业实现精细化管理、支撑企业发展战略、真正体现信息化的价值等方面尚需努力。

1. 信息化投入不足，并存在重硬轻软的现象

与以往相比，虽然湖北省中小企业用于信息化建设的投入有所增加，投入力度也有所加大，但从投入额占收入的比重看，信息化投入还远远不够。根据2009年的调查数据，其中有一半以上的企业信息化投入不到销售收入的1%，有39%的企业信息化投入与收入之比在1%～5%之间，只有6%左右的企业达到了5%以上的水平。这与国外企业每年在信息化上有着5%以上的投入有很大的差距。

中小企业在信息化投入上仍是以硬件为主，硬件投入是软件投入的两倍，是服务投入的6倍。要充分发挥出信息化的价值，企业必须加大软件和咨询服务的投入。

2. 大部分企业都建立了独立的信息中心，其职能还需进一步完善

80%以上的企业在信息化建设过程中建立了独立的信息中心，但信息中心的职责仍主要集中在软硬件的采购、维护、开发、升级等技术工作上。业务部门也开始逐渐认可信息中心的价值，但对于信息化规划、业务流程管理、信息化战略等高层次的、提升信息中心地位的职责只有少数企业涉及，这也说明了湖北省中小企业中信息化所处的地位和阶段：多数企业具备了一定的信息化基础，但信息化的价值还未充分体现。

3. 部分企业已经进行了电子商务的尝试，其应用需要进一步的加强

湖北省中小企业有一部分已经开始通过电子商务手段进行营销活动，并且取得了良好的效果，主要集中在电子/电气、服装/服饰等行业，但大部分企业仍主要关注于内部信息化的建设，对于外部的电子商务还未引起足够的重视，电子商务的应用需要进一步地加强。

4. 大多数企业都建立了门户网站，网站作用还有待提升

90%以上的企业已经建立了网站，进行公司简介、公司新闻、产品介绍等信息的发布，对企业自身形象的推广起到了一定的作用，但大多数的网站都属于初级形态的信息发布型，需要进一步深化门户网站的功能。

二、推进措施

1. 制订了信息化工作的中长期规划

近5年，为推动信息化发展，湖北省制订了一系列信息化发展规划，如《湖北省“十一五”国民经济和社会发展信息化规划》和《湖北省“十一五”软件产业发展规划》。2007年，根据国家有关信息化工作的文件精神和省政府领导的要求，制订了《2006－2020年湖北省信息化发展战略》。

2. 开展了信息化立法及标准制定工作

2005年10月，《湖北省信息化建设与管理办法》颁布实施，对推进全省信息化建设起到了积极的作用。2007年，将《湖北省信息化建设与管理办法》调整修改后，上升为“条例”性质的地方法规。2009年10月，《湖北省信息化条例》正式颁布实施，有力地促进和指导了湖北省各市（州）、各部门的信息化建设工作，通过进一步制订相关的实施细则，将为全省信息化工作创造规范、有序的良好发展环境。

3. 不断加大“两化融合”工作的推进力度

湖北省是首批制造业信息化工程示范省，负责中南片区制造业信息化科技工程的牵头组织工作。近年来，湖北省认真贯彻“大力推进信息化与工业化融合”的战略决策，不断完善湖北省企业信息化体系建设，全省企业信息化进程明显加快。

开展了湖北省2010年信息化和工业化融合试点示范企业申报评选工作，通过申报评选，树立50户两化融合试点示范企业，加强培育和引导，做出特色和成效，进而构建企业、行业、区域和项目等4个层次的两化融合示范体系，开展典型示范和总结推广，以推进信息化在国民经济各行业的融合渗透，促进产业结构优化升级，提升创新能力和可持续发展能力。

积极协调和组织社会信息化资源服务中小企业，与湖北移动公司联合开展了“湖北四万中小企业信息化体验计划”，通过湖北移动公司携手各银行、合作伙伴，共同探索为中小企业提供全方位服务的合作模式，把政策帮扶、资金帮扶和信息化帮扶有机结合起来。在活动主题下安排了“四万赠送、万家体验”、“百场培训、万人提升”、“千人推广、万家宣传”等子活动，既使广大中小企业接受一次信息化体验，也是一次广泛的信息化宣传和动员。

积极利用社会各类技术服务机构，组织信息化技术培训、现场交流、软件推介等多种形式的宣传培训活动，深入企业开展项目咨询、项目监理服务。据统计，近两年全省相关技术服务机构共组织培训会13次以上，其中超过300人的大型培训会4次，累计培训相关人员超过1万人次，服务企业超过100家，有力地促进了工业化和信息化的“两化融合”工作。

4. 逐步改善电子商务发展环境

近年来，湖北省电子商务建设工作迅速发展，在加快网络基础设施建设、推动企业参与、扩大宣传推广等方面开展了大量工作，部分市州已编制实施了电子商务发展“十一五”规划。初步形成了“政府引导、协会协调、企业投入、公众参与”的电子商务发展新格局，产生了良好的经济与社会效益。

三、存在的问题

1. 信息化认识有待提高，体制需进一步理顺

各级政府机构和中小企业对信息化的重要性和紧迫性的认识还不到位，主动利用信息化进行变革的意识性还不浓厚，制约了中小企业信息化工作的推进。企业在生产管理、物流系统、电子商务、支付系统等方面的信息化还处于较低的应用水平。企业经营、管理思想与“两化融合”的要求不相适应，企业信息化建设规划和标准化水平较低。缺乏企业信息化培训机制，信息技术改造传统产业的优惠政策不够健全，信息化工作管理体制还不是很顺。

2. 信息化建设支持措施不完善，缺乏科学合理的引导

湖北企业，特别是广大的中小企业，资金不足是影响其实施信息化的主要原因。目前，各级政府的信息化技术改造专项资金的资助重点都是大型企业，而中小企业主要依靠自己的积累资金，远远不能满足信息化发展的需要。虽然许多企业已经意识到信息化对企业发展的重要性，但是信息化建设投资大、升级频繁，往往让经营者望而却步。特别是资金规模小、人才缺乏的中小企业，更是无力独立进行企业信息化的建设，对于这些企业来讲，现有的管理软件价格都偏高，维护成本和学习成本也比较高。

地方政府在政策上，即使兼顾到中小企业的信息化工作，但由于对中小企业所具有的全局性、综合性、整体性与复杂性研究不够，仅仅凭经验或用对大企业的做法来用于中小企业，结果差强人意。

3. 信息化人才储备不足

湖北中小企业由于经营规模小、业务品种单一，对人才的吸引有限，缺乏计算机专业人才，尤其缺乏既懂业务知识又懂信息化的复合型人才。目前，大多数中小企业面临的问题是熟悉自身业务的企业专家和管理人员往往缺乏信息化方面的知识，而信息化的专业人才又往往不熟悉企业业务，不能准确描述企业需求。相比大型企业与沿海企业，湖北中小企业技术人员的工作条件差和待遇低造成了人员流动性较大，很难留住人才。培养出来的信息化管理人才，由于企业普遍缺乏高效的人才培养、激励与评估机制，人才流失严重，影响了中小企业的信息化建设。

四、设想与建议

中小企业信息化建设是一项相当艰巨复杂的系统工程，不仅企业自身要采取相应的对策，政府也要给予大力的支持与协助。各级政府要为中小企业信息化营造环境、创造条件，积极鼓励各种有利于中小企业信息化建设的活动，加快信息化建设的进程。

1. 营造环境，大力推进全省中小企业信息化工作的深入开展

一是广泛宣传，提高全社会对信息化的认知度；二是加大《湖北省信息化条例》的宣传力度；三是研究制定推进“两化融合”深入开展的政策和措施；四是落实国家鼓励自主创新的财政政策，研究有利于信息产业发展的政府采购措施；五是创新信息化工作机制，加强信息化人才队伍建设。

2. 建立资金支持、技术支持、咨询服务和人才培训等体系，加大对中小型企业的扶持力度

一是资金支持体系。中小企业资金缺乏是其信息化建设的一大障碍。因此，为了加快推进中小企业信息化进程，政府部门也要积极帮助中小企业拓宽融资渠道。一方面，政府继续加大财政、税收等的支持力度；另一方面，鼓励、支持中小企业通过创业板股票上市融资、发展产业投资基金和吸引风险投资等多种方式引进资金，支持中小企业信息化建设。

二是技术支持体系。针对广大中小企业规模较小、技术力量不足的状况，技术支持体系可以通过建立中小企业信息化服务平台，为企业承担网络设备、系统维护等业务托管服务，既有利于中小企业的信息化建设，又可以发挥规模效益，降低系统的运营成本。

三是咨询服务体系。咨询服务体系可以通过专家咨询和诊断，帮助中小企业找到管理问题的症结，找准改进管理、流程重组的切入点，并通过对软件企业及产品的考察、认定，向中小企业推荐资信好、产品可靠性强、价格合理的软件商，帮助中小企业选择合作伙伴，提高中小企业信息化建设的成功率。

四是人才培训体系。针对中小企业急需培养信息化人才，但又缺乏师资力量和培训能力的状况，人才培训体系可以适应企业实际需要，组织多层次的培训，如对企业主要领导，尤其是“一把手”以提高认识为主要内容的培训，对高中级管理人员以造就复合型人才为主要目标的培训，以及信息系统中不同功能模块的专项培训等。

3. 制定科学合理的政策，选择示范企业，提升带头作用

根据区域产业发展的特点，以点带面地制定中小企业信息化政策。围绕研发设计、过程控制、企业管理、物流库存、人力资源开发等环节，推进工业技术研发信息化和产品数字化、生产过程自动化、企业管理信息化，提升产品的科技含量和附加值。以3G建设和“三网融合”推进为契机，促进融合性技术和业务发展。抓好企业信息化试点示范，推进中小企业信息化工程，积极探索以“两化融合”为特征的产业发展模式，深化信息技术行业应用，不断提升企业、行业信息化的水平。

4. 采取多种方式，促进市场供需主体的对接

通过举办信息发布会、展览会、研讨会等多种形式，为信息化供应商和中小企业提供相互交流、展示产品和服务的平台，加快面向中小企业信息化产品的研发、应用和推广。

第二节　武汉健民信息化案例

370年前，当中国四大名药店之一的“叶开泰药店”的创始人叶文机老先生在汉阳古琴台拉着帘子摆摊卖药时，他做梦也没有想到过，在370年后的今天，传承其衣钵的武汉“健民人”只需在窗明几净的办公室计算机前轻敲键盘，轻点鼠标，该公司在全国各地销售人员的工作状况、产品及市场情况、上千家商业单位上万家终端客户的资料尽在眼前；一车车的药品、一袋袋深受消费者喜欢的龙牡壮骨颗粒从武汉的生产基地运向了全国……

这是健民集团实施信息化建设所推行的由ERP（企业资源计划）系统、网络推广系统、CRM（客户关系管理）系统、移动营销管理所组成的涉及企业生产经营管理的核心信息平台。实施信息化，不仅给健民这个有着近4个世纪中医药璀璨历史文化的传统企业带来了全新的管理方式，带来了企业工作效率和效益的提升，同时也给企业带来了全新的思维和全新的视野，为企业发展注入了活力。2009年，该集团实现销售收入比2008年同比增长83.7%，上缴税金比2008年同比增长59.8%，各项经济指标在2008年的基础上又有大幅度的跨越和增长。

作为一家传统企业，实施信息化，健民集团面临着前所未有的困难，这种困难不是市场上的产品销售不出去，也不是因产品科技含量高、工艺复杂生产不出来，而是来自企业员工对信息化的看法和观念，来自于对信息化与管理相结合的困惑，来自于传统的管理手段、工作方式、思维观念与现代新技术、新观念的碰撞。

健民集团如今已经发展成为一个拥有数亿元资产规模和集强大生产、研发、销售能力为一体的现代化中药集团企业，但飞速的发展给健民原有的管理体制、运作机制带来了严峻挑战，制约着企业的再次跨越。特别是20世纪末，市场上的各类钙制剂产品对健民主导产品的冲击，使企业面临新的市场风险。如何实现管理的科学化、规范化、信息化，成为企业跨越式发展的重要命题。

经过反复论证，健民集团决定从管理创新入手，选择已经成为制约企业发展瓶颈的财务系统和营销系统作为突破口，整体规划，分步实施，循序渐进，逐步建设企业管理信息系统以降低风险。财务系统是企业的核心管理系统，健民集团面临上市，业务规模将迅猛扩展，财务信息发布的要求将更加严格，原有的会计处理手段远远不能满足实际工作的需要。如何开拓市场，围绕市场解决营销管理中庞大的销售网络与人工管理信息不畅之间的矛盾已成为当务之急。于是，选准财务管理与营销管理作为企业管理信息化建设的突破口，便成为健民人的明智选择。通过近10年的实施、运行，公司在财务、采购、生产、仓存、人力资源管理、市场推广、营销管理等方面实现了全面的信息化。

1. 建立以信息技术为支撑的集团运营管控体系

2004年，在武汉健民股票上市后，集团总部进行了迁址，把管理本部和生产基地进行分离，实现了“母子分离’。这种地域上的分开，使集团总部无法像以前一样可以直接监督工厂生产、货物发送。为了实现企业从工厂化管理模式向集团化管理模式过渡，必须要有一个IT平台作支撑。此时，武汉健民对所有的IT系统进行了整合，整个集团采用集中管控的模式，实现了系统大集中和数据大集中，各分公司没有独立的系统和IT人员，所有的数据全部通过互联网传输到集团总部的数据库中，实现了“一竿到底”的集团管控模式，一切尽在掌控中。信息系统的整合有效地帮助武汉健民集团从工厂化管理模式向集团化管理模式的过渡，建立起以信息技术为支撑的集团运营管控体系。

2. 从传统营销转向网络营销

新药的研发在我国还是比较缓慢的。中药主要是抄袭老祖宗的方子，而西药的研发基本上是采用专利过期的仿制药。武汉健民集团从20世纪90年代后期开始，大量在电视媒体投放广告一举成名，并有效拉动了市场营销，从而形成了企业兴旺发展的高峰。但从2000年后期开始，企业发现，电视广告的拉动效果越来越不明显，而价格却居高不下，成为企业沉重的负担。健民集团的主导产品龙牡壮骨颗粒的消费者是0~6岁的儿童，他们的父母现在大部分是习惯在网络世界中活动的人。因此，健民集团及时调整广告投放策略，把广告投放从电视转向互联网，利用互联网的互动性、超越地域性、时空性，宣传武汉健民品牌和促进销售。通过在主要搜索引擎投放关键词、专家在线为消费者解答疑问并进行互动等网络推广方式，吸引大量精确消费者登录网站了解产品知识和育儿知识。从2008年3月起至今，健民总共投入网络广告费用100万元，影响精准消费者400万人，回复了7万多个消费者的在线咨询，企业在节省大量广告费用的同时，公司销售额也取得了大幅度的增长，而且大量消费者的在线咨询和信息都被采集整理，这对于公司未来来说，是无比珍贵的资料。

3. 管流向、管终端，实现营销链条的全覆盖管理

药品流向对于制药企业来说，近乎生存的命脉，根据药品流向，制药企业可以调整市场销售和生产的策略。而营销终端的管理更是在以终端为王的快速消费品市场中占有举足轻重的地位。而从企业产品仓库中发货后，经过多级分销渠道后再流入数量众多的终端，其货物流向往往很难掌控。

2006年，健民集团完成了以药品商业流向管理为核心的CRM系统的开发和实施工作，实现了对多级商业渠道药品流向数据的采集、处理、分析工作。通过分析可以准确了解省、市、县三级区域市场的销售情况，真正地做到了与渠道商的信息流通，及时发现市场空白点和渠道“肠梗阻”问题，及时通过营销手段解决这些问题。

2008年，健民集团完成了以市场终端管理为核心的移动营销系统的开发和实施工作。用手机将营销人员采集的终端数据和手机拍摄的照片通过3G网及时上传，实时了解市场终端的销售情况，全面掌握全国各地市场。

在新医改政策之下，医药工业企业更需要加强内功的修炼，而对营销链条的全覆盖管理则更能使企业实时掌控市场、规避风险、促进销售。

随着企业信息系统应用的逐步完善，武汉健民集团逐步形成了以财务成本控制为中心，以销售为龙头，信息互动、知识共享的管理模式和运行特点，尤其对货款的回笼、库存、财务数据等实时资料进行分析，及时制订措施降低风险，为企业的运营管理提供了有力保证。

为了真正实现两化融合，推动企业改革改制的目的，健民集团着重做了以下两件事：

一是转变员工的思想观念，让他们主动适应新事物，以变应变，借变创新。在引进高端管理软件的过程中，武汉健民集团通过加强领导，注重培养自己的技术、管理人才队伍，同时又“挖”进既懂技术又懂经营管理的高级专门人才，共同组成设计专班，反复调试，优化方案，再造业务流程，建设管理信息系统。人力资源部门设计全员培训计划，运营管理部信息中心负责组织实施，形成了学习和应用信息管理手段分析解决问题的良好氛围。

二是将企业管理信息化建设与全面质量管理（TQC）、GMP（Good Manufacturing Practice，优良制造标准）改造结合起来，抢占管理创新制高点，建立覆盖整个生产经营环节的局域网络，使基础管理升级，实现物资采购、生产制造、设备维护、工程实施以及客户管理等整个生产供应链的全员、全面、全过程、全方位的实时控制与分析，提高企业的质量意识和经营水平。

信息化提高了健民集团应对市场反馈的知觉力、做出反应的灵敏度，使得产品渠道及终端动态信息得以及时传递，增强了公司对市场的掌控能力。信息化也使健民集团新产品的开发效率大大提高，缩短了发现新药和药品上市的时间。通过全面整合技术数据，建立数据库并进行快速检索，获得更多有价值的信息，扩大了新药研发的领先优势，增强了产品的核心竞争力。管理、技术、营销三位一体的资源整合，为加强企业的组织、决策和控制能力创造了条件，使健民集团的管理、科研、文化、品牌优势更加突出，企业核心竞争能力大大提高。

第三节 稳健医疗信息化案例

稳健医疗（黄冈）有限公司是由稳健医疗集团在黄冈投资兴建的生产高档医用耗材的高科技企业。公司于2005 年1 月注册成立，目前已建成8 万平方米的厂房，以及厂区道路、供排水、供电、网络、绿化等配套设施，现正在进行第二期的建设。公司资产总额为 2.63 亿元，在职员工 520 人。公司已经通过了ISO9001、ISO13485 和欧盟标准 EN550 的认证，2007 年被湖北省科技厅评定为“湖北省高新技术企业”。

一、信息化现状

ERP 系统的实施实现了企业的物流、信息流、资金流的三流合一，提升了企业的管控能力，提升了企业的经济效益。

ERP 的生产计划（PP）模块可以实现对工厂资料、生产计划、MRP（物料需求计划）、能力计划、成本核算等的管理，使得企业能够有效地降低库存，提高效率。同时，各个原本分散的生产流程的自动连接，也使得生产流程能够前后连贯地进行，不会出现生产脱节的情况，耽误生产交货的时间。

财务会计模块（FI）可提供应收、应付、总账、合并、投资、基金、现金管理等功能，这些功能可以根据各分支机构的需要来进行调整，并且往往是多语种的。同时，科目的设置会遵循任何一个特定国家中的有关规定。

管理会计模块（CO）包括利润及成本中心、产品成本、项目会计、获利分析等功能。它不仅可以控制成本，还可以控制公司的目标，另外还提供信息以供高级管理人员作出决策或制定规划。

销售与分销模块（SD）可进行销售计划、询价报价、订单管理、运输发货、发票等的管理，同时可对分销网络进行有效的管理。

物料管理模块（MM）主要有采购、库房与库存管理、MRP、供货商评价等管理功能。

二、信息化成效

在采购和物料管理方面能够进行合理的供货商筛选和淘汰，减少原材料、半成品和成品的库存，减少库存损耗、减少缺货、提高仓库的综合利用率、采用更好的采购策略、减少原材料成本。

在生产控制方面做到生产流程标准化，减少废品和再加工，加强计划、提高生产设备的利用率、增强生产灵活性，加强生产控制、减少生产成本和辅助生产成本。

在客户管理方面能够增强客户订单的完整性和准确性；在系统内，稳健医疗通过销售利润分析表可以根据收入、费用、毛利、纯利及销售数量等作分析，甚至可以分析每个单的成本、费用及盈利情况；通过应收应付账目分析则可以看出每个客户在一定时间段内的应收应付情况，便于掌握客户的信用情况、也便于及时催款，加速资金回笼；减少产品的运输时间，保证准时送货、增强客户满意度；加强了退货管理。

在财务和成本控制方面细化并加速财务运作、增强成本控制和考核。SAP 明细到订单的标准成本控制，为稳健医疗加强成本控制提供了很好的工具。通过 SAP 成本分析表可以看出一定时间段内成本的变化情况，并及时找出原因，从而达到控制成本的目的。通过产量分析表可以看到每个车间的产品数量、成本等变化情况。

三、信息化经验和体会

1. 正确的软件选型是成功实施 ERP 的基础

稳健医疗成立了由业务人员和信息总监组成的软件选型小组，展开了将近一年的软件选型工作。软件选型考虑了诸多方面的因素：本身企业的管理特点、企业的行业特点、企业的发展目标、软件的功能、软件的行业解决方案、软件公司的实力、软件的技术支持和发展趋势。当时，比较了众多的国内外 ERP 软件，在软件选型的过程中软件选型小组加深了对 ERP 的认识、了解多种 ERP 软件的差异、在客户考察的过程中也增强了成功实施的经验参考和信心，因此软件选型的过程不仅是选择软件，更重要的是学习的过程，是新思想、新观念形成的过程，是为实施打基础的过程。最后，选型为 SAP R/3 软件，价格是最昂贵的，但是后面的应用，充分说明还是物有所值的。

2. 制订合理有效的解决方案

任何产品（包括 ERP 商品化软件）都应以满足客户的个性化需求为宗旨，推行“最佳模式”，用外国的“最佳模式”改造国内所有企业并不是最佳的。各个企业都有自己的特点，有成功的经验，也有缺陷。合理有效的解决方案是成功实施的关键，稳健医疗在项目实施前期就与顾问反复讨论适合公司的解决方案，认为在这里花费的时间是值得的。

如果用统一的模式塑造企业就会使企业失去持续发展的活力，虽然有人统计 BPR（业务流程重组）失败率高，但对 BPR 应正确理解，在一定范围内进行业务流程重组对于实施 ERP 是必要的。因此，在企业实施 ERP 系统时，借助顾问团队的力量，通过企业诊断和系统分析（需求分析），深入了解和分析企业的业务流程、需求和存在的问题，肯定和保留企业（或行业）的优势，克服企业存在的缺陷，找到真正符合企业实际情况的合理解决方案，在此方案的基础上，对商品化软件和企业业务流程进行合理调整，但这种调整是理性的，是通过认真分析和评估得出的。对于用户来说，只有这样的 ERP 解决方案才真正贴切、实用，保持了先进性。

3. 要有高素质的实施顾问

要想提高 ERP 实施的成功率，必须把 ERP 系统实施放在首位。实施顾问是企业请来的老师，一个好的实施顾问是实施成功的重要条件。稳健医疗不惜重金，选择了全世界公认实施能力最强的 IBM 顾问团队。正是由于高素质的顾问团队的带领，使项目从规划、培训、倡导、推行都少走了很多弯路。实施顾问都有比较好的 MRPII/ERP 理论知识，熟悉企业将要使用的 ERP 系统，对公司的业务流程有比较多的了解，特别是要对一个企业管理的全局模式有一个好的判断。正是由于这种深入了解，通过调研、分析、交流，能够对企业现行管理中存在的问题，提出合理的解决方案。

4. 强化项目管理

ERP系统的实施是一项复杂的系统工程，涉及多个部门、多种业务流程之间的互相配合和互相制约，是在同一根链条下进行协同工作，一旦某一个环节发生异常，将影响整个系统的运行。因此，在实施ERP系统的过程中，加强项目管理对实施的成功具有重要作用。项目管理的要点是公司建立强有力的组织机构，制订详尽的项目实施计划，制订各种规章制度、操作规范、作业流程和项目进度、质量的评测标准，对资源竞争予以调节，进行项目各阶段的考核和评估。正是由于这些项目管理的措施到位，执行到位，才保障了项目的顺利实施。项目组严格制订月和周工作计划，顾问团队与公司各部门的实施人员共同制订了“每周例会制度”，在每周星期五上午召开会议，检查本周工作完成的情况，协调解决项目开发与应用中的问题，并布置下周的主要工作内容。会议以纪要形式下发到各单位，成为项目开展的重要依据。

第四节　武汉市工业物流信息化服务平台

武汉工业物流信息化服务平台是由武汉市企业信息化推进中心投资兴建的面对汽车及零部件供应链领域，以提供仓库管理系统（WMS）、运输管理系统（TMS）、订单管理系统（OMS）、零部件调达管理系统等为核心业务的物流信息化专业服务平台。

武汉工业物流信息化服务平台通过物流信息化共性技术的推广与服务，可有效整合市场资源，促进汽车及零部件行业形成较完整的产业供应链，从而促进武汉市制造业与物流业的互动发展，推进信息化与工业化的相互融合，发挥投资的规模效应和集聚效应。

武汉工业物流信息化服务平台利用物流信息化共性技术的集成应用，为企业提供基于“SaaS”应用的“一站式”服务，可实现信息发布、物流供应链管理、在线交易等服务功能。同时，通过手机无线通信网络，为企业提供与物流相关的数据信息采集、数据信息传输、移动定位及短信增值服务。

武汉工业物流信息化服务平台通过对工业物流信息的采集和挖掘分析，拓展政府对物流行业的市场化监管能力。通过现代物流技术服务带动新兴产业领域物流的发展，并进一步促进流通领域物流的扩张，最终建设成集工业物流信息服务、电子商务和数据交换于一体的区域性、综合性和开放性的工业物流公共信息平台。“平台”建成后将有效整合市场资源，改善汽车及零部件产业链上下游中小企业的生存环境，有利于降低产品成本，特别是物流成本，加快产业升级，并带动汽车及零部件等相关产业的发展，是在新形势下实现经济可持续发展的现实、有效的选择。

在深入调研的基础上，结合武汉市工业产业链实际情况，武汉工业物流信息化服务平台以汽车及零部件供应链管理应用为突破口，以产业链的龙头企业武汉神龙汽车有限公司为依托，在完善其零部件物流供应链管理的基础上，以市场为导向，以产业利益链为纽带，实行技术创新，集成国内外供应链管理和现代物流的优秀科技成果，全面整合产业链上下游资源，推动现代物流业进程。

武汉工业物流信息化服务平台采取“1－1－多”的服务方式。前面的“1”是指“中心”自己，中间的“1”是指相关产业链龙头企业，“多”则是指围绕龙头企业的上下游中小企业。这样既可以发挥武汉市企业信息化推进中心的技术优势，又可以发挥龙头企业应用推广的领头作用，以确保平台良好的辐射性，使平台始终具有旺盛的生命力。具体的方式有两种：

1. 购买型

适合业务复杂、对物流实时性要求比较高的中小企业使用。其特点是企业单独组网使用，软硬件投入大、实施复杂、专人维护，但系统使用响应迅速、个性化需求扩展性强。

2. 租用型（SaaS）

适合业务单一、对物流实时性要求不高的中小企业使用。其特点是投入小、实施方便、维护简单，可满足用户部分个性化需求定制功能，但对互联网依赖较强。

目前，武汉工业物流信息化服务平台已完成一期建设，为武汉神龙汽车有限公司年产30万辆轿车项目，提供零部件物流仓储和供应链管理等协同服务。服务对象包括国内11个省市的252户汽车零部件生产厂商，按照1家部件生产厂商至少关联10家零件供应商计算，其实际服务对象在2500家以上。

在具体服务中，“平台”为武汉神龙汽车公司仓储物流中心解决了发送要货信息不及时、数据统计重复工作量大、收发货过程控制不严、库位使用情况难以统计、库存信息难以查询、在途车辆（货物）无法监控等问题。为零部件厂商解决了接收要货信息不及时、供应商库存报表无法实时查询、费率结算时间长、支付不及时等问题。

作为武汉市利税大户的汽车工业产业链龙头，神龙汽车有限公司2009年年产汽车29万多辆，由三大物流仓储中心和上下游3000多家配套供应商构成了一个完整的物流供应链。选定其中的武汉锦龙物流公司作为“平台”应用的切入点，提供全方位工业物流信息化服务，该公司当年即实现仓储物流收入翻番，从1600万元猛增至3600万元，年流转产品市场价值达到50亿元，企业规模迅速扩大。

一年多的运行证明：“平台”技术领先、构思新颖、成本低廉，为服务对象创造了可观的社会和经济效益。在为武汉汽车产业链上下游企业有效降低经营成本的同时，也为“中心”自身发展奠定了基础。仅2010年上半年试运营期间，“平台”仅增值服务一项收入就达56万。

武汉工业物流信息化服务平台是政府主导的为企业提供物流信息化服务的基础性平台，带有一定的公益性，其目的是优化本地区现代物流发展环境，引导武汉制造业和物流业向规模化、专业化、集约化方向发展。“平台”建成后对于区域经济发展所带来的社会效益要远高于自身所获得的经济效益，所以在“平台”建设及运营过程中将始终坚持社会效益优先的原则。

第十二章　四川省中小企业信息化发展情况

第一节　四川省中小企业信息化发展情况介绍

一、发展现状

四川省中小企业信息化推进工作以信息化基础建设为突破口和着力点，有效整合多方信息资源，积极探索发展模式，大力开展工作创新，促进区域及行业信息化双重发展，取得了初步成效，对四川工业发展调结构、上水平、增效益起到了积极的促进作用。

从 2005 年至今，“信息化推进工程活动”共开展了 43 场，覆盖 21 个市州，约 8000 家中小企业共计 1 万余人次直接参加了免费培训，并向企业捐赠了价值 800 余万元的软硬件产品。对“5.12 地震灾区”的中小企业，特别开展了“灾后重建信息化推进工程”等主题活动，实施信息化援助和对口帮扶。

自 2009 年以来，将攀枝花、自贡市设立为四川省首批“中小企业信息化试点城市”，省中小企业局与攀枝花市政府签署了“试点工作备忘录”，并创造性地提出了“攀枝花模式”，各级政府及社会机构共同投入 1200 多万元搭建中小企业公共服务平台，取得了社会各界的一致好评。

2010 年，启动的百万中小企业体验计划，在中国移动四川分公司、中国工商银行四川省分行等单位的协同下，先后在成都、绵阳、广元、眉山、自贡等 10 多个市（州）分别举行，并首次为中小企业信息化提供了融资增值服务，对选择信息化服务包的企业用户，中国工商银行和中国民生银行还将分别提供 35 亿元及 6 亿元的贷款支持，并给予一定的利率或费率优惠。

根据调查，电子信息、机械制造、能源、生物化工、商业贸易及零售的整体信息化率达到 43% 以上；年产值 500 万元以上的中小企业，有 50% 以上的企业实现了财务信息化管理，70%以上的企业将其相关的信息放在了互联网上，30%以上的企业拥有独立的网站，并有超过10%的企业正在应用互联网开展电子商务。

二、主要做法

1. 坚持政府推动，着力强化发展保障

一是精心准备，科学策划，多次组织召开专题会议，印发了《2009年全省中小企业信息化推进工程、网站建设的工作方案》，对信息化推进工作提出了明确的工作目标和工作要求。二是以省政府名义召开电信、移动、金蝶等20多家信息化服务厂商座谈会，建立了政企协作推进信息化工作机制。三是组织召开了3次新闻发布会，定期通报信息化工作情况，营造了良好的舆论氛围，引起了社会各界的普遍关注。四是成立了四川省中小企业信息化推进工作组委会及执委会。五是与攀枝花市、自贡市等市政府签署了《合作备忘录》，保障了省、市、县各级主管部门对此项工作的有效推进。

2. 坚持市场运作，强力推进机制创新

按照工业和信息化提出的发展思路和工作部署，始终坚持“政府搭台，市场化运作”的原则，充分调动社会各界的积极性，不断创新工作机制和运作模式，采取了培训、对接、展览、座谈、咨询等多样化形式，组织广大ICT服务厂商、媒体、大专院校等参与到中小企业信息化的推进工作中来。通过市场化运作手段，让所有参与者都受益。通过这种方式既体现了各项活动的公益性，又确保了活动的长期可持续性。

3. 坚持多元投入，有效整合社会资源

为了推进四川省中小企业信息化工作，省中小企业局在省级中小企业发展资金中专门安排信息服务体系专项资金，先后安排近1000万元资金用于支持四川省中小企业信息服务体系建设。广泛整合社会资源，形成多元投入、共促发展的格局。在攀枝花开展的信息化试点工作中，省、市财政及民间社会资本拟投入1200多万元共同搭建电子政务及电子商务的综合服务平台，自贡市政府和中国移动四川分公司合作，拟投资10亿元全面推进信息化体系和数字化城市建设。

4. 坚持平台搭建，不断完善推进体系

一是搭建了信息资源平台。建立了以中国中小企业四川网为龙头的网站集

群，通过信息化推进工程开展，不断建立市、县分网，扩大中小企业网的平台影响力，带动了33513家中小企业上网。基于当前金融危机下中小企业对资金的迫切需求，为缓解中小企业融资难，搭建了中小企业投融资信息服务平台。二是搭建了交流平台。通过会议、座谈、网络等多种方式为政府、服务商、中小企业之间搭建了交流平台。三是搭建了商务交易平台。组织中小企业开展了网上产品展示和商贸交易、现场交流对接等形式的活动，近20%的中小企业和服务商达成了信息化应用合作和信息产品交易。在攀枝花市组织成立了中小企业采购联盟，促成了中小企业信息化交易的大幅上升。通过以上多个平台的搭建，完善了中小企业信息化推进体系的建设。

5. 坚持试点先行，积极探索发展模式

选择在攀枝花、自贡等部分重点区域开展中小企业信息化试点工作，探索中小企业信息化的发展模式及经验。四川省中小企业局与攀枝花市政府签署了《关于共同推进攀枝花中小企业信息化试点工作的备忘录》，并联合成立了信息化推进工作小组，联合推进区域“两化融合”工作。四川省中小企业局与自贡市经委、运营商代表、信息化厂商代表和中小企业代表共同签署了《自贡市中小企业信息化推进工作“2+1”合作备忘录》，促进区域信息化应用示范工作。在试点工作中，两市着力从搭建政府与中小企业共同的信息化工作平台、实现区域信息资源共享、搭建各县区中小企业分网、免费培训2000名信息化专业人才，以及建立中小企业信息化采购联盟等10个方面，为四川省中小企业信息化推进工作进行探索、积累经验、完善模式。四川省中小企业局等部门将从软硬件、资金、专业人才培训、技术力量等6个方面给予大力支持。同时，在一些重点区域、重点行业，选择一批信息化意识及基础较好、具有一定代表性的企业，进行信息化推进试点，总结经验并加以推广。

6. 坚持服务创新，努力构建长效机制

一是创新政策服务。先后出台了多项政策措施，激励主管部门及中小企业实施信息化推进工程，如《四川省中小企业系统信息工作实施办法》、《2009年中小企业信息化推进工作方案》以及关于信息化需求调查、电子商务专题培训及研讨会等多个文件，以省政府名义发布的《四川省人民政府关于加快中小企业发展的决定》（川府发〔2009〕11号）也明确提出了信息化工作的目标。二是创新宣传服务。组织四川日报、四川电视台、四川新闻网等各大媒体对信息化推进工作进行专题报道，在各市（州）开展信息化推进活动的前、中、后期组织当地媒体进行宣传报道，营造信息化建设的舆论氛围。三是创新培训服务。建立中小企业信息化人才培养体系，形成梯队式发展，针对企业总经理、财务经理、信息化主管、信息化技术人员开展信息化人才成长计划，印制了1万份培训资料及软件体验版光盘，邀请了近50名信息化专家，共有约8000家企业近1万人次参加不同层面的信息化免费培训。四是创新咨询服务。先后在成都、雅安、攀枝花、自贡等地，深入市（州）、县（区），通过会议、座谈、走访企业等多种形式，协同广大服务商及专家参与，与企业高层人员面对面交流，专家现场提供咨询解决问题。五是创新信息化援助服务。组织电信、移动、金蝶等信息化服务厂商相继推出了适合中小企业的价廉、优质的信息化解决方案、服务或产品，直接让利给参与到活动中的中小企业用户，真正为中小企业争取到了实惠。向中小企业赠送了1万余份信息化培训资料、价值近800万元的软件和一批计算机及上网设备。

第二节　温江花木电子商务案例

成都市温江区花木种植历史悠久，已形成13万亩产业规模，占农用地面积的76%，占四川省花木种植总面积的1/3，是我国西部最大的花木研发、生产和销售中心。2008年，虽受国际金融危机的冲击，温江花木年销售额仍然创造了10. 34亿元，同比增幅超过20%的不俗业绩。如今的温江区有25321个花木专业户，4000多个花木中间商，还建成了14个镇级花木流通渠道，330个村级花木流通渠道，一个由花木流通渠道和中间商组成的营销网络逐步健全。

花木网（www. hmw01. com）是由四川省商务厅、四川省农业厅支持，由成都市温江区政府主办，由温江区花卉园林局主管，由温江区农村发展局、温江区商务局、成都志合电子商务有限公司、中国花木电子商务中心、金算盘公司和四川志合投资咨询有限公司承办的国内首家花木行业全程电子商务平台。2010年8月3日，花木网被工业和信息化部列为“国家工业信息化运行形势监测分析信息服务平台”。

温江花木全程电子商务平台分为报价系统、融资担保、信用体系、电子标签、在线招标、农超对接、移动商城和手机短息八大模块，具有各类信息发布、电子订单、在线交易、网上支付结算、数字认证、物流配送、短信互动、财务管理、企业人事行政管理、企业协同等一系列功能。花木网最具特色的市场服务是花卉价格指数，它让生产企业卖出去的产品有一个参考价值。采购方和供应方都能够通过这个价格指示体系了解到同样一款产品在各地的价格。

图 12－1　花木网首页

温江花木全程电子商务平台将传统的电子商务、企业管理、供应链协同融为一体，实现花木行业各主体间交易活动、内部运营管理及供应链上下游商务伙们间协同等所有业务过程的数字化、电子化，是一种全新的商业活动模式。

与目前全国花木行业的同类网站相比，花木网有很多优势，主要体现在网上交易结算、网上物流跟踪、在线 ERP 的应用、企业内部财务管理，通过上销售、网上信息，订单在网上交易后的银行结算、物流配送，进而打造出一个全程生态链。

目前，花木网会员达到 5 万多家，交易额超过 6 亿元，在线支付结算达到了 7000 万－8000 万元，代表着实体经济和虚拟经济的完美结合。

温江花木网全程电子商务平台基于 SaaS 模式。平台能够帮助花农花商在对内的信息化管理上实现零安装，零硬件投入，零维护，只需要“计算机＋网线”

即可使用。采用租用的形式，降低了电子商务应用门槛。

为了让农民顺利在网上完成交易，花木网采取了一系列措施。通过乡镇政府组织花木企业和农户在花木网或者当地政府的培训中心进行培训，教他们如何使用网络、发布信息、进行交易。培训一般需要两天时间，分两期进行。截至2010年10月，接受培训的人员接近7000~8000人，60%~70%都学会了如何使用网络、开网店、下订单和交易结算。

花木网得到了成都市政府的大力支持。温江花木网每发展一个会员，成都市商务局可以给温江花木网50%的补贴返回给会员。该扶持政策即对温江花木网的平台发展提供了有力支持，也给会员和农户带来了实惠。另外，在平台建设方面，成都市政府和其他相关单位都有一定的参与。温江花木全程电子商务平台成功打造了温江花木品牌形象，促进了温江花木产业的集群化发展，提升了温江花木行业管理水平，增强了温江花木抗风险能力，使温江花木走出了四川，走向了全国乃至全世界。

第三节　峨胜水泥信息化案例

四川峨胜水泥股份有限公司是四川省规模最大的水泥生产企业。公司始建于1985年，现有资产40亿元、员工2800余人，拥有7条国内先进水平的新型干法水泥生产线，年产水泥1120万吨，可实现销售收入30亿元。

早在2000年以前，公司在机立窑生产线上就配备了当时先进的“微机自动配料系统”，开始将计算机技术应运于水泥生产的部分工序。2001年后，公司开始发展新型干法，随即配套引进了工业用计算机集散控制系统DCS，并多次进行升级。在引进的同时，公司不断培养信息化人才，掌握核心技术，2005年，公司自主改进创新的“计算机集散控制系统在水泥生产上的应用”项目被评为“峨眉山市科技进步一等奖”。

“十一五”期间，公司先后建成了5条年产200万吨的大型新型干法水泥生产线和年产1200万吨规模的石灰石矿山，配套建了58MW纯低温余热发电系统和3条石灰石皮带运输线及4MW势能反馈发电系统。为了做好DCS，公司成立了自动化控制组，负责DCS的系统搭建、硬件配置、软件自主编程。生产的所有设备通过采用先进、稳定的ABB控制器及成套模块自组流程，应用自主编写的符合实际需要的 DCS 控制程序，全部实现了中控室集中控制和生产管理自动化。优化后的系统已经达到国内同行业领先水平。其中，独创的连锁自闭锁系统使得故障排除变得相对简单，通过使用 OPC 服务器将生产线实时数据与余热发电系统进行衔接，实现了多工序、不同系统间的协同操作。通过使用西门子及 ABB 公司的控制单元，矿山破碎平台、皮运机、势能反馈发电系统等的控制数据直接实时传输到矿山中控室进行集中自动化控制，实现远程 5 公里无人现场值守。

为满足水泥质量控制需求，公司联手杭州云天搭建硬件与网络平台，将制造厂化验室分析采集的数据直接通过分析设备汇入到“云天 C6. NET 水泥制造业 ERP 系统”。

2009 年，为规范管理、改进流程、提高效率，公司又投入上百万元引入用友 U8 软件，建设全公司 ERP 系统。在硬件配备上，采用机柜式刀片服务器，并建立了标准机房。通过公司外网，利用 VPN 建立起与供应商和客户之间信息交织的服务网络。公司物流车辆进出时间由 30 分钟缩短为 20 分钟，当月报表统计也由以前的 3 天缩短 3 分钟，工作规范有序的同时，效率大为提升。

2010 年，公司投入 60 多万元引入用友 A6 的 OA 办公系统。通过半年的努力，已经搭建起覆盖全公司的自动化办公信息平台，建立了资源共享、高效协同的事务处理机制。此外，公司还建设了安防监控网、对外宣传门户网站，这些都进一步丰富了公司的信息化管理网络。

第十三章　陕西省中小企业信息化发展情况

第一节　陕西省中小企业信息化发展情况介绍

一、发展现状

近两年来，在各级主管部门的有力推动下，全省企业信息化进入了加速发展时期。企业信息化与信息技术投资大幅提高，融合发展成为多数企业常态发展战略的一部分，使保障体系得到健全。

2010年2月，陕西省中小企业促进局会同陕西省工信厅对全省企业两化融合的情况进行问卷调查，回收企业调查问卷987份，涉及12个市/区、14个行业，占全省规模以上企业数的28%。

调查结果表明，有专门信息化规划或在综合规划中体现的占46%，单列信息化预算或列入企业总体预算的占44%。2007年，信息化和信息技术投入50.5亿元，2008年为67.6亿元，2009年为89.8亿元，年平均增幅30%以上。2009年，信息化和信息技术投入户均为909.5万元。

在全部调查户企业中，明确信息化工作部门的占45%。大中型企业高于面上企业27%。从事信息化工作的人数为18042人，平均每户18.3人。企业从事信息化，包括参与信息化应用与实施，以及涉及信息化工作岗位的员工占企业员工的比例呈逐年递增态势：2007、2008、2009年占员工总人数的比例分别为8.4%，10%，11.3%。

987户企业共有计算机112523台，户均114台；服务器3845台，户均3.9台；存储备份设备1163台，户均1.2台；交换机9613台，户均9.7台；实际接入端点数74674点，户均76点。

建立了企业门户网站的占38%。在线应用项目5157项，户均5.2项。信息化项目向系统整合，单一项目应用转向综合性应用发展趋势明显。

2008 年，陕西省中小企业促进局印发了《陕西省中小企业信息体系和信息化建设发展规划》，进一步明确了加快中小企业信息化和信息体系建设的思路、目标、重点和措施等。

二、推进措施

按照国家八部委《关于强化服务促进中小企业信息化的意见》和陕西省中小企业促进局的规划要求，近几年需要做的主要工作如下：

1. 积极培养中小企业信息化中介服务机构，全力打造信息化公共服务平台

最近两年，陕西省中小企业促进局在服务中小企业信息建设方面不断调整思路，由原来的支持单个企业信息化项目向支持中小企业服务结构转变。重点支持中国中小企业陕西网、陕西贝易达科技有限公司等中小企业服务机构，打造服务中小企业的信息化公共服务平台建设，并取得了一定成效。中国中小企业陕西网开辟的综合信息服务窗口，信息量大、及时、权威性高，点击率位居全国同类网站的前列。通过支持贝易达公司打造的“陕西中小企业商务网”中小企业公共服务平台，主要针对陕西省中小企业提供电子商务、IT 培训与应用、企业商贸资讯等服务，现有注册企业会员 83311 家，涵盖农副产品、石油化工、装备制造、有色金属、电子信息、生物科技等行业。其中，省内会员占 88%，省外会员占 12%。

2. 加快实施信息体系建设项目，以省局网站为核心的网站群初步形成

各级加大资金投入，支持信息化的力度前所未有。陕西省中小企业发展专项资金，2008 年安排 471 万元、2009 年安排 510 万元支持中小企业信息服务体系项目，加快建设各级中小企业网站和生产运行预警监测体系；2010 年，安排 500 万元，扶持建设一批县级中小企业网站和生产运行预警监测点。目前，全省已建成 63 个市、县级中小企业网站和 116 个县区、重点乡镇、工业园区预警监测点。省局网站七大应用系统已投入正常使用。全省中小企业预警监测系统开通运行，对各县区、重点乡镇、工业园区监测点实行全省联网，由省中心平台提供支持，每月及时采集分析各产业、主要工业行业、不同规模企业的运行信息。目前，入网企业已达 2500 户，在上报信息、把握形势、科学决策和积极应对金融危机影响中发挥了重要作用。建成开通了免费的中小企业网上查询系统，已入网企业

6000家，基本覆盖了陕西省各县区的主要企业。

3. 联合中国移动、金蝶软件等大型IT企业，助推中小企业信息化

2010年年初，陕西省中小企业促进局联系中国移动陕西分公司在全省开展“百万中小企业信息化体验计划”活动，通过开展“千万赠送、万家体验”，“百场培训、万人提升”，“千人推广、万家宣传”三大子活动，为全省3万家中小企业提供定制化的信息化服务。5月份联合金蝶软件，举办了“2010中国智造金蝶创新管理平台微笑体验”活动。活动邀请专家、教授就中国智造这一主题从大国责任和企业管理两个角度给予了详细解读，共同探讨了实现从“中国制造”到“中国智造”的升级转型。

4. 创新信息服务方式，帮助小企业开拓市场

2007年，陕西省中小企业促进局联合省邮政局在全省中小企业中推广“直邮营销”市场新模式，利用国家邮政系统数以百万计的企业信息资源，为陕西省创业初期的中小企业提供市场营销信息服务，有效地解决了部分小企业开拓市场难、营销成本大、产品竞争力弱的问题，得到了各级政府的认可和中小企业欢迎。

5. 中小企业信息化应用水平逐步提高

2008年，陕西省中小企业促进局确定了100户信息化联系重点企业。这些企业在不同领域的信息技术应用中取得了一些成效，拟在今后几年给予重点支持，以带动全省中小企业信息化工作。近三年，省级中小企业专项发展资金支持的许多中小企业技改项目都涉及信息技术应用内容。

三、问题与困难

1. 企业信息化发展不平衡，投入偏低

尽管近几年陕西省用于扶持中小企业的专项资金不断增长，但对于推进企业信息化的巨大需求来讲，仍然捉襟见肘，难于支持较多的企业信息化建设项目。在陕西省企业信息化发展上，存在区域、行业发展不平衡的问题，企业间进展差异较大。西安、宝鸡、咸阳相对较好，其他地市企业信息化相对滞后。规模以上企业信息化应用好于规模以下企业。行业的不平衡也较为突出，装备制造业、IT等行业发展较快，其他行业信息发展相对缓慢。

2. 中小企业信息化应用水平总体不高

大部分中小企业的信息化应用主要以财务系统、OA、人力资源等简单应用项目居多，生产过程控制和管理类应用项目、客户关系以及供应链等集成性的应用项目等明显偏低。有相当一部分企业不了解信息化对推进企业发展的重要作用，在计划信息化建设投入时，看重短期“经济比较效果”，超出则存在企业不愿做、不想做的问题。另外，大部分中小企业信息化专业人才匮乏也是信息化应用总体水平不高的一个重要原因。

3. 信息化资源开发和社会化协作推进不够快

对信息化优势资源的引导、整合、开发工作力度与企业发展需求不相适应。信息化服务领域的大企业与小企业需求的有效对接渠道少，针对性不强，效果还不够明显，服务于中小企业的信息服务机构数量偏少，实力不强。

4. 中小企业、非公有制企业信息化重点项目少

最近几年，从国家到地方都有不少扶持中小企业的项目。从整个扶持的项目来看，单纯支持企业信息化的项目不多，支持企业固定资产投资如扩建、改建的较多。

四、计划与设想

（1）联合省工业和信息化厅研究制定陕西省加快提高中小企业信息化应用水平的具体意见和措施。

（2）联合省工业和信息化厅成立《陕西省中小企业信息化公共服务平台建设发展战略研究》课题组。课题组成员由西安邮电学院等院校的专家学者、移动公司、信息化服务机构、IT 厂商代表组成，对陕西省中小企业信息化公共服务平台建设应用及需求情况进行调查、分析、研究，为下一步制定政策提供依据。

（3）继续支持 100 家中小企业建设企业网站。在省中小企业发展专项资金的支持下，由陕西省中小企业商务网承担“万户小企业入网—企业建站”2010 年首批 100 家左右企业商务网站的建站工作，免费为企业建设个性化网站。为小企业在形象推介、产品展示、电子商务、经营管理、技术创新等方面提供信息化服务，引导小企业提高电子商务应用水平。

（4）建设行业信息化应用试点企业和示范企业。拟在全省筛选 100 家成长性好的骨干企业，通过支持信息化服务机构，分批帮助试点企业实现企业个性化的信息化需求。通过帮助试点企业制定信息化规划，实施信息化重点应用和开展信息化人才培训，建设和树立一批区域、行业内的信息化典型示范企业。通过建立信息化应用试点企业数据库，分批实施，稳步推进。根据试点企业的发展情况，总结经验，逐步扩大试点企业的数量，进一步加大支持力度。

(5) 编印《陕西省中小企业信息化服务手册》。由陕西中小企业商务网（贝易达公司）联合部分服务机构，编印《陕西中小企业信息化服务手册》文字版、网络版和手机版。其主要内容包括中小企业信息化常识百问、中小企业信息化服务与产品、中小企业信息化应用典型案例、中小企业信息化政策法规。

五、体会与建议

(1) 加快推进中小企业信息化建设，首先应提高各级中小企业主管部门的信息化服务能力。重点是加大信息化专项资金投入，不断提高各级主管部门机关的信息化水平；依托信息化手段和互联网，加强中小企业生产运行监测，提高各级中小企业主管部门的指导服务水平。

(2) 实力强、服务新、产品先进实用的信息化服务机构是推进中小信息化深度应用的重要力量。政府支持信息化服务机构，信息化服务机构支持企业，加快推进企业信息化，一是支持服务机构提高服务能力，开发实用产品；二是通过服务机构来实施企业信息化应用的具体项目，帮助小企业加快信息技术应用；三是主管部门直接通过中小企业专项资金实施企业信息化重点项目。通过实施企业信息化项目来引导中小企业加快信息化的深度应用，提高整体信息化的水平。

(3) 建议工业和信息化部进一步加大对西部中小企业信息化的支持力度。

第二节　西安市中小企业信息化发展情况介绍

一、工作进展

“十五”期间，西安市启动了“制造业信息化工程”，设立了西安市制造业信息化办公室，具体负责制造业信息化工程的组织协调与管理工作，并重点围绕制造业信息化应用示范体系、中介服务体系、人才培训体系的建设，开展了工作。2002－2005 年，共建立了 5 个示范园区、2 个示范行业和 100 家示范企业。在此期间开展的主要工作如下：

1. 分层次开展制造业信息化应用示范推广工程

实施园区制造业信息化示范工程，促进区域产业链的发展；推动输变电设备制造、医药两个支柱行业的典型应用，促进产业结构提升。建立百家示范企业，推动企业信息化建设。

2. 整合地方资源，积极开展关键技术攻关

针对西安市制造业信息化工程实施过程中的一些关键应用技术，依托西北工业大学、西安交通大学、西安航空动力控制公司等开展了关键技术攻关，并充分利用研究成果有效地支持西安制造业信息化的推广应用。其主要包含数字化产品定义技术、预装配技术、并行工程技术、输变电设备制造行业网络化设计与制造集成应用技术。

3. 建设两个区域性、行业性服务平台

抓住产业园区、特色行业企业集群的整体发展趋势，建成了高新区企业资源网管理平台、“CAD 技术推广中心”和“西安科技在线”平台，为企业提供信息服务，实现资源共享和优化配置，提高区域、行业制造业的创新能力。同时，为充分发挥西安军工行业技术力量雄厚，信息化基础好的优势，通过整合陕西省军工信息网，加强军工与地方信息化工作的合作与交流，促进地方企业信息化的发展。

4. 采用多种方式，开展人才培训与信息技术推广

西安生产力促进中心通过各种形式共举办了 120 多次管理与信息化培训，培训人数达 7000 多人；示范园区共举办 300 多次培训，培训人数达 7000 人。举办了 4 次大型的企业信息化会议，每次都有大批国产软硬件供应商参加。围绕本地的一批优势产品，深入开展推广应用活动。西安市中小企业局与金叶西工大公司合作，在西安军工行业大力推广金叶 CAPP 软件的应用。帮助西安思安科技公司在制药行业推广 GMP - ERP。以西安大唐电信有限公司、西安铁路信号厂、西安中萃可乐公司等为示范龙头，将其作为西安地区制造业企业参观、学习和交流的示范基地。

5. 资金支持

在西安市科技三项经费中设立了制造业信息化专项，每年拿出不少于 100 万元的资金，重点支持信息化示范企业、示范园区的信息化建设工作。通过信息技术专项、软件专项支持了制造业信息化关键技术应用项目共计 95 万元。

6. 宣传报道

采用多元化的媒体宣传方式，加大西安制造业信息化工程的宣传力度。如在

《科技兴市参考》登载了制造业信息化专刊，全面介绍西安市制造业信息化工作的进展情况和取得的效果。多次组织了信息化高层论坛。联合陕西电视台组织拍摄《信息化推进西安制造业》专题片。西安科技网专门设立了制造业信息化版块。

采取产、学、研的合作方式推动企业信息化建设。联合高校、企业、软件供应商专家共同搭建信息化咨询与监理服务体系。主要结合西安市制造业信息化工程的推动工作，以西安市信息化示范企业为重点，为西安地区广大企业提供公平、公正的信息化建设咨询和监理服务。“十一五”期间，西安市中小企业局共为30多家企业提供了现场服务，这种多方相结合的服务体系已取得了初步成效，并受到了广大信息化示范企业的好评。

二、存在的问题

目前，西安中小企业信息化存在的主要问题如下：

（1）中小企业信息化投入力度小且结构不尽合理。目前，信息化程度低的主要原因是对信息产业基础设施、部分信息技术和信息产品的投入不足。企业信息化建设资金投入不足的现象普遍。一般企业在信息系统建设和系统应用方面的累计投入占企业总资产的比例仅为0.22%。企业信息化投入结构不合理，企业信息化在建设投入中还存在“重建设轻维护更新”、“重硬件轻软件”、“重网络轻资源”、“重技术轻管理”的倾向。这种状况不能保证企业信息系统建设、维护更新与信息资源开发利用之间的协调发展，不利于企业信息化建设和企业真正通过信息化提高经营效率、管理水平和核心竞争力。

（2）中小企业信息化人才缺乏。中小企业的信息技术人才不仅数量少而且质量不高，使信息化投资得不到有效保障。企业信息化建设首先要由领导层的亲自推动，但如果没有系统理解与把握信息化知识、技能的管理层、技术层、执行层人才队伍的密切配合，信息化仍然难以成功。从调查情况来看，中小企业普遍缺乏信息化人才特别是既懂业务、管理，又懂信息技术的复合型人才，中小企业效益不好，人才激励政策不到位，企业信息化骨干人才特别是复合型人才流失严重，给企业的信息化建设带来很大的不利影响。

（3）大多数行业缺乏统一的信息化技术标准、服务规范，也是造成中小企业信息化应用水平不高、综合效益发挥不出来的重要原因。

（4）信息化公共支撑环境建设还不完善。例如，具有在线管理及电子商务应用服务的ASP平台还没有建立，安全认证、网上支付、物流配送等外部环境不配套；中小企业信息化建设“咨询－监理－评价体系”机制没有形成，造成企业信息化项目缺乏严谨的科学论证，盲目上马，缺少“第三方”的监理，工程质量无法保证；在信息系统工程完成后，也没有科学定量的评测标准，对企业信息化项目很难作评价和验收。

三、建议和设想

建议政府制定中长期中小企业信息化推进计划，包含政策和资金两个方面，长期支持中小企业实施信息化建设。

发挥政府的引导作用，加强对中小企业信息化人才培训。拿出专门经费支持信息化专家的工作，开展信息化咨询、监理和绩效评估等活动，为西安市中小企业信息化工作保驾护航。

完善公共服务平台建设，加强平台从产品设计到经营管理等方面的信息化应用服务能力。深入开发与利用信息资源，实现区域资源共享，促进中小企业信息化应用水平的提高，全面提升中小企业整体竞争能力。

第三节　咸阳市中小企业信息化发展情况介绍

一、发展现状

近年来，咸阳市信息服务体系和信息化建设按照“规划先行，突出重点，加强应用，逐步推进”的工作思路，加强政策指导，增强资金投入，促进社会化协助，提高应用水平，取得了明显成效。

一是网络体系建设初具雏形。建成开通了咸阳市中小企业信息网站、咸阳市中小企业远程教育创业培训网等市级服务平台和10个县区级中小企业网站或网页。在加强信息交流，推动政务公开，提高网上办公，宣传政策法规，展示发展成就，组织创业辅导，扩大招商引资，促进市场开发等方面发挥了重要作用。

二是信息装备不断改善。近年来，积极争取省、市、县三级财政资金近500万元，强化市、县、乡三级主管部门的信息化装备水平，提高各级办公自动化的能力。目前，市、县、乡三级主管部门计算机的普及率分别为100%、70%、30%，主要信息和统计信息基本实现了计算机处理和网路传输，办事效率和服务能力得到了明显提高。

三是信息服务不断向纵深处拓展。目前，已有近400多家中小企业进入全市中小企业数据库网上查询体系，免费向社会开放。在2010年5月份，咸阳市中小企业促进局与陕西移动咸阳分公司及中国中小企业陕西网联合承办了“百万中小企业信息化体验计划”咸阳专场培训会，200多户企业家约230余人参加了会议，为全市中小企业提供了定制化的信息化服务，促进了中小企业信息化工作的快速、有效发展。目前，已有近400多家企业进入体验活动，开展“一对一”的信息服务，帮助400多家企业成功建立起新的销售渠道，有效地解决了市场开发难的问题。

四是信息资源应用水平逐步提高。许多规模企业通过在关键工艺和经营流程中采用数控装备和信息资源管理，使市场机会提高了40%，商品周转率提高了30%，精深加工、研发和市场竞争能力明显增强。新型电子元件、网络服务、软件开发，咨询、文化娱乐业等成为中小企业新的增长点。

二、工作设想

“十二五”期间，咸阳市中小企业信息服务体系和信息化建设的目标如下：

1. 进一步完善网络体系，实现全市信息联网

基本建成市、县、乡三级主管部门和35个工业园区中小企业网站。加快建设市级中小企业电子政务、电子商务、远程创业培训网络服务平台，实现乡以上各级主管部门和规模以上企业之间的信息网络联通。进一步完善咸阳市中小企业信息网站建设，优化栏目、增强功能，扩大容量、提高质量，努力将其建成知名度高、影响力大的市级中小企业信息服务平台。引导和支持中小企业依托各级网站、商务网站建立企业网站（网页），使规模以上企业的建站（网站、网页）率达到80%以上。

2. 加快信息资源开发，提高信息服务水平

基本建成市级中小企业数据库和网上查询服务系统。全市所有法人中小企业单位和规模较大个体经营户的名称、地址、电话、邮编、产品、规模、技术能力等可公开的基本信息要实现网上快速查询。开发咸阳市中小企业综合信息管理系统，分级建立咸阳市中小企业的产业资源、招商引资、就业招聘、政策法规、信用档案、人力资源、融资担保、项目申报、技术专利和产权交易等子数据库系统并向社会公众开放，为群众创业和兴办企业提供全方位的信息服务。要以网站信息、网络贸易等为着力点，进一步创新信息服务方式、丰富信息服务内容、提高信息服务质量，推动信息入企，促进全民创业，切实解决好中小企业的市场开发难问题。

3. 加快统计信息化建设，完善统计监测机制

加快统计信息化，进一步改善各级统计装备，实现乡（镇、街道办事处）以上各级主管部门日常统计的计算机处理，实现对全省所有法人中小企业主要统计数据的网上直报、网上汇总和网上发布。加强对区域经济、重点行业、规模企业、主要产品、市场情况的调查、监测和分析，全面、及时、准确地反映中小企业的经济运行情况，为科学决策提供依据。

4. 加快信息技术应用，增强企业的市场竞争力

实施中小企业信息化推进工程，重点培育和支持50户地区行业的龙头企业和信息化应用重点企业在科研、生产和经营管理主要领域实现信息化，200户规模企业在关键流程实现信息化，500户管理基础好、发展潜力大、产品有市场的成长型、科技型企业在重点环节实现信息化；引导1000户小企业通过采用信息技术、上网、电子商务等方式，提升管理水平和市场竞争力。

第四节 渭南市中小企业信息化发展情况介绍

一、发展现状

截至2010年上半年，全市中小企业非公有制经济企业有15.34万家。由于渭南市中小企业规模小、管理落后、层次较低，在信息化建设方面起步较晚，仅有近五成的企业对信息化的重要性有所认识。在基础设施建设方面基本上都配备了计算机，其中拥有10台以上计算机的企业占31.82%；有四成企业在生产设备方面普及到30%左右；建设网站或者网页的企业占40%左右。在管理信息化应用方面，能全部应用财务管理的企业占27%，办公自动化的企业占18%，客户关系管理占13%，人力资源管理系统和资产管理的各占9%。企业利用信息技术进行产品研发和工艺的不到25%；部分应用数字化的生产线和加工中心的企业不到20%。利用自建平台、借助公共平台等方式开展电子商务应用的企业在20%左右，在应用电子商务的这些企业里，网上贸易额只占到整个贸易额的10%以下。

二、主要做法

近年来，渭南市在推进企业信息化建设方面从出台文件、搭建平台、免费建站、信息化应用推进、人才培训、宣传推广、调查研究等方面做了相应的工作，具体如下：

1. 出台政策文件

2008年渭南市出台了《渭南市中小企业信息服务体系和信息化建设发展规划（2008－2012）》。这是指导今后一个时期全市中小企业信息化工作的纲领性文件。

2. 搭建平台

一是在全省最早建设市级中小企业信息服务平台——渭南中小企业网。2005年10月试运行，先后经过多次修改完善，现已基本具备公共信息服务的功能，主要从政务、商务、服务和互动等4个模块进行了设计和开发。二是开发渭南市中小企业信息化综合服务管理平台，由渭南市中小企业促进局与渭南联通合作开发，其中包含渭南市中小企业信息查询平台、中小企业局系统业务平台、企业信息化综合管理平台3个子系统，分别为企业和公众以及市、县、园区中小企业工作人员提供基于互联网的办公自动化、预警监测、公众查询、企业推广、企业综合管理等功能。

3. 免费建站

2009年，渭南市启动“千户中小企业网站建设工程”。一是携手渭南移动为渭南市中小企业免费建设互联网企业门户网站，同时根据企业的需要，为企业免费建设通过手机上网的WAP网站。二是对已建成的门户网站和WAP网站的企业进行后期的网站更新、升级、维护、托管服务。三是围绕企业发展需要开展语音、专线和信息类业务等增值服务项目。四是建设立体式网络营销平台，为企业提供网站推广和产品推广服务。五是积极落实免费为企业建站的活动，组织10户企业建设了企业门户网站。

4. 信息化应用推进

2006年，启动千万中小企业乡镇企业信息化应用推进工程。借助电信商务领航业务的推进为渭南市企业认识信息化、应用信息化打下了一定的基础。2009年，在和移动合作开展千户企业免费建站活动中，对企业应用信息化也起到了相应的促进作用，使一部分企业利用基础运营商提供的基础信息化业务的过程中对企业信息化的应用有了更深的了解和认识。

5. 人才培训

近年来，渭南市利用各种机会组织系统工作人员和企业信息化工作人员参加相关培训，累计培训300人次以上。

6. 宣传推广

组织社会上信息化应用服务商开展各类活动，使企业了解信息化应用的动态情况。通过渭南市中小企业网、渭南市政府网、陕西省中小企业局网、中国中小企业陕西网、远景信息渭南网等网络平台为渭南市中小企业推广各类信息。联系渭南的电视台和报社等媒体加大对中小企业的宣传推广力度。

7. 调查研究

2009年，完成了全市中小企业重点行业信息化调研，并形成了全市中小企业重点行业信息化调查报告。2010年，对全市中小企业两化融合的情况进行了全面的调查，收集调查问卷11份，形成了近年来第一份比较全面的中小企业信息化调查报告。

三、存在的问题

1. 企业内部管理不健全，投入不够

一是企业信息化建设的战略、规划、预算、制度、组织、人才等方面在不同企业、不同环节、不同程度存在缺失。二是对信息化建设所需的基础设施、硬件、软件的投入不够，从而反映了企业在信息化建设方面的筹融资能力有待提高。

2. 政策和行业管理部门引导、支持不够

一是政策环境不足，各类扶持、支持中小企业信息化建设的政策不够明晰，缺乏可操作性，尤其是财税政策。二是整体规划不具有可操作性和推广性。三是信息化工作人员的专业素质不能顺应信息化发展的要求，无法对企业信息化建设做出合理的引导和指导。四是体制不顺，多头管理。

3. 公共平台建设滞后

信息服务体系公共服务平台起步早，但因为缺乏相应的运行机制和资金，一直没能真正地发挥应有的功能和作用。

四、工作设想

1. 营造良好的政策环境

贯彻国家、省鼓励引导支持企业发展的各类相关政策，进一步落实有关信息化方面的政策。

2. 贯彻落实国家信息化推进工程

中小企业信息化推进工程是在全国范围内开展的一项重要工作，通过进一步完善相关政策保障体系和各项内容，结合实际，以企业信息化重点应用为切入点，以电子商务应用推广为主要目标，以信息服务体系和平台建设为重点，在点上寻求突破、线上争取规模、面上形成普及。

3. 加大服务体系建设力度

一是调查、研究、设计、开发中小企业信息化综合应用服务平台。二是继续深入信息网络体系建设，以市、县为平台，建设一批标准机房和服务器，为小企业提供信息服务。三是结合当地实际，构建适合西部地区、规模偏小、产品区域性强的公共电子商务平台。

4. 拓宽融资渠道，加大财政支持力度

一是将中小企业专项资金、中小企业技术创新资金等相关专项资金里的一部分用于企业信息化建设和公共服务平台建设。二是鼓励各大金融机构加大企业在信息化方面的建设支持力度。三是发挥担保机构的作用，为中小企业信息化建设提供信贷担保。四是鼓励各大软硬件提供商采用融资租赁、先投入后支付等手段为企业信息化建设提供更加实际的产品和服务。

5. 理顺工作体系，明确工作职责

清晰和细化各级政府在推动中小企业信息化建设中的各项工作职能，以制定政策、创造环境、加强监管、协调资源、提供服务为主。

6. 加大人才资源的开发力度

一是各级政府每年定期组织信息化工作人员的培训。二是以企业信息化工作人员为基础，组建全市企业信息化开发团队。重点培育一批既懂生产、又懂管理并且还懂计算机技术的复合型人才；共同研究、探索适合同行业的通用系统和应用平台；进一步研究、探索推进企业信息化建设的有效途径和方法。三是调动社会服务组织和 IT 服务商、生产商的积极性，为企业培养专业信息化人才。

7. 发挥市场主体的作用

引导企业进一步加大信息化建设力度，加速信息化与工业化融合，通过信息化项目建设，创新产品与技术、市场与管理，充分利用信息化成果来完成企业的改造升级和机构调整。

第五节　汉中市中小企业信息化发展情况介绍

一、发展现状

近年来，汉中市坚持以信息化带动工业化，大力推进中小企业信息化建设，中小企业信息化建设有了长足发展。根据调查资料显示，截至 2009 年底，全市有 35 户中小企业建立了独立域名网站，89 户中小企业在互联网上建有企业网页，100 余户中小企业采用了财务管理系统和 CAD 系统，85% 以上规模以上的企业购置了计算机并采用了办公自动化软件，50 户中小企业成长工程示范企业中有 50% 以上的企业采用了电子商务和网上营销手段，10 户行业骨干龙头企业均采取了数字化控制设备。全市有 21 户为中小企业信息化服务的电子科技公司，涌现出汉中四通电子科技公司、汉中在线资讯公司等一批规模以上电子信息服务企业。在 11 个市县区中小企业主管部门中，有 9 个中小企业主管部门建有专门为中小企业服务的网站（或网页）。企业和中小企业管理部门信息化投入力度不断加大，年均增速达 20% 以上。中小企业信息化应用水平的不断提高，有力地促进了中小企业的发展。

二、主要做法

1. 制定规划，大力宣传

为了加强全市中小企业信息化工作，制定了《汉中市中小企业信息化发展规划》，明确了全市中小企业信息化发展的目标、任务和重点，不断加大宣传力度，通过会议、简报、网站、报纸、刊物等形式，大力宣传中小企业信息化的重要作用，引导企业应用信息化。

2. 政府推进，搭建平台

依托市县区政府信息网和中小企业主管部门网站，积极为企业搭建平台，免费为中小企业建立网站，宣传中小企业。政府在项目申报、政策公布、政府采购等方面，也采取信息化手段，引导带动企业推进信息化。近3年来，全市11个县区及市级中小企业管理部门，累计投入50余万元，加大信息服务体系建设力度，更换计算机设备，搭建中小企业信息服务平台，组建中小企业信息网。

3. 加大培训力度，不断提高业务水平

市县区每年都要举办中小企业信息统计培训班，对县区、乡镇和重点骨干信息统计工作人员进行信息统计业务培训。年培训信息人员260人次，基本建立了一支相对稳定、业务能力强、工作敬业的信息统计工作人员和队伍。

三、存在的问题

在推进中小企业信息化的工作过程中，遇到了不少困难和问题，主要是表现在以下几个方面：

1. 领导和企业家对信息化认识和重视不够

对于信息化的应用以及信息化在推进工业化中所起到的作用，没有引起各级领导和企业家的重视。在个别政府领导和企业老板心目当中，中小企业信息化可有可无，无足轻重。有个别政府领导和企业老板不会上网，不会使用计算机，更谈不上支持中小企业信息化工作。

2. 信息化资金投入严重不足

汉中市中小企业大部分规模小、起点较低、市场竞争能力弱，总体情况处于资本积累阶段，资金短缺成为影响企业发展的主要问题，也是制约企业信息化发展的重要瓶颈。在资金不足的情况下，企业要把有限的钱用在刀刃上，很难拿出多余的资金去考虑信息化建设。在其企业营业额中，企业的信息化投入所占的比例为0.4%~0.5%，这个比例明显偏低，不能够起到应有的作用。

3. 企业信息化人才特别是复合型人才缺乏

中小企业普遍缺乏信息化人才特别是既懂业务、管理，又懂信息技术的复合型人才，中小企业效益不好，人才激励政策不到位，企业信息化骨干人才特别是复合型人才流失严重，这种状况对企业信息化建设带来很大的不利影响。

4. 信息化支撑配套环境还没有形成

信息化公共支撑环境建设滞后于应用系统建设与开发，信息化建设难以推进和成功。例如，电子商务推进缓慢，就是安全认证、网上支付、物流配送等外部环境不配套造成的。目前，网络基础设施、产品与服务编码、技术标准与规范、工程监理、安全认证、网上支付、物流配送等企业信息化的公共支撑配套环境都存在问题或差距，制约着中小企业信息化建设与应用。

四、工作设想

汉中市中小企业信息化的发展思路和方向如下：

1. 大力宣传、示范引路

加大宣传力度，特别是加大案例征集推广工作力度。按照“以案例带应用，以应用促发展“的方针，推广典型，示范带动中小企业信息化工作。对一些行业和企业已经取得明显成效的信息化建设案例，进行大力宣传。同时，对失败案例也要进行总结和解剖，帮助企业汲取经验教训，少走、不走弯路，提高中小企业信息化的成功率。

2. 开发领导层，加大投入力度

要善于开发领导层，用适当的方式，在适当的机会，适时引导领导和企业家转变思想观念，让领导和企业家重视中小企业的信息化工作，让领导充分认识信息化的重要性。不断争取各级政府和企业对信息化有更多的硬件设备和软件的投入。

3. 积极培养高素质的信息技术队伍

通过制定政策，搭建平台等方式，引导中小企业招聘和引进信息化人才，做到能招到人、留住人、用好人。继续加大信息统计人员的培训力度，不断学习新知识、更新知识，提高现有信息统计工作人员的信息化应用水平和能力。

4. 加快建立健全企业信息化支撑配套环境

企业要强化基础管理工作，包括财务管理、仓库管理、质量管理、生产管理，计量管理等，做到数据准确、完备、客观、及时。中小企业主管部门要联合各方面力量，加快研究，统筹规划，分步解决，尽快建立健全企业信息化配套支持体系，以更好、更快地推动企业信息化建设。

5. 组建汉中市中小企业信息服务平台

依托汉中市中小企业网，组建汉中市中小企业信息服务平台，为中小企业提供信息化服务，提高中小企业信息化程度；为中小企业提供电子商务服务平台、政务服务平台，搭建企业与企业、企业与政府之间的桥梁。通过加强产业链上下游的沟通，实现新的资源整合，形成新的经济增长模式，促进汉中市中小企业快速成长。

第六节　典型案例

一、陕西省中小企业商务网

陕西省中小企业商务网是省级重点扶持的中小企业电子商务综合服务平台，由陕西贝易达现代科技有限公司建设运营。该公司是一家为中小企业提供电子商务、软件开发、IT应用及企业资讯等服务的高新技术企业。

陕西省中小企业商务网旨在利用现代信息科技手段帮助中小企业实现高效运营，快速发展，从而对陕西乃至整个区域经济的加速发展起到重要作用。网站面向全省130多万中小企业开放并免费注册，现有企业会员近10万家，其中省内会员占88%，省外会员占12%，涵盖陕西省农副产品、石油化工、装备制造、有色金属、电子信息、生物科技等行业。

陕西省中小企业商务网可为全省中小企业提供电子商务、企业建站、网上展会、供求信息、融资需求、物流名片、电子杂志、企业资讯等综合商务信息服务。网站立足陕西、面向全国，打造具有本土特色的电子商务平台，取得了一定的成效。

1. 建立西部首家中小企业网上融资超市

2008年9月底，陕西省中小企业商务网依托平台优势，创建了西北首家“中小企业融资信息服务平台·融资超市”，为全省130余万家中小企业和驻陕25家银行等架设了一座通畅的信息化对接桥梁，“融资超市”建设效果显著，社会影响巨大。近期，“融资超市”将被确定为陕西省知识产权质押贷款设点试行工作、银企对接的服务平台。陕西省银监局相关处室对平台提出的“中小企业质押监管融资服务链”创新模式高度重视，拟从下半年开始与省中小企业局共同开展创新模式的设点试行工作。

2. 实施“万企入网—2010 年度首批 100 家企业免费建站”工程

按照省中小企业局拟在全省组织实施“万户小企业入网——企业建站”工作的部署，陕西中小企业商务网承担了 2010 年度首批 100 家左右企业商务网站的建站工作。此项目旨在通过免费为企业建设个性化网站，嵌入电子商务服务模块，为小企业在形象推介、产品展示、电子商务、经营管理、技术创新等方面提供信息化服务，并利用平台的有力资源，搭建起陕西省中小企业面向全国的对接桥梁。截至 2010 年 7 月底，累计有数百家企业报名参加。首批 50 家企业的建站工作近期即将完成。

3. 编制《陕西中小企业信息化服务手册》并开展系列深化服务活动

陕西中小企业商务网正在按计划实施以编制《陕西中小企业信息化服务手册》为起点，以配套信息化建设与应用对接会为服务核心的服务模式。本手册采取“纸质版 + 电子版 + 网络版 + 手机版”等多种形式免费发放，投放渠道精准，范围广、影响大。将会起到深入宣传政策法规、普及信息化理论知识水平、提高企业信息化应用能力的作用。

4. 突出“信息入企、服务创业”的主题

加强大企业与小企业的对接，依托网络信息技术开展多种形式的网上会展活动。陕西中小企业商务网积极开展中小企业网上信息博览活动，结合大型商贸、经营、投资活动，支持构建具有陕西特色的“信息入企”省际网络联系平台，促进各区域企业之间的网络信息交流，促进陕西企业开放发展。先后举办了“西部首届冬季服装网上品牌展”、“商会西部网联万企”、“2010 陕西省新春年货购物节”、“第八届西安糖酒食品年货会”、“第二届中国（西安）国际户外运动博览会”等网上展览活动。

二、威尔罗根

西安威尔罗根能源科技有限公司是国内第一家集石油勘探开发，成套装备研发、设计、制造、销售及工程技术服务于一体的高科技民营企业。

公司成立后，投入 2600 多万元，在不到一年时间里成功研发、设计并制造出了具有自主知识产权、自主核心技术、自主品牌的智能组合型成套成像测井装备（Smart Combo 系统），并于 2009 年 11 月通过了“中国石油与化学工业协会”

组织的国家科技成果鉴定。

公司目前已经投入使用财务、进销存管理、计算机三维辅助设计（CAD/Pro/E）、PDM 管理软件等，目前正在规划 ERP 及 PLM。在研发设计软件上选用 Pro/E 机械设计软件、Protel ad 6.9 电路设计软件。其中，Pro/E 机械设计软件自动关联三维装配图与二维工程图，并有自己的通用件库，方便调用，目前国内使用较少。

在经营管理方面应用 U3 航天信息管理软件，主要模块包括采购管理、物流管理、固定资产管理、工资管理、总账管理。PDM 管理软件主要对研发设计图纸、文档、技术说明管控，包括文档管理、产品结构管理、零部件管理、工作流程管理、可视化与浏览、系统管理及机械 Pro/E 与电路 Protel ad 6.9 集成接口，使机械设计与电路设计可以在 PDM 管理软件中实施画图，有利于图纸审批与管理。

三、青松科技

西安青松科技股份有限公司成立于 1992 年 7 月，是一家从事大型、巨型电子显示系统制造的高科技公司。

该公司设立有企业信息化部门，编制 3 人，专门负责公司信息化的实施和维护，隶属于行政办公室。公司有两个局域网，局域网之间由城域网链接。公司使用金蝶的 OA 办公系统、K3ERP 系统、Citrix 远程登录系统和瑞星网络杀毒系统。

在研发环节使用了 AutoCAD 软件进行产品机构的设计，使用 Altium Designer2009 进行电路板的设计。在生产制造环节应用了企业资源规划 ERP（采购、仓存、质量管理、生产数据管理模块）、在经营管理环节应用了办公自动化 OA、企业资源规划 ERP（采购、仓存、质量管理、生产数据管理模块、财务管理）。

通过信息化，该公司解决了如下问题：

（1）组织机构与分支机构分散。各地拥有多个分支机构，解决时间和地域限制，实现协同办公、分布式办公和移动办公。

（2）文件审批及传递时间长。解决领导出差或到第二办公区时无法进行各种审批签字的问题，实现一个协同的办公平台、知识共享的平台，以实现文件、费用、报告等材料的电子化签批，主动获取组织机构的各种决策信息的平台。使得信息传递的效率大大提高。

（3）信息的管理效率低。解决了原有纸质文件组织机构的规章制度、业务资料、工作报告、培训资料等分散存储，没有进行集中管理，资料经常丢失，经验得不到传承的问题。新员工进入角色慢，极大地影响了信息的管理、查找、利用效率。

（4）工作进度监管力度小。原有的纸质文件的审批和传递，缺少有效的进程监督管理，对工作进展、文件处理情况等缺乏监管机制，通过使用电子工作流程后，建立规范的办事流程、建立部门之间高效协同的工作机制，有效地监管工作办理情况，提高执行力。

青松科技是生产 LED 显示屏的制造性企业，属于典型项目式按订单生产的小批量多品种离散型生产，其产品结构相对简单，生产周期短。面对企业资金的占用、生产库存无法准确统计、生产管理不能有效进行的问题，2005 下半年青松科技就开始进行金蝶 ERP 系统的采购仓存模块的实施，由于青松的产品是项目性的产品，故这次实施采用了与财务账套分账套实施的方法，实施于 2005 年底完成，此次信息化实施为青松科技 ERP 系统的进一步实施奠定了坚实的基础。经过 1 年半的分账套运行，对现有原材料做到了精细管理，最低限度地降低了库存，为下一步信息化实施总结了经验，奠定了基础。

为解决采购原材料的进度和质量控制问题、生产过程中的材料过量损耗的问题，公司决定于 2008 年 1 月将采购仓存模块和财务合并为一个帐套，并进一步对质量管理模块、生产管理模块、生产领料及产品出库进行实施。经过半年成功地实施，为青松科技顺利与飞利浦公司成功合作奠定了坚实的基础。

通过整合系统应用，企业信息化建设推进到新的历史阶段，实现了更高的突破，企业的信息化应用效果如下：

（1）规范基础数据。从源头上规范和统一了整个公司的会计科目、物料编码等一系列基础资料，实现了各种基础信息的一致性；实现了数据共享，建立了统一数据平台；实现了基础资料变动后还能保证各种业务数据的延续性，为报表分析提供了保证。

（2）拉通管理机构与生产机构数据瓶颈，统一管理平台，实现财务、物流、生产的闭环管理，将供应链数据传入财务模块；企业的采购、自制件生产、委外加工流程、检验流程都在系统中得到优化，通过精确的计划管理、缜密的进度控制，建立了科学有效的管理体系。

(3) 在 ERP 系统中启用了“生产数据管理”，制订了具有青松 LED 显示屏结构特色的产品 BOM 结构，对涉及产品设计、生产计划、加工制造、物料管理等需高度共享的基础数据进行集中统一管理，减少数据冗余，确保数据的完整性、准确性和可靠性，并对这些数据进行动态维护和更改控制。

(4) 实现管理报表自动化。系统上线后，系统提供的报表取数功能使报表出具变得更加方便快捷，系统的报表分析功能使得以前复杂的分析报表实现变得快捷而准确，物流报表查询和分析也变得方便快捷。

第十四章　江苏省中小企业信息化发展情况

第一节　江苏省中小企业信息化发展情况介绍

一、发展现状

根据调查，江苏省的中小企业基本上都配置了计算机协助工作，40.3%的企业配置计算机的数量在10台以下，计算机配置数量超过100台的企业为7.3%。管理软件也已经被普遍采用，45.8%的企业采用单机版管理软件，采用企业集成管理软件的企业也占了16.5%。在互联网方面，已有77.3%的企业采用宽带接入方式上网，有10%的企业采用电话接入方式，仍有3.9%的企业没有上网。信息化的基础工业条件要好于全国平均水平。但从人员配备方面来看，有41.8%的企业没有设专门的IT负责人，部分企业有增设计划。尽管有超过60%的企业有信息化规划，不过有信息化单项计划的企业只有不到30%，江苏省中小企业信息化意识仍待加强。

二、取得成效

4年来，江苏省中小企业局开拓性地做了一些工作，取得了明显成效。归纳起来，实现4个明显“突破”。

1. 在营造中小企业信息化发展环境上取得突破

江苏省经信委与省信息产业厅等10个部门联合制定印发了《关于加快推进中小企业信息化建设的意见》，明确推进中小企业信息化的指导思想、工作目标、工作重点和措施，共同营造中小企业信息化良好的政策环境。整合资源，建立了3个层面上的推进机制。在政府层面，建立了全省中小企业信息化联席会议制度。省中小企业局、省信息产业厅是牵头单位，所有愿意参加的IT企业、网络运营商、信息咨询服务机构以及高校院所、新闻媒体等，经过一定的程序都可以加入。目前，联席会议的成员单位有22个。在应用服务层面，建立了江苏省中小企业信息化联盟。该联盟由江苏电信牵头，联合思科、惠普、微软、神州数码、用友、中兴、华为、联创等16家国内外IT厂商共同组成。在智力支撑层面，成立江苏省中小企业信息化推进工程咨询专家组。按照公开、公平的原则，在全省征集10名中小企业信息化推进工程咨询专家。这3个层面上，为江苏省中小企业信息化推进工程的有效开展奠定了工作基础。

2. 在中小企业信息化应用平台建设上取得突破

一是推进建设全省性中小企业信息化应用平台。分别与省电信、省移动签定合作备忘录，依托电信运营商独特的网络资源优势，搭建中小企业信息化应用平台，推动中小企业低成本、低风险迈入信息化门坎。全省商务领航中小企业客户突破10多万户，移动信息化应用托管平台中小企业用户达6万多户。二是推动建设依托产业集群的区域性中小企业信息化平台。苏州工业园的江苏风云网络托管式在线信息化平台、常州市的物流平台、吴江的中国东方丝绸市场电子商务平台等运营良好，受到中小企业的欢迎和认可。中国东方丝绸市场电子商务平台为吴江纺织企业年增加交易额40亿元。风云在线平台集成了众多在线信息化产品，以便捷的方式、低廉的价格为中小企业提供专业的在线式信息化服务，中小企业通过互联网在平台上租用所需的应用软件，付出低廉的租金即可得到所需的信息化服务。三是推动建设电子商务平台。针对金融危机影响，帮助中小企业开拓市场。2009年4月20日，与阿里巴巴（中国）网络技术有限公司签订合作备忘录，共同实施中小企业“百千万”电子商务推进工程，省财政级安排资金对首次运用阿里巴巴“诚信通”和“出口通”的企业进行扶持。2009年4－12月，阿里巴巴江苏付费会员新增11500个用户，达6.1万户。其中，新增出口通用户4500户，达1.1万户；新增诚信通用户近7000户，达5万户。至年底有5.3万家江苏省中小企业通过各种途径申领了免费“旺铺”。共举办了400场电子商务知识普及培训，参与培训人次12000多人，参与企业5000多家。根据对1792家受扶持企业的统计，企业询盘量达62万多次，实际成交14694笔，成交金额37亿元。四是推动建设中小企业信息平台。省、市、县三级中小企业网顺利整合完成，江苏中小企业网点击率累计达136万次，已成为江苏省中小企业了解政策、发布信息的重要平台。

3. 在中小企业信息化服务体系建设上取得突破

中小企业面广量大，技术、资金、人才等信息化资源不足，单靠政府部门阶段性、远距离地组织一些活动推进，还难以达到推进工程既定的目标，迫切需要零距离、持续性的信息化咨询、体验等服务。需要创新思路，着力引导社会力量建设中小企业信息化服务体系，在中小企业相对集中的县、市和重点产业集群创造性地建立了16个辅导站。辅导站的主要任务是免费为中小企业信息化提供咨询、培训和产品应用体验服务。16家辅导站每年提供的培训、咨询、体验服务都在1万人次以上。各地普遍反映，建立中小企业信息化辅导站是双赢的事，对服务商而言，培养了客户；对中小企业而言，信息化少走弯路。充分发挥大的IT企业优势，为中小企业信息化提供服务。与用友软件股份公司签订合作备忘录，开展“推动管理，一起飞翔”的中小企业信息化普及活动。

4. 在中小企业信息化示范引导上取得突破

一是开展“双优”示范推荐评选活动。经信委在全省开展了中小企业信息化优秀示范案例和优秀解决方案的“双优”征集活动，用最直观、最生动的案例，示范带动中小企业信息化。4年来，共确定263个优秀示范案例、130个优秀解决方案。其中，2009年命名江苏省中小企业信息化应用示范单位89家，江苏省中小企业信息化服务示范单位24家。二是开展万家企业信息化人才培训工程。培训一般以短训班为主，培训内容以应用为重点，既有专家讲课，也有应用产品的推介，还有示范企业的现身说法。4年来，全省共培训8万人次，超额完成每年培训1万人次的目标。三是加强资金扶持。在省中小科技型企业发展专项引导资金中，每年安排一定的资金支持中小企业信息化建设项目和免费培训。四是举办中小企业信息化高层论坛。坚持打造品牌论坛的目标，每年举办江苏省中小企业信息化高层论坛，每届论坛都有很强的针对性。目前，江苏省中小企业信息化高层论坛已成为总结、交流、宣传、推广中小企业信息化推进工程的重要阵地，成为政府、企业、信息化服务商、IT企业、新闻媒体等各方合作共赢的重要舞台，得到了各方好评。

三、计划与设想

以国际金融危机为转折，江苏省中小企业进入了新的转折发展时期。这一时期的突出特点是资源、环境瓶颈制约收紧，技术进步步伐加快，自主创新将成为中小企业持续发展的主要推动力量。

新的时期对中小企业信息化推进工程提出了新的要求。两化融合是中小企业提高自主创新能力的重要基础，是新型工业化的重要内涵。今后一段时期，必须把推进两化融合作为中小企业信息化推进工程的重要内容和重要目标。

江苏省将以实施中小企业信息化推进工程为抓手工程，加快实施“358 中小企业两化融合工程”，力争通过 3 年的时间，培育 500 家两化融合典型示范企业，促进 80% 规模以上的中小工业企业走上两化融合之路。

围绕信息化产品、示范企业和信息化应用平台 3 个重点，着力从工业产品研发设计、生产过程控制、企业内部管理、市场营销、人力资源开发、企业工艺设备改造等 6 个环节推进中小企业两化融合。2010 年重点要做好以下工作：

（1）加强培训。采用案例式巡回培训，推广中小企业两化融合的知识和典型解决方案。全年拟培训万家两化融合骨干企业。

（2）抓好示范。重点围绕工业产品研发设计、生产过程控制、企业管理、市场营销、人力资源开发、企业技术改造等环节推进两化融合。继续开展中小企业信息化应用示范企业的推荐工作。拟确定 200 家中小企业信息化应用试点示范企业。

（3）抓好平台建设。以电子商务平台建设为切入点，推进中小企业信息化平台建设。继续深入开展“百千万”中小企业电子商务推进工程。加快推进依托产业的电子商务平台，重点推进全省性两化融合三大平台建设，即中国制造网电子商务平台、盛泽绸都网电子商务平台和苏州风云网络信息化平台，示范带动中小企业两化融合平台建设。

（4）抓好辅导站建设。依托现有信息化服务资源，在中小企业相对集中的区域建立中小企业两化融合辅导站，为中小企业免费提供信息化建设规划咨询、信息化产品体验、信息化员工培训等服务。在苏南各县（市）全面建立辅导站，苏中一半的县（市）建立辅导站，苏北 1/3 的县（市）建立辅导站。

四、建议

建议在国家层面，开展中小企业信息化推进工程示范区和示范企业认定活动。加大对中小企业信息化推进工程的资金扶持。在国家中小企业发展专项资金中，设立专项，重点支持中小企业信息化平台和项目的建设。

第二节　南京市中小企业信息化发展情况介绍

一、工作进展

1. 开展了中小企业信息化工作调研

为了摸清南京中小企业信息化的实际情况，以便科学有效、有针对性地组织推动南京中小企业信息化建设，南京中小企业局在7个郊县组织了7场中小企业家座谈会和两场信息化服务商座谈会，邀请了160多位企业家和40多家服务商进行了面对面的座谈交流，在企业家座谈会上了解了企业对信息化的认识程度、实施态度和真实想法，同时也听取了中小企业对政府部门和信息化服务商的意见和建议。在服务商座谈会上，南京中小企业局认真听取了服务商的想法和对主管部门的建议，并就共同推进中小企业信息化建设，为中小企业提供“用得起、用得上、用得好”的产品和服务形成了共识。在调研活动中，南京中小企业局还对600多家中小企业开展了信息化问卷调查。调查结果表明，有70%的企业接入了宽带，56.7%的企业已经应用财务管理等部分信息化产品，30%的企业建立了自己的网站，16.9%的企业建立了局域网，有3.9%的企业应用了ERP系统。在已应用的企业中，中外合资企业、独资企业应用面较广。从应用企业的规模来看，大多数是年销售额5000万元以上的企业。从信息化实施的水平来看，已经实施的企业大多是中低层次应用，且大多属单一应用。通过一系列调研活动，形成了《南京中小企业信息化建设亟待推进》调研报告。

2. 加强了中小企业信息化建设工作体系

南京中小企业局在中小企业信息化服务联盟的基础上加强了中小企业信息化工作体系建设。一是加强了向以高校博导、信息化和管理学专家为主的南京中小企业信息化专家指导组的“问政”，为南京中小企业信息化做好参谋和顾问，不定期地与他们研讨、请教南京中小企业信息化建设之策。二是继续巩固和加强由南京地区知名软件、硬件、网络、培训机构、咨询监理和宣传媒体组成的南京中小企业信息化服务联盟，特别是加强对联盟中龙头单位的工作支持，经常沟通工作信息，使南京地区信息化服务资源得到有效整合。遇有重要活动时，主动联系并给他们宣传产品和服务的机会。三是建立了各区县中小企业主管局组成的中小企业信息化建设工作体系，探索建立了首批中小企业信息化服务站。

3. 开展了中小企业信息化的一系列宣传活动

一年中，南京中小企业局高度重视中小企业信息化的氛围建设，一是组织企业开展了主管部门主办的信息化知识的免费培训，有条件的区县送培训上门，让更多的企业知道什么是信息化，为何推进和如何实施信息化，通过培训扩大了宣传面和影响面。南京中小企业局还依托信息化服务商组织了多种形式的专业培训活动，不完全统计有近万人次参加了知识性和专业性信息化培训活动。二是联合有关单位组织信息化交流促进活动，南京中小企业局成功地与计算机世界报社举办了两场南京中小企业信息化交流促进会；取得了较好的效果。三是与新闻媒体合作进行信息化应用的系列宣传。南京市中小企业局与现代快报、南京日报等南京主流媒体对南京市中小企业信息化应用开展了巡礼式的系列报导，以部分信息化实施企业的成功应用和现身说法来提高广大中小企业应用信息化的信心和决心，通过媒体宣传，不少企业对信息化认知水平明显提高。

4. 印发了信息化普及读物

针对不少中小企业对信息化的无知或盲目的现状，并鉴于目前没有信息化建设较为系统的启蒙读本，为推动广大中小企业学习信息化、认识信息化、应用信息化，南京中小企业局组织编写了《中小企业信息化100问》。通过释疑解惑和系统介绍，以浅显、平实的语言，力求通俗易懂，较为系统地对信息化所涉及的，从设计、生产、计划到销售、财务、人事等企业的人财物、产供销多方面的信息化应用进行了解答。《中小企业信息化100问》下发后，企业反映很好，对中小企业信息化的实施起到了有力的推动作用。组织编写了《中小企业电子商务应用手册》。该读本主要解决什么是电子商务、电子商务带来的价值和电子商务难题的解决，最后是应用案例，集电子商务普及知识和专业知识为一体，满足广大中小企业应用电子商务的要求。

5. 开展了信息化建设的探索

为了积累中小企业信息化建设经验，南京中小企业局针对南京中小企业的信息化实际情况进行了积极探索。一是进行了中小企业信息化需求双方对接。南京中小企业局依托中小企业重点园区和集聚区组织了部分信息化服务商和企业进行面对面的对接活动，以管理咨询引路，帮助企业运用信息化手段解决生产经营管理方面存在的问题，解决了信息化双方信息不对称带来的矛盾，使信息化服务商更加了解企业的需要，也让企业了解服务商的信息化产品和服务。由于是政府牵头，选择的服务商优秀，取得了较好的效果。二是积极推进电子商务应用。为帮助中小企业应对金融危机带来的市场变化，扩大商机度过难关，南京中小企业局与阿里巴巴签约，共同推进阿里巴巴的“诚信通”和“出口通”。2009年，南京中小企业仅“出口通”新增用户593家，使南京中小企业“出口通”累计达到1197家，新增用户占累计数的近50%。三是开展信息化示范推动。2009年，南京市评出20家中小企业信息化应用示范企业和10家中小企业信息化服务示范单位，示范引导作用较为明显。四是做好中小企业信息化推进现场观摩的准备工作。召开南京中小企业信息化推进现场观摩会，落实了部分中小企业示范点以备观摩。

经过一年的努力，南京中小企业信息化越来越得到各级部门的重视和支持，南京中小企业局安排信息化专项资金50万元发放到企业。通过努力，广大中小企业对信息化的认知度和紧迫感明显提高。根据对8家排位在前面的信息化服务商的统计，新增各类信息化产品用户达5432家。其中，用友新增1100家，金蝶新增980家，浪潮新增300家，航天信息新增2753家。

二、存在的问题

南京中小企业的信息化建设虽已取得初步成效，但由于起步迟，大多数企业的信息化应用还处于初级阶段。与苏南、浙江、广东等地相比，还存在较大差距。从内部因素来看，主要存在着认识不到位、紧迫感不足，资金困难大、投入不足，专业技术缺乏、人才不足等问题；从外部条件来看，主要存在氛围不够浓、政策资金资源不够集中，信息化服务有待规范和产业化创新等问题。

1. 企业应用信息化的意愿不够迫切

一年来，在对中小企业信息化的调研和推进实践过程中，半数以上的企业对信息化应用要求不够迫切，紧迫感不强，满足于现状，认为信息化可有可无，对应用信息化的态度是困难太大或等等再说。分析其主要原因，一是对信息化认识不清。有15.8%的企业认为信息化就是为部门及人员配置计算机；21.4%的企业认为信息化就是实现计算机上网，甚至有相当数量的企业家不知信息化为何物，张冠李戴。二是企业老板难以接受和适应信息化应用带来的管理方式变革。这部分企业管理者在长期的实践中积累了丰富的管理经验，往往看重自己的主观判断和经验，抱残守缺，不急于实施信息化。三是部分企业观望等待。问卷结果显示，40.7%的企业老板认为，如果别的企业用的好才去用；20.3%的企业认为以后再说，其中有些企业家由于年龄关系，IT知识、计算机应用水平确实满足不了应用信息化的要求，不敢盲目实施信息化。据了解，在中小企业中有40%左右的企业家年龄在50岁左右。四是部分企业管理人员对信息化改革传统管理方式有来自利益上的抵触。由于信息化应用涉及企业方方面面的变革，信息化带来的精确堵住了企业过去的管理漏洞，也影响了部分人员的原有利益。

2. 企业实施信息化的资金矛盾较大

企业普遍反映，应用信息化是好事，但资金压力较大。特别是近年来，在原材料价格上涨、汇率变动、劳动工资成本上升较快等多种因素的综合影响下，中小企业已经面临生存压力，大多数企业感到资金紧缺，而企业信息化投入的资金少则几万元，多则几十万元甚至上百万元。中小企业大量经济基础较为薄弱，在生产、销售等环节已占用了大量资金的情况下，一般不太愿意在信息化建设方面有较大的投入。溧水县中山铸造有限公司从2006年开始就有意向做ERP，可到现在也没有真正实施，关键的问题是找不到合适的产品和借鉴模式。该企业咨询了多家知名信息化服务商，得知上一套ERP的花费大约在8万~12万元之间，但企业能接受的费用是3万~5万元。企业老总认为，信息化产品供应市场与企业实际需求之间的差距，阻挡了企业信息化建设进程。多数企业希望得到政策和资金扶持，或者采取政府支持一些、企业拿一些来解决企业用于信息化投入的资金不足问题。

3. 企业实施信息化的人才严重缺少

中小企业应用信息化手段的技术基础比较薄弱，在知识和经验方面都明显不足，企业内部拥有IT技术的专业人才少之又少。南京中小企业，特别是郊县中小企业一般都很难招收到专业的IT人员，再加上IT人才的频繁流动，留下高素质的IT人才的成本十分高昂，企业无意支付这笔费用。南京金岛服装有限公司是多年从事服装出口的企业，2006年，公司开始正式使用ERP管理系统，两年来确实提高了企业的管理效率。随着服装企业的利润空间逐年减少，信息化的精细管理被提上了议事日程。现在，公司为了扩大规模，计划在下属的服装工厂实施ERP，实现从采购到生产控制、再到产品出库全流程的信息化管理，但却难以招到专业的技术人才实施ERP升级。该企业负责人介绍，IT人才瓶颈已成为企业信息化建设的拦路虎。

4. 信息化服务商的行为亟待规范

南京地区信息化服务商众多，良莠不齐，鱼龙混杂。目前，存在监管缺失的现象，根据已经应用信息化产品的企业反映，信息化服务商在对企业的服务中，存在“重推销、轻服务”的现象，而且服务收费较高，如果再对信息化项目进行后期完善，服务商还要求企业追加付费，致使有些信息化项目处于取舍两难的境地。有一家公司于2006年底，花费10万元上了ERP，如今却感到“骑虎难下”。安装的ERP系统不能适应公司的实际生产、销售状况，至今连生产任务单都完成不了，服务商每年还要求收取2万~3万元的服务费。有人提议更换系统，公司负责人却不愿再为信息化花一分钱。目前，南京企业实施信息化的需求信息极不对称，有些企业想实施信息化，苦于不知道选择什么服务商、什么产品，如何去联系、如何去实施，市场的透明度也不高，致使部分服务商不规范和不负责的销售方式对中小企业推进信息化造成了不良影响，特别是动摇了中小企业实施信息化的信心，造成企业对信息化的畏惧感。

三、工作体会

一是要处理好“急功近利”和科学理性的关系。推动中小企业信息化建设是中小企业主管部门在新形势下的重点工作，也是一项全新的探索性工作，存在的困难和问题很多，不会一蹴而就，更需要南京中小企业局采取热情的态度和理性的操作。信息化的本身就是科学的，因此负责推动信息化的政府人员应该成为信息化建设的内行，掌握信息化的规律，对企业实施信息化实际情况的估计和判断会影响推进工作的决策。现在是政府急，服务商急，而企业不急，一开始南京中小企业局认为只要宣传培训工作到位，企业就会像过去落实政府布置的工作一样去实施，结果随着工作的深入，感觉问题不是想象的那么简单。信息化推进主要是靠企业买单的，企业不积极是不能强制的，企业对信息化的认知也是有个过程的。部分企业对信息化不积极一定有其原因，只有找准原因、理性分析、理性推动才能有效。

二是要处理好造势和务实的关系。宣传造势在信息化推动中是必要的，可以通过搞一些培训或有关会议来让企业了解信息化，但搞得太多了企业会反感。在区县组织信息化培训时，南京中小企业局发现大多数企业来的都不是企业的负责人，而是来应付的企业会计、秘书、科长、部长，他们反映老板没时间来。所以，南京中小企业局在推动时就采用上门服务进行信息化需求对接，在宣传上南京中小企业局通过编印下发普及读物来解决。信息化推动的落脚点是企业的应用，宣传造势的落脚点也是企业应用，南京中小企业局的工作要在企业的实际应用上下功夫。

三是要处理好服务商和企业的关系。服务商大多也是中小企业，南京中小企业局推进信息化从某种意义上讲也是引导一部分企业为另一部分企业服务。服务商希望通过政府为他们进行宣传，扩大市场，增加业绩；政府也希望整合信息化社会资源帮助中小企业实现信息化；而企业由于自身原因常误读政府在帮助服务商推销产品和服务。因此，在推动这项工作时，南京中小企业局注意避免商业化操作，在政府的宣传方面做到公正，更不为某个服务商所用而造成不必要的误解。同时，要求服务商加强自律，提供优质产品和服务，保护企业的权益。

四是处理好资源和创新的关系。信息化的主体是企业，企业既是信息化受益者也是买单者。在实际工作中，政府推进一项工作也是要投入的，企业和服务商都希望政府为推动信息化而买单或部分买单，然而推进信息化建设的政府资金资源是有限的，要在资金资源有限的条件下实现推进这项工作，就要在推进的思路和方式上进行创新，而不是依靠政府资金资源开展这项工作。南京中小企业局开展这项工作就是白手起家，几乎没有资金资源，南京中小企业局的做法就是依靠社会资源，创造更多的资源，此举得到广大服务商的理解和支持，他们主动提出要钱出钱，要力出力，要人出人，配合政府推进信息化。实践证明，没有政府资金资源，依靠工作思路创新和方法创新也能实现南京中小企业局的目的。

第三节　无锡市中小企业信息化发展情况介绍

一、工作进展

1. 以培育战略性新兴产业为方向，推动两化融合

目前，无锡市正全力培育八大战略性新兴产业，其中与两化融合相互促进、相互渗透较紧密的就有物联网、软件及服务外包、微电子、工业设计和文化创意等四大产业，为推动无锡市两化融合发挥了重要作用。

一是大力推进软件和信息技术外包产业发展。近年来，无锡市抢抓国际服务外包产业转移机遇，大力实施123计划，以服务外包园区为载体，突出发展软件研发外包、生物医药研发外包、专业检测外包等行业，在嵌入式软件开发、行业应用软件开发、行业咨询与系统集成、ITO（信息技术外包）设计与需求分析、BPO（商务流程外包）数据分析和咨询、业务流程再造等领域取得了长足进展。2009年，全市新增软件企业149家，新增软件产业载体面积122万平方米，新培训软件人才1.6万余人次，软件销售收入完成420亿元，软件业务和信息技术外包出口完成8亿美元。软件企业在外包出口的同时，也为本地企业提供信息化服务。如新区的紫光软件公司为山禾集团祈福制药有限公司开发了药品质量追溯系统，无锡软通动力为无锡泰德机械公司提供了企业信息化管理系统。

二是大力推进物联网产业发展。为落实温总理的重要指示，无锡市正举全市之力建设国家传感网创新示范区（“感知中国”中心）。无锡市围绕传感网产业的发展，现已推出了传感网产业规划和空间规划，推进了传感网技术标准和载体建设，先后引进了中国移动、中国联通、中国电信、广电四大运营商在无锡开展传感网技术研发和产业化，引进中国科学研究院、北京大学，清华大学、南京大学、东南大学、北京邮电大学、南京邮电大学等大专院校和科研院所的传感网研发机构落户无锡。同时，积极开展传感网应用示范工程建设，重点推进传感网在工业、环保、物流、交通、电力管理等方面的应用。

三是大力推进工业设计产业发展。以蠡园开发区、工业设计园、太湖国际科技园等为依托，运用信息化技术积极发展工业技术和产品研发、汽车设计、轻工产品设计、模具设计、精密零件设计、服装设计和包装设计等技术服务业，提升了工业信息化设计水平。同时，积极引进、大力引导设计研发产业集聚化发展，推进一批有相当研发实力的应用型科研机构转制转型，加强同国际先进科研机构的技术合作，逐步形成具有国际竞争力的技术服务平台，促进了生产性信息服务业的发展。

2. 以提升企业信息化建设为主体，强化两化融合

目前，无锡市企业上网率达到90%，其中大中型企业上网率为100%；近80%的企业拥有自己的网站或网页，所有的大中型企业均建立独立的网站；近50%的企业拥有通过互联网方式展示或销售产品的渠道，并通过互联网查询和获取采购产品信息。商业大厦“东方百业网”、华东不锈钢市场交易网等企业电子商务销售年均增长率在13%左右，百度、阿里巴巴等著名电子商务企业在无锡市均建立了平台站点。无锡市已经建有制造业信息化公共服务平台、中小企业信息化服务平台、IC设计公共服务平台、软件测试公共服务平台、嵌入式软件工程技术中心等一批面向企业信息化建设的公共服务平台。据不完全统计，全市大中型企业用于企业研发、生产、管理、销售等重要环节的信息化建设投入年均增长25%。

一是推进了信息技术与研发设计的融合。加快推进了计算机辅助设计（CAD）、计算机辅助制造（CAM）、计算机辅助工艺过程设计（CAPP）等技术和嵌入式软件、专用芯片融入企业研发设计的各个环节，优化了研发设计手段，提高了产品的智能化水平和附加值，推动了产品升级。无锡市规模以上的机械装备及零部件企业都在使用二维CAD、三维CAD设计研发新产品；信息技术融入产品，诞生了一批新产品，如新型数控磨床、数控焊割机械、工业机器人等。

二是推进了信息技术与生产过程的融合。积极推进制造执行系统（MES）、计算机集成制造系统（CIMS）、计算机柔性制造（FMS）等技术应用，实现了生产过程的柔性制造、敏捷制造和生产控制的数字化、智能化、精准化。如无锡第一棉纺织厂建设棉纺设备自动监测监控系统，减少了万锭用工量，降低了生产成本，提高了经济效益。

三是推进了信息技术与经营管理的融合。重点推广应用企业资源计划（ERP）、财务管理（FM）、知识管理（KM）等技术的有效应用，实现了企业管理中的信息流、物流、资金流集成，促进精益管理。如江阴兴澄特钢有限公司ERP建设项目与主体工程同步规划、同步实施、同步上线，实现了物流、资金流、信息流三流并行，强化了内部管理，提升了企业竞争力。

四是推进了信息技术与电子商务的融合。推动重点行业骨干企业加快建立完备的供应链管理系统（SCM），大力发展电子商务，积极拓展B2B、B2C等创利模式，提高了企业采购和营销效率，促进了企业市场占有率提升。如海澜集团通过信息系统整合订单、计划、物流、生产、仓储等各个领域，加快信息流转，理顺了集团公司内部物流、信息流和资金流，与分销系统进行有效地衔接，合理有效地配置资源的采购和流动，在实施信息化后企业预计可每年增加效益2030万元左右。

3. 以示范园区建设为重点，推进区域两化融合

2009年，无锡市江阴市、惠山区、宜兴环保产业集聚区被批准为首批省级两化融合试验区，加强了规划实施和部署，推进试验区内重点项目的进展，争创首批省级两化融合示范区。例如，惠山区经济开发区对争创示范区提出了明确的定量目标，争取利用3~5年的时间，实现以信息技术为支撑的高新技术产业占全区制造业的比重达到40%以上；打造30家具有行业竞争力的示范企业；至2013年，数字信息及软件产业实现业务总收入60亿元；规模以上工业企业中60%实现管理信息化，40%实现产品设计研发和流程控制信息化；科技进步对经济增长的贡献率达到50%，信息化对示范企业效益增长的贡献率达到30%以上；组织实施50个两化融合重点项目。同时，以江苏矽太信息科技有限公司建设的江苏省两化融合产业服务园为重点，积极推进园区建设，明确功能定位、发展路径和服务对象，帮助中小企业依托两化融合发展来推动传统产业的转型升级，重点围绕电子信息、环保、新能源、生物和医疗产业等领域，计划引进为两化融合提供服务的企业150家，每年实施两化融合项目30个。

4. 以信息化重点项目建设为基础，促进两化融合

为了进一步提高信息化为经济服务的水平，充分发挥信息化的促进作用，无锡市着力推动了一批基础性和带动性强的重点信息化项目建设，全面服务于无锡市建设大局，促进了产业转型和经济结构调整。

一是加快无线无锡建设。在2008年圆满完成4000个热点布设的基础上，2009年又新增了4000个热点，共完成8000个热点无线宽带覆盖的任务，信息化基础设施得到进一步提高。

二是充分发挥业务支撑系统的作用。全市已建成的网上审批平台、财税联网系统、环境监察系统、劳动和社会保障业务系统、应急指挥互联系统、效能监察系统等一大批信息化重点项目以及电子政务数字身份认证（CA）中心、异地数据备份中心、基础信息安全测评认证中心等一批支撑系统对促进两化融合正发挥着越来越重要的作用。

三是建设了一批面向企业信息化的公共服务平台。无锡市已建有制造业信息化公共服务平台、中小企业信息化服务平台、IC设计公共服务平台、软件测试公共服务平台、嵌入式软件工程技术中心等一批面向企业信息化建设的公共服务平台。

5. 以招才引智为手段，助推两化融合

无锡市把加快人才发展作为推动两化融合的关键举措，把建设人才强市作为重要战略目标，努力为经济社会转型提供强力支撑。

一是更大力度创新人才政策。进一步解放思想、开阔眼界，大力实施“招才引智”，确保无锡继续在人才政策的扶持力度，优惠条件上与同类城市相比保持较大优势和鲜明特色。大力实施“无锡千人计划”和“530”计划既有政策，进一步完善团队扶持和股权激励政策，激发高层次人才和团队的创新创业活力。制定实施引进物联网领域高层次人才“1113”计划，积极实施“人才特区”和“百千万工程”建设，为全市生产性服务业发展提供了人才保障。

二是更大力度建设“三创载体”。坚持以“三创载体”的高水平建设促进高层次人才的大规模集聚，形成了一批高新技术特色产业基地。一批技术研发平台、检测实验平台、科技信息平台、技术转移平台等科技公共服务平台已相继建成，一批科技企业孵化器和科技企业加速器正抓紧建设，从而增强了“三创载体”的孵化育成能力，极大地促进了生产性信息服务业的发展。

二、主要成效

1. 两化融合促进了产业转型升级

信息技术对无锡产业转型升级发挥了巨大推动作用。产业转型升级一直是无锡工业发展的主题，也是当前无锡经济面临的重点和难点。在保持30多年持续高速增长之后，无锡工业发展已经开始从传统的要素驱动向创新驱动转变，从粗放发展向集约发展转变。信息技术在工业领域的广泛应用与融合，成为无锡提高竞争力的基础。信息技术不断改善无锡各行业的技术状态和管理水平，使生产工具系统和生产力系统按信息化需求重组，从而实现了无锡产业逐步转型升级。“无锡制造”逐渐向“无锡创造”转变。在信息技术的带动下，无锡工业整体素质和国际竞争力不断提高。无锡工业的经济增长方式明显转变，自主创新能力和可持续发展能力得以增强。信息化激发了无锡企业的自主创新活力，加快了自主创新速度。无锡的众多工业企业通过在设计、制造、营销、管理等各个环节实施信息化，使得他们的制造成为先进制造，使得他们的管理成为科学管理。这些为无锡企业自主创新、产业转型升级创造了环境基础。

2. 两化融合成为了企业运营和发展的支撑

对于无锡市大中型企业，信息技术已经在采购、设计、生产、销售等企业生产经营的各个环节得到了普遍应用。例如，江阴兴澄特种钢铁有限公司在原材料采购、物流、生产、销售、库存、财务等环节都采用了信息技术。远东控股集团在成本控制、货物跟踪、销售策略、财务管理等方面都应用了信息化手段。无锡机床股份有限公司在产品设计、产品管理、图纸管理、财务管理、订单管理、研发项目管理等方面都采用了信息技术。许多企业都实施了 ERP 等先进的管理信息系统，为企业运营和发展提供了支撑。

3. 两化融合带来了显著的经济效益

无锡市一些企业信息化带来的经济效益非常显著。海澜集团公司工业化和信息化融合产生了较为明显的成效，通过订单管理、工艺数据管理和库存数据的动态反映，可提高产品平均生产率1%，年增加效益600 万元；采用信息化系统固化严格、规范的原辅料管理和现场生产产品的质量控制、事前质量控制以及相应的技术改造，可将现在的等品率由95%提高到96%，每年可增加效益500 万元；规范、合理的流程，可跟踪各工序生产性消耗，通过加强成本核算和考核力度，科学制订定额成本，提高员工积极性，以降低生产性开支，提高等品率，预计每月可降低生产性成本250 万元；通过信息系统整合订单、计划、物流、生产、仓储等各个领域，加快信息流转，合理有效地配置资源的采购和流动，减少非计划采购和投料，降低库存10% ~30%，每年可减少利息支出280 万元；理顺了集团公司内部物流、信息流和资金流，与分销系统进行有效地衔接，从而增强了企业在市场上的竞争力，加快企业产品的销售力度，扩大市场份额，增加产品销售额，每年可增加效益400 万元；海澜集团在实施信息化和工业化融合战略之后企业可每年增加效益2030 万元左右。

4. 两化融合推动了节能减排

无锡市不少企业运用信息技术加强对生产设备的改造，实现对能源消耗和污染排放的监测预警，降低了单位产品自然资源消耗，推动自身发展模式朝着低消耗、少污染、高效率的方向转变。2006 -2008 年，万元 GDP 能耗下降13.15%，到2009 年累计降幅达到17.07%；平均每年组织实施80 多项重点节能和循环经济项目，通过清洁生产审核验收企业300 多家，淘汰1000 台（套）以上落后设备。

推进两化融合取得了良好的成效，但对照先进地区，无锡市在两化融合方面的工作还存在一定的差距。为此，将加大扶持、强化措施，继续深入地推进信息化和工业化融合。

三、工作计划

1. 调高两化融合的发展目标

通过持续地推进信息化和工业化的融合，到2015年，传统产业信息技术改造的深度和广度将有较大提高，作用效果明显增强，工业产品信息技术含量大幅提升；信息技术在工业设计领域普及应用；生产控制过程中的信息化、智能化水平全面提升；信息技术对提高企业经营管理能力的作用进一步增强；信息技术对节能减排的贡献明显增大；大力发展战略性新兴产业，在全市经济中的占比进一步提高，产业结构得到进一步地优化升级，基本实现由制造大市向创造大市的转变。为此，将加快制定出台《无锡市工业企业信息化改造三年行动计划》，指导未来无锡市工业企业信息化工作的具体思路和方向，明确工作任务，细化工作措施，确保各项工作落到实处；理顺市、市（县）区企业信息化工作体系，统筹规划，整合资源，充分发挥各方面积极性，引导行业协会、中介组织、高校科研院所和各行业企业广泛参与，努力形成全社会共同推进信息化与工业化融合发展的新格局。

2. 加大两化融合的政策扶持

完善推动信息化与工业化融合的投融资政策，强化投融资激励和约束机制，形成以政府投入为引导、企业投入为主体、其他投入为补充的长效投融资机制；合理调配现有各项扶持资金，利用各类专项资金，支持有关信息化与工业化融合项目的发展，扶持先进适用信息技术在工业领域的普及应用。为此，2010年无锡市经信委已在市产业发展引导资金中设立两化融合专项扶持资金112万元，重点支持传统产业企业信息化改造；设立物联网应用示范工程专项扶持资金500万元，重点支持物联网技术在工业领域的应用项目。

3. 强化两化融合的人才培养

加强对具有行业应用背景的专业信息技术人才、具有信息技术知识基础的管理人才以及复合型人才的培养和引进；鼓励高等院校和职业技术院校面向市场需求，积极调整学科和专业设置，培养相关人才；支持有关信息技术企业与学校合作办学，推进与行业应用结合的信息技术教育，培养各类行业信息化应用复合型人才；加强与国家有关部门和国际知名培训认证机构的合作，建立健全信息技术培训认证体系；各级经信委、科技、教育、劳动保障等部门有计划、有重点地开展企业负责人、专业技术人员和高级技工培训，重点提高企业管理人员的专业知识和信息化知识水平；鼓励高等院校、行业协会、中介机构和企业开展针对产业应用的信息技术培训。

4. 营造两化融合的良好氛围

进一步加强信息化与工业化融合的宣传力度，重点面向支柱产业、骨干企业，着力开展信息化与工业化融合试点示范工程，及时总结和推广信息化与工业化融合的技术成果和成功经验；积极开展群众性、趣味性、多样性的信息知识普及活动，努力提高全民的信息化素质和两化融合意识，形成全社会普遍认同和积极参与信息化与工业化融合的良好氛围；充分发挥企业的主体作用，加快信息技术应用和工业业务流程标准体系建设；加强知识产权的保护和利用，建立完善工业技术和信息技术的知识产权管理和保护机制；鼓励企业组建本行业、本领域的知识产权保护联盟，为全市的信息化与工业化融合工作营造良好的氛围。

第四节　典型案例

一、统力电工

无锡统力电工有限公司创建于1992年，是国内外知名的绕组线制造厂家。公司占地面积5.8万平方米，现有职工300人。2009年，公司实现销售收入4.75亿元。公司的综合效益、经济规模连续在全国同类企业中位居第二位，江苏省之首。

统力电工信息化包括硬件和软件两大部分。其中，硬件部分包括全厂配备联想品牌计算机、电子显示屏、服务器、UPS电源、考勤系统、电话会议、虚拟专用网VPN、交换机、路由器、安全监控、生产管理监控、厂内综合布线等，软件系统包括用友ERP、操作系统软件、办公软件、网络管理软件、杀毒软件、加密软件等。信息化成效如下：

直接经济效益。通过减少库存、减少流动资金，加快物流速度；加强计划管理，减少生产成本，提高运行效率；全面提高企业综合竞争实力和形象，通过各种渠道可获得更多的订单；加强生产过程控制，加强质量管理和废品废料管理，减少材料损耗；通过计算机智能化控制，节约人力资源成本。

间接经济效益。改善企业管理手段，提高企业管理水平和决策支持能力；形成创新开发体系，使企业进入创新优化发展的新阶段；提高企业综合素质，增强市场竞争力和应变能力；强化质量保证体系，促使整个企业加强质量意识；强化计划管理，保证质量，保证交货期，提高企业信誉。

社会效益。使企业员工解放思想，更新观念；对绕组线行业企业信息化工程的实施起积极的推动作用；对无锡地区制造业企业信息化工程的实施起示范效应。

二、无锡一棉

无锡市第一棉纺织厂创建于1919年，有5家下属公司，共50万纱锭，900台布机。无锡一棉多年蝉联中国棉纺、色织行业竞争力20强企业，是当前世界上最大的优质紧密纺纱生产基地，精梳纱线出口欧盟多年位居全国第一，专供世界一线服装品牌。劳动生产率25人/万锭，达国际先进水平。

从2000年起，无锡一棉开始信息化进程，总投入8000多万元，通过10年的建设和不断完善，现在拥有了由传感网、ERP和电子商务组成的完整的信息化体系，创建了一套具有行业特色的管控模式，实现了信息化与各项业务之间的深度融合。目前，无锡一棉是中国纺织行业两化融合标杆企业，工业和信息化部两化融合促进节能减排试点示范企业，江苏省两化融合试点企业。

（一）传感网

通过装备信息化设备或者增添通信模块，把公司成品、生产过程、环境、安全、电能5类，数千台（套）设备组成网络，并和企业局域网、互联网、移动网融合，进而与ERP实行数据交换后对生产进行管理和控制，实行管控一体化。

1. 成品监测监控系统

无锡一棉50万纱锭，日产纱线（60s）80吨左右，长度约为815万千米，相当于绕地球204圈/天，往返地球到月球21次/天。传统的产品监测方式是破坏性离线抽检，对产品的抽测比例约为万分之一，无法实行有效控制。目前，该公司成品监测监控系统采用瑞士最先进的传感技术，其特点如下：

（1）在线全数自动监测。

（2）自动纠正、清除疵点。

（3）当质量超标时能自动报警或停止生产。

（4）自校自调生产设备，保证其运行在最佳状态。

（5）数据集成处理。

该系统一昼夜可采集数百万条生产数据，包含产量、质量、设备状态等，通过网络进行数据集成处理，提供有效的管理信息。

2. 安全监测监控系统

棉纺织厂是一级防火单位，任何一个环节出现问题将后患无穷。安全传感网采取的是一种全方位防消结合的方式，依靠分布在全厂各处的传感器，实现全天候 24 小时监测。目前，全厂设有 3 个消控中心，在生产现场装置 1411 只感温探测器。在产品线上装置 43 套金属火焰探测器，在除尘风管上加装 257 套火焰探测器，一旦出现问题，控制器将立即发出各项指令，如排除原料中的金属和硬物、发现火焰自动关闭风机、切断电源，出现火警喷淋自动扑救（有 1521 只喷头）、隔断，停止生产线等，使安全生产常备不懈，为生产保驾护航。

3. 生产环境监测监控系统

空调在线监测监控（德国 LTG）系统是根据室内外温湿度传感器信号，通过 DDT 直接数字控制器、传感器和执行机构采用优化控制算法得出的实时最优的运行条件，调节空调送风量和水泵供水量以及室外新风和回风的混合比，确保车间的温湿度始终稳定在工艺要求范围内，同时达到显著的节能效果。

4. 电能监测监控系统

无锡一棉电能消耗占总能耗的 90% 以上，减少电能的消耗是节能的重点。

目前，公司所有的电力系统全部采用智能电表，实现了在线监测监控，39 只变压器和 308 个用电机组，通过网络连成了一个整体，实现分散控制和集中管理。

在线电能监测监控系统的主要作用如下：

（1）自动采集、存储、管理电耗信息。在线系统自动采集用电信息、运行状态和故障情况，重要信息可以长期存储。通过 ERP 对用电量进行分析、处理和加工，使调度和管理人员能实时掌握系统状态，经过合理调整，确保运行在最佳状态。

（2）减少能源系统运行成本，提高劳动生产率。电能的信息化管理实现了无人值守，如以前每个变电站要有专人值班，需 27 名电工，现只需一名电气工程师兼带管理，机电车间的特种设备专业组兼维护，大大提高效率。

（3）有效分析机组电耗差异，追踪节能措施效果。对电能信息系统的数据进行深加工，如通过电能监测监控系统发现每万锭空调滤尘系统的用电有明显差异，经测试和分析，对空调滤尘系统设计优化，用电大幅降低。完整准确的信息为改造决策提供了依据，使节能降耗措施得到迅速推广。

5. 生产过程监测监控

纺织业的特点是多工序、多台机器、24 小时连续运行，生产过程的控制至关重要。目前，该厂有 4 类生产过程监测监控系统，涉及清梳联、条精并、细纱、布机等关键工序，起到了对产品的预控、生产协调、收集统计信息等作用，提高了管理效率。

（二）依靠 ERP 创建有序高效的管理体系

1. 新型的管控模式

通过 ERP 将总部与下属公司连成了一个紧密整体，实现物流、资金流、信息流和人力资源的集成一体化管理，在总部设运营中心，下属公司生产基地化，由总部对各公司进行制造业务的协同，发挥整体竞争优势。

2. 利用 ERP 支持和辅助科学决策

将 ERP 系统与企业绩效管理相结合，企业高层管理人员可动态监控绩效变化，以便及时发现问题，采取预防和纠正措施，确保企业目标得以实现。ERP 应用的重心由开始时的执行层和管理层逐渐向决策层转移，成为企业决策的重要支持，作用愈显重要。

3. 实现标准化管理

按信息化特点对工作流程和工作方式进行了梳理、规范、固化。通过 ERP 系统，部门之间、工序之间的协同性有了明显改进，流转更为快捷。

近年来无锡一棉以“退城进园”为契机实现了增量发展，新增两家公司，纱锭由 10 多万锭扩大到 50 万锭。依靠 ERP 系统和传感网把无锡一棉的管理模式“克隆”到新公司，在短时间内，劳动生产率达国际先进水平，产品迅速进入国际高端市场。

4. 优化配置资源，提高工作效率

纺织原料、半制品、变换件和器材等在公司内部共享，撤销各子公司仓库，实现跨子公司统一调度，提高物资的利用率，降低库存。

员工统一采用多功能电子卡，根据每天刷卡到岗的情况，可以对各子公司的用工实现统一调度，减少备工数量。

实现预警智能化。例如，库存预警，合同审批提醒，生产质量超标预警，跟单管理中预计不能按时完成的预警，成品入库提醒业务员准备发货预警，应收款到期提醒业务员收款预警，设备轮换件到期更换提醒等，信息即时透明，提高了工作效率。

（三）电子商务

1. 建立客户服务平台

利用企业网站建立客户服务平台，向客户提供更多的产品和服务信息，接受客户的意见和信息反馈，客户可以查询也可以定制信息，及时定向发送信息。

2. 从产品经营升级为品牌经营

通过多年的打造，无锡一棉的“TALAK”品牌已在国内外专业客户群中赢得了相当高的知名度与美誉度，运用这个品牌优势和技术优势，依托电子商务平台对现有资源的集聚、协调和管理，进行产品的再加工和产品链的延深、拓展，用网上和网下相结合的方式构筑销售渠道，实现了轻资产的战略拓展。

3. 网络即期、远期交易以及竞拍

充分利用网络平台，锁定国内外棉花交易市场期货价格进行即期和远期的棉花交易，套期保值，规避风险，同时关注国内棉花交易价格指数，择期介入。在棉花市场电子竞拍平台上采用专门计算机软件自动优选原料，分析全球棉花资源的分布，引导采购。利用网站实行机物料的招标和纱布次品、下脚的拍卖。

十年来，无锡一棉依靠两化融合，实现了集约型增长，产品质量和档次全面提升，荣获中国名牌称号，产品进入欧盟高端市场，原料成本所占的比重持续下降，电能消耗明显减少，劳动生产率进一步提高，市场得到了战略拓展，综合竞争力增强。

由于品牌效应，企业同类产品售价比市场价高5%～10%；残余疵点减少60%，全数监测监控，增强了竞争力和盈利能力；电耗降低7%，万元产值能耗2010年比2009年降25%；劳动生产率提高10倍，是目前我国棉纺业平均水平的5倍。

三、哈电电机

无锡哈电电机有限公司创建于2003年4月，拥有两个生产厂区（中型厂、

大型厂),总占地面积 10.2 万平方米,年设计生产能力为 300 万千瓦,总资产 3 亿元。公司现有员工 470 余人,其中专业技术人员 80 多人。专业生产大中型直流电动机、中高压异步电动机、同步电动机、防爆电动机、风力发电动机、汽轮发电动机、水轮发电机及其他特种电动机。公司经批准设立江苏省大中型电动机工程技术研究中心。

无锡哈电从建厂开始,就一直坚持以信息化推动企业创新发展的战略性方针。2005 年编制了《无锡哈电信息化 2005 - 2010 年五年规划》,规划建设一个涵盖基础层(网络平台与生产设备自动化)、技术层(CAD/ CAM/CAE/CAPP)、管理层(PDM/ ERP)的 3 层企业信息集成平台。鉴于企业信息集成平台是一个立体化、多层面、多系统的信息化项目,从一开始就得到公司领导层的高度重视,成立了专门的信息化实施小组,总经理亲自监督项目实施。在项目逐步开展实施过程中,公司不断地加大投资力度和提高人员配置,现已累计投入 500 余万元。两厂区通过各自机房中的 IBM 服务器由专设的千兆光纤做主干连接,机房至厂区内各分站交换机由光纤做枝干连接,分站交换机百兆交换到桌面的沟通方式将企业所有信息节点网络一体化,实现企业数据的传递和共享。通过虚拟子网(VLAN)技术、SMP 对称多处理器技术、磁盘阵列存储、双机热备系统、UPS 稳压蓄电设备等技术与方法来改善网络安全性能、提高数据处理性能、提高数据存储性能、降低数据丢失可能性、保障安全运行性。在信息化建设过程中逐步颁布并完善了《信息化管理规范》、《信息网络管理规定》、《代码编制方法》、各应用软件的操作说明、业务流程及使用规范等一系列信息化管理制度。

公司在研发设计环节采用 AutoCAD 系统,并在此基础上与清华天河合作定制无锡哈电 PCCAD 系统,使整个设计过程更加便捷,大大缩短了设计周期。三维 CAD 产品采用 SolidWorks 系统,为产品三维建模和 CAE 的发展奠定良好的基础。

在生产制造环节采用达索公司的 PDM 软件(SmarTeam)。并在 SmarTeam 平台的基础上集成开发 SmatCAPP,通过统一的数据库和数据结构使得 CAPP 与 PDM 实现无缝集成。ERP 系统采用神州数码的易飞 ERP 系统。

随着公司规模和业务的不断拓展,OA 办公系统也被提上议事日程,被列为 2011 年信息化工作的重点。

通过扁平化一体的管理模式,使得工作流及信息流高度集成,企业生产经营核心业务职能高度集成，带动和提升公司制造技术和管理水平，有效提高了企业的自主开发和技术创新能力，提高了企业资源的利用效率，缩短了生产周期，降低了企业生产成本，提高了企业的市场竞争能力和经济效益。以 2009 年与 2008 年设计产品对比为例，新产品数量增加了 300%，提高设计效率 50% 以上，直接降低设计成本 180 万元以上。

第十五章　山东省中小企业信息化发展情况

近年来，在工业和信息化部的正确指导和大力支持下，山东省委、省政府高度重视中小企业信息化，一手抓信息化在中小企业的应用和推广，一手抓信息化产业的发展，认真贯彻落实《关于强化服务、促进中小企业信息化的意见》（发改企业〔2008〕647号）有关政策规定，从宣传、政策、体制、环境多个层面，紧密结合山东发展实际，扎实采取有力措施，以信息化为抓手，着力提高中小企业的发展质量和素质，促进信息服务业发展，加快转变经济发展方式，取得了显著成效。

第一节　山东省中小企业信息化发展情况介绍

一、发展现状

近年来，山东省中小企业办公室认真贯彻国家八部委《关于强化服务，促进中小企业信息化的意见》，组织实施了中小企业信息化推进工程，建立了省市县三级中小企业信息服务网络和信息化推进组织，加快了中小企业信息化的进程。中小企业信息化意识明显增强，应用程度显著提高，由初期的网络接入，办公打字逐步延伸到了生产设计、财务管理、现场管理、人力资源、电子商务等各个方面。

据2008年、2009年的信息化调查结果显示：中小企业对信息化的重视程度越来越高，信息化的基础建设投入越来越大。年销售收入5000万元以上的企业大部分有专职负责企业信息化建设和规划的部门，从事信息化工作的人数平均为6.3人；基础设施的投入主要集中在计算机和网络资源设备的采购以及软件购买和服务上，2008年、2009年的增长率分别为10%和5%。中小企业对信息化在辅助企业管理方面比较看重。财务系统应用率达47.8%，OA协同办公软件应用率达28.2%，正在规划中的OA项目还有5.4%；进销存管理应用率为20.6%，规划中的项目有6.5%；生产管理系统应用率为13%，规划中的项目有11.9%；营销管理应用率为18.5%，规划中的项目有9.78%；CRM使用率为19.6%，规划中的项目有7.6%；人力资源管理软件使用率为17.4%，规划中的项目有7.6%；产品数据管理为16.3%；ERP应用率13%。中小企业互联网的接入率较为普及，调查企业中仅有2%的没有接入。但是，中小企业对互联网的应用主要集中在信息交流层面，电子商务应用还不深入，仅有16%的企业使用了互联网提供的“电子商务”功能，10%的企业使用了第三方电子商务平台。真正将电子商务应用到企业经营活动中的仅占13%。

二、政策措施

“十一五”期间，山东省政府坚持把推进中小企业信息化作为工作重点，出台了一系列政策措施。2006年，山东省中小企业办公室会同省信息产业厅等八部门联合下发了《关于加快中小企业信息化建设。促进中小企业快速健康成长的意见》，提出了“十一五”中小企业信息化的目标、重点和工作措施。山东省还规划建设了中国中小企业山东网省市县三级分网，作为推进中小企业信息化的工作平台。山东省连续三年召开了全省中小企业信息化工作会议，统一思想，提高认识，增强各级中小企业管理部门推进中小企业信息化工作的主动性和紧迫感。2008年制定了市县分网考核管理办法，加大了专项资金对市县分网的支持力度，各市相继制定出台了加快中小企业信息化推进的政策和措施。从2006年起，山东省每年拿出专项资金支持各级分网建设，对建成开通的分网，每季度考核一次。根据年度考核情况，对服务业绩好，工作有创新，推动力度大的分网给予表彰奖励。目前，全省17市及所属县（市、区）按照网络名称统一、域名统一、标识统一、主要功能模块统一的原则，建成开通了100多个中小企业信息网，形成了以中国中小企业山东网为龙头，以市县分网为支撑，覆盖全省的信息网络体系。山东省各市建立了中小企业信息化辅导站，各分网至少配备1名信息员，全省初步建立了以信息员和信息化辅导站为依托的中小企业信息化技术服务队伍，形成了有效的信息化推进工作机制。

三、工作进展

1. 依托网络，搭建中小企业信息化推进服务平台

依托中国中小企业山东网，着力搭建三个平台：一是政务平台，这一平台为山东中小企业管理部门提供了工作服务平台，每个处室都安排专人及时发布国家和省里的方针政策，并根据各自的服务职能指导中小企业转方式，调结构，健康持续发展；二是中介服务平台，这一平台为中介服务机构提供了服务中小企业的窗口，有关银行、担保、投资公司、律师事务所、大型 IT 企业等社会优势资源利用这一窗口，了解中小企业的需求，帮助他们解决技术、人才、资金、法律、管理等方面的问题；三是电子商务平台，这一平台为中小企业，特别是小企业提供了信息化的应用平台。通过这一平台，中小企业可以免费享受到电子商务应用和管理系统的体验。交易前，企业可利用平台的“B2B 电子商务门户网站”推广产品，获取商机，发展新的客户与合作伙伴，完成询价、比价、交易谈判、合同签订等业务；交易中，企业可使用“业务管理”、“生产管理”等实现交易订单的后续执行操作的精准化（包括收/发货、物流运输管理、收/付款、资金账户管理等）；交易后，企业可利用“客户管理、供应商管理”轻松实现客户服务、优质供应商评估，供应链网络优化等。

2. 整合资源，建立中小企业信息化推进联盟和信息化辅导站

中小企业受人才、技术、资金等方面的制约，信息化意识薄弱，为了引导和帮助中小企业有效地实施信息化，形成推进合力，2006 年在山东省中小企业办公室的倡导组织下，电信、浪潮、华为、中兴、IBM、SAP 等多家单位联合成立了中小企业信息化推进联盟，制订了一揽子中小企业信息化服务解决方案，开通了 96661 中小企业信息化服务热线；2007 年，依托山东网通、用友软件全省的服务机构建立了 26 个中小企业信息化辅导站，贴近中小企业实行个性化服务，免费为中小企业的经营活动进行诊断咨询活动达 110 场次，收集有效企业体验报告 2166 份，为 5000 多家企业提供了网络、系统集成、企业管理软件综合服务，协助 5126 家企业实施了进销存、财务管理、客户管理等信息化系统。

3. 强化培训，提高中小企业和中小企业管理部门信息化意识

为了提高中小企业信息化意识，使其认识到信息化在生产经营过程中的作用，山东省依托信息化推进联盟及大型 IT 企业开展了多层面的公益培训。2006

年，依托山东网通、山东电信、用友软件、天融信公司集中两个月时间，在91个县（市、区）举办了91场信息化基础知识、应用知识的普及培训，免费为13787个企业培训19600人；2007－2009年，依托信息化辅导站、中企动力、山东电信、山东移动公司开展了以网络营销、进销存、客户管理为主的信息化应用培训160多场次，免费为13000个企业培训15000多人；2010年山东中小企业全程电子商务平台正式开通后，依托各级分网重点开展了电子商务平台的应用培训，目前全省已培训50多场，受训人数近2000人，带动10000多个企业在平台上建立网站，并发布相应信息，部分企业开始体验商务协同和管理软件的应用。

4. 体验引导，让中小企业切实体会到信息化的作用

为了引导中小企业深入应用信息化，山东省中小企业办公室分别与山东网通、山东移动签订了战略合作协议，建立了网上、网下信息化体验区。2008年依托山东网通在全省开展了“成长，从改善管理入手”—“百千万”中小企业信息化管理提升活动，免费让中小企业体验试用信息化各种应用服务，为6795家中小企业提供了网上传真业务，为5327家企业提供了神眼视频监控业务，为5424家企业提供了企业邮箱业务，为11475家企业提供了企业建站服务，为1531家企业提供了进销存、客户管理、自动化办公等业务管理服务。2009年又联合省移动开展了十万中小企业信息化免费体验活动，举办中小企业信息化巡展100多场次，11000家企业的15000人参加了免费体验，并认识到了信息化在企业各个环节的深层应用。

5. 集群突破，加速推进中小企业电子商务进程

从解决企业商机入手，以中小企业产业集群为依托，搭建行业市场门户和电子商务平台，帮助集群企业获得订单、拓展市场，进而延伸到企业内部业务管理和外部商务协同。2009年全省中小企业工作会议上提出，中小企业山东网要借助移动、联通、电信、浪潮等公司网络技术优势，为中小企业搭建全程电子商务服务平台，力争到2012年，开展电子商务的中小企业达到10万户，省级示范性产业集群全部实现全程电子商务和信息化。2010年年初，组织金算盘、红杉树、神州数码、赛门铁克、拉卡拉、移动、电信、联通等公司召开了山东省中小企业全程电子商务研讨会，初步明确了以重点产业为重点，分两路推进中小企业全程电子商务的工作思路：一路是由省中小企业信息中心联合金算盘公司，建设山东中小企业全程电子商务平台，该平台包括交易、管理、协同三大部分；另一路，由用友公司联合市、县中小企业管理部门，对全省重点产业集群的信息化需求摸底排查，首批选择了临沭复合肥、烟店轴承、临朐铝型材等重点产业集群建设了集电子商务、在线管理、商务协同、支付结算、物流管理、诚信认证、信息服务和展会洽谈等多种功能为一体的大型专业化服务平台。

四、问题与建议

山东省中小企业信息化的总体水平相比相对偏低，与江、浙、粤相比还存在一定的差距，主要表现在以下几个方面：

一是认识问题。中小企业对信息化在提升企业管理和市场开拓方面的认识不足，规模偏小的企业大部分没有信息化部门，甚至没有专门负责信息化工作的人，以致于培训时派不出合适的人参加，达不到预期的效果。

二是缺少第三方的信息化咨询机构帮助中小企业规划设计实施方案。具备一定规模的中小企业希望借助信息化提高经营管理水平，但信息化产品和服务厂商很难选择，以致于实施了以后才知道不合适，一两年后不得不放弃，再重新选择，既浪费了人力、物力，又影响了信息化的进程。

三是缺少适合中小企业信息化的产品，大部分信息化产品的设计出之于大企业的管理模式及流程，通用的系统难易适应于中小企业的个性化需求，要想个性化处理，需要付出昂贵的实施和服务费用。

四是中小企业管理部门及信息化服务机构的人员、设施、经费、手段参差不齐。有的中小企业管理部门人手少，人员老化，对信息化的认识程度不够，很难起到推动作用，有的服务机构资金来源不稳定，或受管理体制的影响，留不住高技术人才，服务能力弱化，影响了信息化的推进力度。

“十一五”期间，实施的中小企业信息化推进工程，提高了中小企业信息化的意识，加速了中小企业信息化的进程。为进一步引导中小企业深度应用信息化，建议一是从国家层面出台深入贯彻落实八部委实施意见的配套文件或细则，明确具体措施和手段，使其更具操作性。二是国家出资，依托中国中小企业信息网，统一开发应用系统，搭建公共服务平台调整中小企业管理部门推进中小企业信息化的思路，中小企业网不只是提供信息服务，一定要建成能给中小企业提供信息化应用服务的公益性平台，尽快形成全国一盘棋，避免重复投资。比如说电子商务交易系统，SaaS 服务平台，各省中小企业管理部门和服务机构负责推广、组织企业使用，中小司制定考核办法，监督督促落实情况。每年考核一次，对措施得力，推动力度大，企业收效好的单位进行表彰和奖励。专项资金采取以奖代补的方式用以奖励，真正起到“四两拨千斤”的作用。三是建议国家统一制定中小企业信息化示范企业标准，省市负责企业选择培育，定期进行考核评估，树立标杆，示范带动，对达标的企业和机构进行表彰和奖励。

五、计划与设想

一是加强调研摸清情况，做好中小企业信息化发展规划。进一步加大省里的调研力度，扩大调查范围，开发调查系统，把中小企业信息化调查常态化，网络化，并作为考核分网的一项指标下达下去。在充分调查的基础上，做好2010年信息化调查报告，分析清楚山东中小企业信息化的发展动向及存在问题，做好“十二五”山东中小企业信息化发展规划。

二是加强培训，提升中小企业管理部门和服务机构的水平。目前，山东中小企业信息化主要依靠各级中小企业管理部门指导分网，信息化辅导站及大型IT企业去推进，各级分网在这其中起到了关键的组织实施作用。这对分网的要求很高，既要了解企业需求，又要组织能满足企业需求的产品去实施。任何一方做不好，都会事与愿违，影响实施效果。因此，下一步要加强中小企业管理部门和服务机构信息化意识和基本技能的培训，结合电子商务平台的推广、功能提升和审核考核机制强化分网及分管领导的培训，以便更好地指导辖区内中小企业开展电子商务。

三是加强建设，提升中国中小企业山东网的服务功能。山东中小企业网是推进中小企业信息化的工作平台，只有不断增加和提升服务功能，才能更好地服务企业。下一步要在加强三大服务平台功能建设上狠下工夫，根据企业和中介机构的需求，进一步完善全程电子商务平台、投融资服务平台和成长性评价系统的功能，建立平台呼叫中心和培训体验中心，以信息化的手段促进中小企业信息化的发展。

四是加强引导，吸引更多的IT企业和咨询构为中小企业服务。中小企业信息化的实施，最终要落脚于切实可行的方案、质优价廉的产品和诚实可靠地的服务。整合更多的社会优势资源为中小企业提供信得过的信息化服务是关键。下一步要从以下两个方面入手，一是组织第三方机构帮助中小企业进行信息化的公益咨询和有效规划，提高中小企业信息化的针对性和成功率；二是对服务厂商和服务产品进行跟踪调查，树立标杆，宣传推广，让中小企业看到实实在在的案例和榜样。

第二节　济南市中小企业信息化发展情况介绍

一、工作进展

近年来，济南市高度重视中小企业发展和企业信息化工作，认真贯彻国家和省的各项政策，创新思路，扎实工作，以广大中小企业需求为导向，充分发挥政府主管部门的引导和扶持作用，营造中小企业信息化良好环境，实施“中小企业信息化推进工程”，积极推动中小企业信息化建设，取得了显著效果。

1. 营造环境，促进中小企业信息化发展

一是认真贯彻落实《山东省信息化促进条例》，并在全社会进行了广泛的宣传，相关部门制定了具体落实措施，全市上下形成了学习贯彻信息化条例，齐心协力推进信息化的热潮。

二是开展优秀网站评选活动，提升网站应用水平。济南市连续4年开展优秀网站评选活动，发动全社会对全市网站进行评选，分别选出优秀政务类、公益类、商务类、企业网站等各10家。通过优秀网站评选及颁奖活动，促进了企业网站建设及应用水平的提高。

三是利用中国（济南）国际信息技术博览会（信博会），推进中小企业信息化建设。在信博会期间，同步举办中小企业信息化建设与发展论坛、各行业信息化建设供需对接会等活动，使广大中小企业深刻认识到信息化的意义和重要作用，有力推动了中小企业信息化进程。

四是出台文件，大力引导中小企业信息化建设。2008年以来，济南市先后出台《关于促进中小企业又好又快发展的意见》、《关于进一步加强企业管理工作的意见》、《关于推进信息化与工业化融合加快信息化建设的意见》、《济南市信息化发展专项资金管理办法（试行）》，文件中明确提出加强中小企业信息化服务体系建设和企业信息化建设，并对信息化建设项目提供资金支持。

2. 抓好两化的融合和促进，提高中小企业竞争能力

一是以信息化提升企业的管理水平。对年销售收入5000万元以下、信息化基础薄弱、起点低的中小企业，积极组织中小企业企业信息化方案的咨询、推介、实施和技术服务工作，争取用2~3年的时间全部纳入征信系统；对重点成长型中小企业，通过逐步推进运用ERP、计算机集成系统等先进方式，实现管理控制一体化和信息化；对年销售收入5000万~1亿元的企业，支持企业建设自己的网站，提高网站服务水平；对年销售收入1亿~3亿元的企业，支持企业推广ERP、CAD在企业内部的推广应用，降低管理成本，提高管理水平。

二是以信息化加快企业的技术创新。对传统工业制造企业，以应用电子信息技术为重点，提高传统产业生产过程的自动化、控制智能化和管理信息化水平；在中型工业企业中全面普及计算机辅助设计、辅助制造、生产过程自动化控制技术，实现产品设计、生产过程和检测的自动化控制，提高生产效率；对微小和初创企业，主要搭建产学研和技术交易平台，打造永不落幕的产学研交易会。

三是以信息化促进企业的产业聚集。依托已建设的中小企业各分网，围绕给大企业配套和延伸产业链条，引导各工业园区、产业功能区、小企业集聚区，建设中小企业信息化服务平台，实现资源共享，促进产业聚集。

四是以信息化推进企业的节能减排。通过信息化手段，促进重点节能减排技术和高效节能环保产品、设备在中小企业的推广应用，鼓励新兴企业发展信息化的节能技术和产品，鼓励中小企业间资源循环利用。鼓励专业服务机构为中小企业提供合同能源管理、节能设备租赁等服务。

五是以信息拓宽企业的市场空间。引导外向型中小企业根据企业发展需求，在不断提高内部信息化应用能力的基础上，积极开展电子商务。通过网络销售、采购、谈判、拍卖和租赁等新型电子商务方式，积极开展B2B、B2C的网上交易，逐步拓宽市场份额。

3. 深入开展信息化培训工作，提高信息化普及水平

积极参与中小企业“银河培训工程”和成长型中小企业专项培训，把中小企业信息化培训工作作为推进工作的重中之重，从全市207户成长型企业中筛选部分企业作为试点，针对其信息化的实际需求和应用，分阶段、分层次地对企业相关人员进行培训，并提供企业信息化的免费咨询和产品优惠服务。2009年，共举行信息化培训、体验活动20余场，培训1000余人次。其中主要包括与山东用友合作进行企业信息化提升培训专场；与中企动力合作进行企业信息化县域巡回培训等10场次，参加培训人员700人次；与海天科技合作进行微软动手实验营；与山东用友、济南网通、速达公司合作进行 ERP 产品体验活动 10 余场，共计 300 人次；与金蝶集团合作进行“信息化助企过冬”培训 10 余场，共计 200 人次。

4. 中小企业分网群建设成效显著

中小企业分网建设工作取得很大进展，基本实现分网全覆盖的目标，成为信息化服务体系的强大支撑。中小企业济南网被评为 2009 年度全省优秀分网。济南市加强与园区和各县市区联系，建立了信息员队伍，确保“中国中小企业山东济南网”信息的更新速度和质量，实现了 7×24 小时不间断维护，现在每天更新网站信息 40 余条，为企业发布了大量供求信息和招聘信息。同时，创新办网方式，积极与全市各类中介服务机构公司接洽合作，对有关栏目进行了外包，将“信息化栏目”与中企动力济南分公司合作，共同开展了“县域企业信息化巡回培训”活动。“融资担保栏目”与济南市中小企业担保中心合作，“资信评级栏目”与大公国际公司联合，不断打造精品栏目。

5. 中小企业信息化辅导站成绩斐然

2008 年 3 月，山东中小企业办在济南设立信息化推进工程辅导站，济南市投资建设了全市规模最大、功能最完善、技术装备最全的中小企业信息化大型培训实践基地，配备高档微机 25 台，联合济南市重点 IT 企业，利用辅导站的硬件优势建设了 ERP 实训中心和虚拟培训平台，开展中小企业信息化公益培训活动，进行中小企业信息化理念推广、技术培训、人才培养、产品体验、经验交流、实施咨询等工作。证书培训系统也已经初步建成，能够开展信息化工程师、微软认证工程师、653 工程等证书的培训。

同时，尝试新的培训模式，分行业进行培训。2009 年 5 月联合金蝶软件有限公司组织召开了“逆风飞扬 赢在管理”机械制造专场体验活动，组织行业信息化示范企业，分享在当前恶劣大环境之下，如何利用信息技术转变观念，降低成本，增加订单，应对危机的宝贵经验，受到与会企业的热烈欢迎。

中小企业信息化辅导站已建立了较完善的工作机制和渠道，积累了较丰富的工作经验。至今已开展中小企业信息化培训、体验、咨询、实施等服务 50 余场，参加人员 1500 余人次。

6. 中小企业信息化示范区和示范企业培育工作进展顺利

深入区县示范企业现场进行调研，了解企业在信息化实施中遇到的困难，帮助解决实际问题，同时积极听取示范企业的建议和意见，以便更好地为示范企业提供信息化服务，推进信息化示范企业的建设工作。通过调研，了解到企业在推进信息化过程中遇到的难题，为今后加强对示范企业的培训，切实发挥示范企业的模范带头作用起到了很好的作用。

为了充分发挥示范企业的引导和推动作用，出台了《济南市中小企业信息化示范企业培育工作方案》，并针对示范企业进行了大型公益培训、免费产品体验、优秀网站评选、信息化情况调查等活动，使示范企业真正起到示范带头作用。目前共有市级信息化示范企业 55 家，省级示范企业 9 家。

7. 园区信息化工作实现新突破

组建园区信息员队伍，加强园区及县区信息化建设及信息员的联系和培训工作，召开全市区县、园区信息化工作会议，对园区信息化工作作出部署，各园区信息化工作逐步进入正轨。园区招商平台建设提上议事日程，制订了园区统一招商平台建设方案，平台建设项目已立项，技术力量和配套资金已到位，并得到了上级资金的支持。

8. 电子商务平台建设与推广取得新进展

济南市与金蝶公司合作，搭建济南市中小企业电子商务系统。目前，济南市中小企业电子商务平台开发工作已经完成，2010 年已经开始在中小企业中进行培训，推广和使用工作已展开，已完成培训 200 余人次。

二、工作计划

今后济南市在推进中小企业信息化方面将重点做好以下几项工作：

一是推动企业上网，畅通中小企业信息交流渠道。与移动、联通、电信等电信运营商加强合作，发挥运营商信息、资源和技术优势，针对中小企业需求推出特色的信息化方案，做好信息化方案的咨询、推介、实施和技术服务工作。

二是利用信息技术，改造提升传统产业。对传统工业制造企业，以应用电子信息技术为重点，提高传统产业生产过程的自动化、控制智能化和管理信息化水平；在中型工业企业中全面普及 CAD/CAM、生产过程自动化控制技术，实现产品设计、生产过程和检测的自动化控制，提高生产效率；对成长型中小企业通过运用企业资源计划、计算机集成系统等先进方式，实现管理控制一体化和信息化。

三是鼓励企业开展电子商务。引导外向型、商贸型中小企业根据形势发展，在不断提高内部信息化应用能力的基础上，积极开展电子商务。通过网络销售、采购、谈判、拍卖和租赁等新型电子商务方式，积极开展企业与企业间、企业与消费者之间的网上交易，以及网上检索、导购、促销活动，树立新型营销观念。

四是大力支持信息产业发展，以工业化促进信息化。对生产和配套信息产业产品的高新技术企业和科技型中小企业，鼓励其积极发展新型电子元器件、新型电子材料和软件产品，针对不同领域关键技术、共性技术的推广使用，重点研发具有自主知识产权的应用软件、支撑软件、嵌入式软件、中间件等产品，提高信息化在企业管理创新、技术创新和体制创新方面的带动作用，推动高新技术产业化。

五是加强对中小企业信息化工作的组织领导和宣传。充分调动企业作为信息化建设主体的积极性，着力提高企业一把手对信息化建设重要性、紧迫性的认识，切实把中小企业信息化建设作为企业一把手工程来抓。协调和整合社会各方面的资源，加大舆论宣传，营造有利于中小企业信息化的良好氛围，形成政府推动、IT 企业拉动、金融机构联动、新闻媒体鼓动、中小企业行动的中小企业信息化推进之势。

第三节　潍坊市中小企业信息化发展情况介绍

近年来，各级党委、政府积极构建中小企业信息化平台，中小企业信息化应用取得了明显的成效。目前，全市规模以上工业企业生产装备自动化和半自动化率达到50%以上，总体技术达到省内先进水平；先进控制技术在大型流程型生产企业中应用普及率达到60%以上；重点骨干企业中实施 ERP、SCM、CRM、财务管理系统达到70%以上；规模以上工业企业和商贸流通企业互联网应用率达到80%以上，初步形成较为健全和完善的电子商务发展基础和支撑体系；企业节能减排信息技术得到广泛应用，信息技术促进节能减排的作用有明显的提高。

一、工作进展

一是政府推动，市场运作。市、县两级政府都成立了中小企业信息化工作领导机构，每年召开中小企业信息化推进工作会议，先后制定出台了《关于加快推进经济和社会信息化的意见》、《关于大力发展信息产业推进信息化与工业化融合的实施意见》、《关于开展潍坊市2010年信息化与工业化融合示范工程建设工作的通知》、《潍坊市电子信息产业调整振兴规划（2009－2011年）》、《潍坊市信息化促进办法》、《潍坊市关于加快光电子产品产业园和电声器件产业园发展的意见》等政策规定，中小企业信息化建设工作步入规范化、制度化运行的轨道。同时，联合IT运营商成立了市级中小企业信息化推进联盟，建立了月“调度、季检查、年考核”制度，对各县市区实行“千分制考核”，极大地调动了各级加快推进中小企业信息化的积极性。目前，全市入网注册会员企业达到3200家，会员企业自主建站达到2000个以上。2010年，潍坊市有6个县市区分网在全省中小企业信息化工作考核中进入全省前30名。

二是完善平台，畅通信息。积极推进各县市区中小企业网分站建设，市、县两级主管部门建立起中小企业网站15个。中小企业网站已成为广大企业了解各级政策、获取商业信息、促进合作交流和开展网上学习的重要平台。同时，切实搞好网站的日常维护、改版升级工作和后台服务器的更换，开展企业入网会员注册，培训县市区信息员。目前，市、县两级网站每天更新信息30～50条，并及时将潍坊市中小企业信息上传省办。2010年上半年，潍坊网2010年发布各类信息5400条；给省网报送信息360条，省网采用246条，在2010年全省信息化工作考评中名列第二。

三是强化培训，提高素质。在全省率先开展了中小企业信息化管理提升活动，每年培训中小企业信息技术人员达2000多人次。2010年，在全市开展了“万家中小企业移动信息化体验培训班”。目前，共组织了6场培训班，有1200余家企业参加了培训，1.1万家企业参加了体验活动。参加体验的企业除开通V网业务外，使用集团彩铃3936家、集团总机1383家，企业建站418家，位置通329家，移动办公5064家，动力产品包966家。信息化的推广应用改善了中小企业的经营管理，提高管理水平，增强了创新能力，加快了转型升级步伐。

四是开展电子商务，创新营销模式。2010年5月初，在中国中小企业山东潍坊网上开设了全程电子商务平台。目前，全市已有1501家规模以上企业利用全省的全程电子商务平台。在全程电子商务平台上建网站宝1501个，发布供求信息4574条，临朐铝型材、昌乐珠宝首饰和青州花卉等产业集群的电子交易平台也于2010年7月份开通，电子交易规模逐步扩大。

五是培育示范企业，推进“1120”工程。在全市开展示范培育“1120”工程：一是在机械制造、海洋化工、造纸包装、纺织服装、食品加工、商贸物流等行业，评选10家在企业管理、生产过程控制、产品研发设计和电子商务应用等方面广泛应用现代信息技术，成效明显，具有良好示范作用的企业。二是评选10家为企业提供软件与信息服务、第三方电子商务服务、现代物流信息服务等信息化支持，具有良好示范作用的优秀服务机构。三是评选20个应用效果显著的两化融合示范项目。示范的企业培育，辐射带动作用明显，有效推进了中小企业的信息化进程。

二、问题与困难

一是缺乏先进管理理念。中小企业信息化不仅是技术的进步，更是管理流程的重组和革新。对许多中小企业而言，建立现代企业制度之路还很漫长，管理理念及管理方法亟需提升。如果企业管理没有实质改变，综合素质没有根本性的提升，那信息化只能是中小企业的一种摆设。

二是对信息化重视不够。部分中小企业特别是规模以下中小企业负责人对信息化重视不够，仍停留在落后的管理模式及营销模式上，没有意识到信息化对企业的提升功效，没有明确的信息化观念。

三是信息化投入不足。中小企业大多生存率低，企业资信度较差，融资渠道较少，外部资金来源有限。而信息化是一项投入较大、风险较高的企业行为，信息化系统的购置、运行及维护成本又很高，中小企业由于其自身追求“近期利益”的驱使，往往难以承受。

四是信息化人才匮乏。中小企业信息化所需的人才是既精通信息技术又掌握先进管理思想的复合型人才。然而，由于自身局限，中小企业一般很难吸引到这样的人才，从而导致企业人才非常缺乏，对信息系统的使用效率不高，影响企业对信息资源的综合、深层次的应用。

五是信息技术产品脱节。信息化服务商和供应商提供的中小企业信息化模式和产品大多数与中小企业的个性化需求有一定的脱节。由于中小企业信息化起点低，不能照搬大企业的信息化模式，要根据中小企业的实际，准确把握信息技术的前沿趋势，找到一条适合中小企业的信息化新路。

六是环境发展滞后。目前，中小企业信息化主要是围绕企业内部的需求展开的，忽视了中小企业与外部信息的沟通，而这正是中小企业生产经营中最关键的问题。其中，部分中小企业担心商业机密泄露、交易体系信用缺失、信息化基础设施不完善、支付手段和配送体系相对滞后，同时，中小企业电子政务平台、电子商务平台以及信息交流平台建设相对滞后，这都影响了中小企业信息化建设的进程。

三、建议

中小企业信息化建设是一个社会系统工程，需要各方面来加以关心，积极参与，优势互补，资源共享。其中政府支持是前提，重要的是处理好信息化公共服务平台的公益性和市场性的矛盾，鼓励其既为中小企业提供廉价的服务，又实现自身发展。

一是建议各级财政要加大对中小企业信息化建设的资金支持，建议省里将中小企业网站建设，企业电子交易及中小企业信息化人才培训纳入财政扶持范围，并逐步扩大扶持规模。

二是加强信息化基础设施的投入和建设，改善信息化应用环境。

三是严格考核，加强扶持资金监管，确保扶持资金用在中小企业信息化推进工作的刀刃上。

第四节　烟台市中小企业信息化发展情况介绍

一、发展现状

近年来，烟台市大力推进中小企业信息化工作，取得了明显成效。

1. 中小企业信息网络体系不断完善

为增强中国中小企业山东烟台网和烟台中小企业网的整体功能，在前期不断加大投入的基础上，2010 年又投入 5 万元，聘请专业软件公司对网站进行全面更新改版，使网站栏目设置更加合理、网页布局更加科学、服务功能更加丰富，网站的浏览速度显著提高，浏览量大幅增加。目前已有 500 余家政府部门、企业、中小企业服务机构连接到网站，企业注册会员 2000 多家，商品展示 8000 多件。同时，以中国中小企业山东烟台网为基础，加快县市区分网建设，在全市形成了以市级网站为龙头、县级分网为基础、专业网站为补充、覆盖全市、上下互动的大型信息网络服务体系。到2009年底，全市13个县市区全部建立了中国中小企业网县市区分网，有4家中小企业被认定为省级信息化服务示范企业，5家中小企业被认定为省级信息化应用示范企业。在全省133个市、县中小企业网站考核中，前10名中烟台市占据了3席。

2. 企业信息化应用程度逐步提高

到2010年6月底，全市2500多家中小工业企业拥有计算机总数超过12万台，拥有服务器超过2000台；超过95%的企业接入互联网，75%的企业正在使用或建设公司网站（网页）；50%以上的企业实施了办公自动化、财务管理系统等基础信息管理系统，30%以上的企业实施了CAD/CAM，20%以上的企业全部或部分实现ERP等综合性管理信息系统，10%的企业实施了供应链和客户关系管理系统，形成了一批在信息化建设方面走在全国同行业前列的企业。例如，丛林集团投资2000多万元建立了网络系统，投资200万元实施了用友ERP系统，每年为企业节省生产成本2000多万元，公司实现了制造业数字化控制，荣获中国企业信息化500强称号。杰瑞网络已经成为全球工程机械行业最大的中文门户网站，工程机械行业知名的网络传播顾问和IT服务专家。同时，也涌现出一批电子商务服务平台，为小企业产品营销开辟了新渠道。栖霞苹果电子交易市场运用电子商务信息技术组织中国境内的水果经营、经销企业和机构，利用市场电子商务及物流信息化平台进行远程贸易，2010年上半年完成交易额167亿元，交易数量320万吨。道恩集团等5家企业被评为山东省中小企业信息化应用示范单位，龙大集团等4家企业被评为山东省中小企业信息化服务示范单位。

3. 信息化推动了产业集群发展

通过在不同环节、不同领域应用信息技术，提高了传统产业生产过程的自动化、信息化水平，增强了中小企业产品设计、开发、测试、生产的自动化能力。莱阳农副产品加工产业集群，依托龙头企业开发出专门针对肉鸡行业肉鸡放养业务的基地管理系统，实现了肉鸡放养管理的标准化、数字化、自动化，效果显著；烟台市水泥产业采用干法水泥技术，行业管理软件均居于国内先进水平，水泥企业集散控制能力有了大幅提升；黄金产业的炉窑及轧制生产自动化水平明显提高，实现了工艺技术系统的有效集成。到2009年底，全市培育形成了汽车及零部件、工程机械、黄金、造船与海洋重工、食品及农副产品加工、铝及铝制品、橡胶轮胎、葡萄与葡萄酒、毛衫服装、石材建材等16个年营业收入过20亿元的特色产业集群、20个年主营业务收入过10亿元的特色产业镇（街）和一批过亿元的民营经济专业村（居），葡萄酒产业集群、汽车及汽车零部件产业集群被认定为省级优质产品生产基地。莱阳农副产品加工产业集群被认定为省级中小企业产业集群，9个镇街被评为省级特色产业镇，带动了800多户规模以上企业、7000多户中小企业集聚发展。

二、主要做法

几年来，烟台市推进中小企业信息化工作的主要做法如下：

1. 抓机制建设，完善工作体系

一是加强组织领导。市县两级专门成立了中小企业信息化工作领导小组，明确了专门科室和具体工作人员，建立了一把手全面抓、分管领导直接抓、科室负责人具体抓的工作机制。多次组织召开全市中小企业信息化推进大会，明确了全市中小企业信息化建设的目标任务、工作重点和政策措施，有效地推动了中小企业信息化工作的顺利开展。

二是加强考核调度。烟台市制定了《烟台市民营经济工作考核办法》和《县市区局工作评价办法》，把中小企业信息化工作纳入县市区政府发展民营经济工作考核的重要内容，定期进行调度、考核、通报。同时，建立了《县市区分网绩效考核暂行办法》和《信息员管理暂行办法》，进一步完善了县市区分网内部考核管理制度。

三是加强人才队伍。市中小企业局在近年的公务员招考中均挤出指标，先后考核录用了两名高素质的计算机专业人员。目前，烟台市13个县市区局现有20余名信息化专业人员从事网络管理工作，为烟台市中小企业信息化建设提供了有力的人才支持，走在了全省中小企业信息化队伍建设的前列。

四是加强调查研究。先后多次对全市中小企业信息化工作进行调研，及时、准确地把握全市中小企业信息化发展情况，增强了指导全局工作的针对性和有效性。

2. 抓政策扶持，优化发展环境

一是制定政策措施。先后出台了《烟台市实施<山东省中小企业促进条例>办法》、《关于实施促进中小企业成长计划的意见》、《关于实施千家小企业培育计划的意见》等文件，把推进信息化建设作为培育小企业和促进中小企业成长的一项重要内容来抓，取得了明显成效。到2009年底，全市规模以上中小企业累计达到3300多户，比2006年增加了600多户。有180家已经成长为利税过千万元的重点骨干企业，有50家中小企业成长为主营业务收入过10亿元的大企业、大集团。

二是落实政策措施。深入开展政策措施落实情况的专项督查活动，推动国家、省、市已经出台的各项扶持政策和治乱减负措施落实到位，努力营造有利于中小企业发展的政策、法律和市场环境。

三是加大财政扶持力度。自2007年以来，市县两级共落实兑现中小企业发展专项资金3000多万元，对60多家信息化应用示范企业进行重点扶持。同时，积极向国家和省争取中小企业发展专项资金，并督促各县市区局和有关企业正确使用扶持资金，切实推进信息化工作。

3. 抓技能培训，提高业务水平

积极整合社会IT资源，与烟台移动公司、联通公司、中企动力科技集团、用友软件、烟台搜索等单位合作开展信息化培训活动，不断提高中小企业信息化工作业务水平。2010年上半年，与移动公司开展“动力100”中小企业信息化体验活动，并在烟台中小企业网首页设“动力100”业务专题链接。目前，参与移动信息化体验的企业达到8200多家，人数9万余人，移动信息化应用企业达到2650家，应用动力100业务的企业数累计达8400多家。与电信公司联合开展电子商务平台培训，有7个县市参加培训企业200多家，培训人员300余人。到2010年6月底，全市已免费培训中小企业信息化主管人员2000多人。同时，积极组织中小企业参加“百千万”中小企业信息化管理提升活动、利用融合信息技术提升企业管理水平培训班及中小企业信息化服务能力提升培训班等活动，为企业信息化建设提供了人才支撑和保证。

4. 抓平台建设，搭建服务载体

以烟台中小企业网为载体，积极搭建网上融资、建站、产品展示、供求信息发布、人才招聘等电子商务平台，为中小企业免费提供服务。

一是专门投资10万元，在中小企业山东烟台网建立了网上融资平台，为中小企业免费提供融资服务。到2010年6月底，已有168家企业通过此平台进行了融资，融资额达16.65亿元。

二是建立网上建站平台，为中小企业免费提供自助建站与自助链接服务。目前，全市有400家企业利用网站宝建立了网站网点，解决了一部分企业缺乏资金建立网站的难题。

三是建立网上产品展台，为中小企业提供免费发布产品及图片信息的功能，扩大企业影响，提高知名度，增强市场开拓能力。目前，已有2000多家中小企业依托展台发布了产品及图片信息，得到了有关企业的普遍好评。

四是建立供求信息发布平台，为中小企业提供免费发布供求信息服务，使供需双方能够便捷沟通与交流，既节省了营销成本又扩大了市场范围。

五是建立了人才招聘平台，为中小企业免费发布招聘岗位和急需人才信息。

同时，积极组织实施“万家企业上网工程”，进一步推动了企业信息化建设的深入开展。

下一步，烟台市将按照部、省以及市委、市政府要求，大力实施中小企业信息化推进工程，深入开展万家企业上网、中小企业信息化管理提升和信息化体验活动，积极搭建全程电子商务平台，培育一批中小企业信息化示范区、一批中小企业示范网站和一批信息化管理提升的样板企业，促进中小企业又好又快发展。

第五节　威海市中小企业信息化发展情况介绍

多年来，威海市委、市政府高度重视中小企业信息化建设，出台了一系列政策措施，形成了政府引导、社会支持、企业受益的中小企业信息化推进机制。

一是充分发挥全市中小企业主管部门的规划指导作用。每年由各市区中小企业主管部门，对全市中小企业信息化管理人员进行培训，年信息化培训达3000多人次，同时利用各市区中小企业主管部门作用开展信息化宣传推广活动，通过深入企业分片召开信息化管理人员会议等方式进行现场指导，发放信息化调查问卷了解企业信息化建设情况，分析研究制约企业信息化工作的难点问题，帮助企业通过增强信息化应用提升企业综合竞争力。同时充分利用中国中小企业山东威海网和各市区分网的作用，为企业获取政策、技术、人才等重点信息搭建了平台。为做好中小企业信息化推进工作，威海中小企业局将全市信息化建设情况分包给各市区中小企业主管部门纳入机关绩效工作考核，各市区都加大推进中小企业信息化工作的督导力度，如环翠区将推进信息化建设纳入对各镇百分考核等。

二是充分利用社会力量广泛参与推进中小企业信息化工作。近年来威海中小企业局采取加强与IT企业合作推进中小企业信息化的方式，先后联合中国移动山东威海分公司、联通公司、中企动力威海分公司、威海电信等IT强势企业，借助网络培训、现场专题培训和以会代训相结合的形式，积极推进信息技术在企业办公、生产、销售等各个领域的广泛应用，年开展“网络营销专题培训”等各类培训活动50多期，年培训10000多人次，极大提升了企业信息化应用水平。

三是充分发挥中小企业信息化示范区和示范企业的带动作用。2009年，威海市共有荣成泰祥水产食品有限公司、山东云龙绣品有限公司、山东力久特种电机有限公司 、山东工友集团股份有限公司、山东新北洋信息技术股份有限公司、迪沙药业集团有限公司等6家企业被命名为山东省中小企业信息化应用示范单位；威海联通公司、中企动力威海分公司、威海康威通信技术有限公司等3家企业被命名为山东省中小企业信息化服务示范单位。

目前，威海市中小企业信息化发展还存在如下问题：

一是信息化应用深度不够。目前，威海市信息化发展的广度已经形成一定的规模，但企业信息技术应用发展的深度不够，与国内先进水平还存在较大差距。

二是信息化建设投入不足。同大企业比，中小企业受资金、人员、技术等问题的限制，难以采用大企业成熟完善的信息系统建设方案，投入和产出难以成正比，在一定程度上阻碍了中小企业信息化建设的进程。

三是信息化人才体系不够完善。缺乏信息化人才的培养、引进、使用、交流和服务机制，以及对应的信息化人才评价和激励机制，在一定程度上阻碍了中小企业信息化建设的进程。

建议国家及省市的有关部门对推进中小企业信息化发展的中小企业主管部门、IT企业和中小企业信息化示范企业予以政策扶持。

第六节　典型案例

一、法因数控

山东法因数控机械股份有限公司（以下简称法因数控）成立于1998年，是以研制、生产钢结构数控加工装备为主业的国家重点高新技术企业。法因数控目前拥有铁塔数控成套加工设备、建筑钢结构数控成套加工设备和大型板材数控成套加工设备三大主导产品。2009 年，法因数控实现销售收入 3.96 亿元，在深交所成功上市。

根据行业特点，法因数控在产品的数字化、成套化、复合化、柔性化、智能化上狠下工夫，通过自身努力开发出工控软件，实现了对钢结构数控成套加工设备的有效控制和 CAD/CAM 的直接转换，使得产品的功能不断增强，数字化、成套化、复合化、柔性化、智能化程度越来越高，用户操作起来简单方便。到目前为止，法因数控已拥有专利 59 项，其中发明专利 3 项，拥有包括“法因 SWZ 三维数控钻床嵌入式控制系统软件”在内的软件著作权 15 项，同时承担了 4 项国家标准的起草工作。这些成果形成了公司的核心竞争能力，使得法因公司在钢结构行业市场中占据高达 60% 的市场占有率和较高的知名度。法因数控产品多次获得省市级科技进步奖，并且陆续承担了国家级重点新产品项目、国家火炬计划项目、国际合作项目等 6 项，以及省市级重大专项、科技攻关项目二十多项。

总之，通过将数字信息技术与传统装备制造业的有机结合，法因数控提高了用户作业效率和加工精度，减轻了劳动强度，促进了节能降耗，并实现了产品的成套化、复合化、柔性化、智能化设计。成套化、复合化是专用设备提高加工效率的核心，也是法因数控的毛利率水平高于国内通用机床企业的原因之一。

据财报显示，法因数控 2008 年、2009 年的主营业务毛利率分别为 36.69%、34.86%，确实远远高于通用机床企业。

二、桑乐公司

山东桑乐太阳能有限公司（以下简称桑乐公司）创立于 1987 年，是中国最早实现产业化的太阳能企业之一。该公司在山东济南、浙江海宁、湖南岳阳、江苏淮安建有生产物流基地，具备年产 300 万台太阳能热水器的的生产能力。

桑乐公司的信息化建设从无到有，支持并伴随着公司规模的扩张。特别是在最近的几年中，随着公司的跨越式及井喷式发展，分公司陆续建立，销售额快速提升，信息化投入及进程也日趋加快。

公司投资数百万元，实现三维柔性设计、管理决策信息化、市场生产服务信息一体化。公司总部共有微机 500 多台，通过开发 CRM、OA 等，对客户管理、用户回访、生产计划、生产工序、员工信息管理等的全过程跟踪处理，实现了微机管理并联成网络；技术部门实现了微机辅助设计；财务管理开始实现电算化；部门信息沟通实现了无纸化办公。企业信息化建设的实现，提高了工作效率，使信息更加快捷、准确。此外，面向全国经销商发放微机数千台，实现销售终端的网络信息管理。

信息中心目前有 5 名员工，2 个数据中心机房。应用系统有金蝶 ERP 系统、CPS 进销存系统、CRM 系统、呼叫中心系统、FTP 文件服务器系统、视频会议系统、考勤管理系统、车辆管理系统等。

在研发设计环节，采用专利检索和分析、CAD 制图、Pro/E、CAXA 等。生产制造环节使用金蝶 ERP 对生产流程进行管理和控制。市场营销和客户服务环节使用 CRM 管理系统，所有客户的安装维修信息可以在系统中查询；客户呼叫中心系统，及时对客户进行沟通和回访，解决客户的需求；金蝶 ERP 系统，与上下游渠道商协同；网店销售，直接面向终端客户；协同管理软件，每天收集终端销售情况。经营管理环节采用 BPM 流程管理，处理企业内部各种协同；进销存管理、金蝶 ERP 管理财务和供应链的流畅运行；FTP 文件服务器系统，进行知识管理；人力资源管理系统，对公司人力资源进行管理。

CPS 进销存管理使公司年发货能力从 50 万台提高到 100 万台，金蝶 ERP 的使用使公司年发货能力从 100 万台提高到 200 万台，同时产品成本降低 50 ~ 100 元/台，其他相关系统的使用也缩短了新产品研发周期。

三、杰瑞集团

烟台杰瑞石油服务集团股份有限公司（以下简称杰瑞集团）成立于 1999 年，是一家主要从事石油专用设备研发制造、油田矿山大型进口设备维修与技术改造、油田工程技术服务等一体化综合油田服务的民营上市企业集团。该公司现有烟台杰瑞石油装备技术有限公司、烟台杰瑞石油开发有限公司等 9 个成员公司、4 个驻外办事机构，员工总数 900 多人。2009 年集团销售收入达到 6.8 亿元。

在研发设计环节，杰瑞集团同西门子软件官方实施团队合作实施 TeamCenter PLM 系统，研发设计可视化协同系统等。应用西门子 UGS NX 三维设计软件和 Nastran 有限元分析软件，助力研发工程师进行新产品开发、设计。

公司已自主开发的固井设备水泥混浆及密度嵌入式自动控制软件等 25 项嵌入式控制软件已经获得计算机软件著作权登记证书，其中固井水泥车自动混浆系统软件 AMS2.2 以及油田增产作业压裂车组控制系统已处于国内甚至国际领先水平，实现了设备的本地控制和远程自动控制，压裂车、混砂车等 10 项省级科技成果中都应用了杰瑞自主开发的控制软件。

2010 年初确定引进西门子 PLM 系统（西门子 Teamcenter）和 ERP 系统（Oracle）。PLM 实现数据标准化管理、设计变更管理、变更审批管理、图文档管理、项目管理、协同设计、工艺/工装管理等。ERP 实现集团财务业务一体化、质量管理、生产计划、物流管理、批次管理、订单管理、采购管理、销售管理、营销管理、项目管理、售后服务跟踪管理、财务管理等。2010 年 10 月，PLM 系统正式上线运行。

2000－2009 年，杰瑞集团的信息化建设与应用主要体现于由杰瑞软件公司自主设计开发的办公系统，包括杰瑞油服办公平台系统、杰瑞装备办公平台系统、杰瑞开发服务管理平台。

（1）杰瑞油服办公平台系统：管理客户关系、市场机会信息、客户设备配件档案信息、历史报价信息、客户合同管理、供应商资料、历史询价信息、采购合同管理。通过这套系统将服务型企业的进销存统一纳入一个系统进行管理，使销售、采购、库存、物流运输等资源得以整合，科学、有序，具备快速响应客户的先导基础。

（2）杰瑞装备办公平台系统：基于装备制造型企业的特点，杰瑞软件开发工程师设计了这套符合杰瑞装备制造需要的 MRP 物料管理系统，根据研发人员提交的 BOM 清单进行物料采购、计划管理、生产作业安排、库存管理和质检管理等，为装备制造启动 PLM 和 ERP 提供了 6 年左右的过渡时间。

杰瑞集团信息化建设取得的主要成效如下：

（1）通过实施企业信息化后，实现了“物流、信息流、资金流”三流合一，大大提高了工作效率和管理决策效率，油田专用设备实行订单式生产，生产周期通常在 3 个月以上，工作效率的提高非常有利于缩短生产周期。

（2）信息化运作还可以弥补时间和区域上的局限，建立无缝式持续工作方式。杰瑞目前分为两个厂区办公，4 个驻外办事处，多个国外子公司。传统的工作模式已经对时间和空间提出了极大的挑战，信息化建设为解决这个问题提供有力支持。

（3）目前，杰瑞集团的各项生产经营管理活动已全部归结于杰瑞办公平台系统运行，在很大程度上实现了设计、生产、供应、销售、库存、财务等的一体化管理，在提高企业管理效率、降低生产管理成本、节省人力、缩短生产周期等方面取得了显著效果，企业运行效率成倍增长。

（4）在满足生产需要的前提下，有效降低库存资金的占用。以动态库存为基础，以零库存思想为指导，实现全面物资采购管理。既要满足生产需要，又要减少公司的库存，通过办公平台对物料进行科学、即时的统计分析，公司的单台设备平均资金占用率可降低约20%。

（5）AdaptPM提供了一个保护数据中心的新方法，并优化了设备生命周期成本，提供了无与伦比的适应性、可用性、易管理性和易维护性。AdaptPM全数字模块化冗余UPS系统高效率的设计，使得AdaptPM产品成为业内效率最高、体积最小的UPS模块，30kW重量不足35kg。采用全新的CoolMOS器件和三电平逆变器设计，50%负载效率>96%，30%负载>95%，20%负载>94%，输出公因数≈1，而且，即使在负载率25%时，其效率也高达95.3%，此时业内的其他机型效率仅在90%以下，150kW的AdaptPM产品每年可以为杰瑞集团节省超过10万元的电费。

四、迪沙药业

迪沙药业集团有限公司（以下简称迪沙药业）在1996年初正式投产，已建成西药制剂、原料药、中成药三大生产基地，是以西药制剂及其原料为主体，集卫生用品、生物制品、中成药、保健食品的生产、销售和科研于一体的国家级高新技术企业。集团总资产6亿元，具有年产40亿片片剂、7亿粒胶囊、1亿支针剂、4亿袋颗粒剂和20吨原料药的生产能力。该集团下设7个控股子公司，拥有职工3000多名，生产产品50余个。2009年集团实现销售收入10亿元。

在企业信息化建设方面，公司将企业信息化作为“一把手”工程，董事长高度重视企业信息化建设工作，成立威海卓益软件公司专门负责集团信息化建设工作。配有专职人员20多人负责企业信息化工作，并定期组织培训。

财务、进销存系统采用浪潮8.5软件。企业资源管理（ERM）等其他软件全部为自主开发软件。数据库采用MS SQL 2005版本，有专业数据维护人员（DBA），保证了数据库的正常运行。

该集团制订了《计算机等相关电子设备及网络管理使用规范》、《关于加强信息资源利用的实施方案》等信息化管理制度。

该集团内部网络实现了三层管理模式，采用 H3C 网络设备，网络运行安全稳定。公司为市场管理层配备了无线上网本，可通过电信 3G 上网。企业各部门及市场销售人员的电话普及率和企业邮箱的普及率均达到 100%。在文件传递、BBS 等办公自动化管理软件以及人力资源管理等各项管理销售系统等方面都得到了广泛应用。诸如网络监控、电子传真、企业总机、七彩铃音等效率提升型业务也得到了应用。

集团公司及下属子公司都建立有自己的网站，有专业编辑人员对网站内容进行更新，使之成为公司的对外宣传门户，提高了公司的知名度。同时，公司还在运营“迪沙健康网”，一个专业的健康门户网站，通过网络的宣传，达到提升集团品牌的目的。

产品包装设计采用 Photoshop、CAD 设计软件。专利检索利用国家知识产权局等专利检索网站检索。严格按照国家 GMP 要求进行生产管理，强调全面质量管理理念，在生产环节建立几十个质量监测点，严格把关，保证了产品质量 100% 合格。采用客户关系管理系统（CRM），根据实际需要设置客户编码设置规则、联系人员管理、客户联系人员的编码规则、联系人员基本信息、客户科室结构定义、客户开发情况、查询发货情况、回款情况、压货、客户分析等多个模块，形成从客户发货、回款、后勤服务到数据统计分析、生日拜访、寄送杂志等的“一条龙”信息化服务体系，提高医院营销管理的效率。目前，该集团公司正在开发营销资源管理软件，可以更加高效地管理市场人员及市场资源。

人力资源管理系统主要包括人员基本信息管理、业务人员从属关系管理、合同管理、家庭关系管理、薪资管理、行为管理、绩效管理、业务人员分析等模块。

建立了以“浪潮通软系统”为主的财务管理系统，同时开发 ERM 财务管理系统，加强公司营销财务的管理，重点是建立健全包括商业流向单管理、商业库存管理、医院回款核销明细与回款走货单管理、提成管理、借款管理等模块的营销财务管理系统。资产管理（EAM）正在使用，还需进一步完善。

以现代的通信终端为依托，渗透到各个模块之中，建立包括发票申请管理、发货申请管理、费用申请管理、邮件邮寄管理、激励管理、行踪管理等模块的短信平台系统。

信息化之后，更加理顺了人力资源管理之间的层层关系。各项制度、数据变得更加透明，审计、监督、控制变得更加简便。同时，信息化在推动人力资源管理方面也大大提高了管理效率。公司原来的绩效考核基本靠手工操作，工作量大、出错率高，需要6名员工3个工作日才能统计完相关数据。现在使用卓益软件公司开发的“绩效考核系统”，在规定时间内由有关员工在线参加测评，所有数据仅需1名员工1个工作日就可基本统计完成，大大提高了工作效率，节约了人力资本。

企业数据进一步集中。信息化管理的推行，建立了统一、完善的物料编码体系以及客户、供应商信息体系，为公司提供了一个连接各业务部门的集成信息平台，有利于部门之间形成信息共享。企业信息化管理的推广，实现了业务操作标准化和规范化。

工作效率进一步提高。浪潮通软等财务管理软件得到广泛的应用，实现了统计数据源头唯一，减少了重复劳动，提高了工作效率，使财务人员从繁杂的工作中解放出来，把主要精力放在数据的监管分析上。实施后，公司财务决算的工作量和时间缩短为原来的1/3。精细化管理深入人心。这样不仅大大降低了呆坏账风险，而且有助于实现量化成本控制，使得财务管理从单纯的事后记账管理提升到事前预算控制。

在企业内部管理上，各类管理信息系统的建立和生产过程的信息化，极大地减少人力资源的投入。据统计，通过信息化系统的应用，使内部工作效率提高了25%以上，原来由3~4个人才能完成的工作，现在仅需一个人便可轻松完成，提高了管理效率，节约了人力资本。在生产上，通过信息化系统的应用，因为对生产流程有了更科学的把握，使生产物质资源消耗降低了10%，库存降低了5%、废品率减少了10%，从而提高了生产效率。

在新产品研发成本上，通过企业信息化建设使产品从立项、研发、报批、生产、销售和服务的时间都缩短了，从而大大节约了时间成本，提高了企业新产品上市的效率，企业新产品从研发、报批到投产的周期，由原来的5年左右，缩短至4年左右，从而为企业争取了宝贵的市场时间，在一定程度上提高了企业的市场竞争力。

在采购成本上，公司通过信息共享，形成自己的信息库，对公司所采购的物品价格情况比较熟悉，能随时方便比价，从而为公司采购到性价比最高的物资，使采购成本降低了15%以上。

五、康跃科技

康跃科技股份有限公司（以下简称康跃科技）是一家集设计、开发、生产和销售涡轮增压器为一体的高新技术企业。现有员工420名，2009年公司销售收入1.7亿元，是山东省制造业信息化示范企业、山东省中小企业信息化示范企业。

2004年，康跃科技开始信息化建设，同年公司成立了由总经理担任主任的“信息化管理委员会”。目前专职IT人员2名，部门内部兼职人员5名。

该公司建有完善的企业局域网络，网络覆盖公司所有区域，主干线路全部千兆光纤，实现百兆桌面。接入百兆固定IP光纤互联网，外网出口配置了硬件防火墙，实现了SSL VPN。公司各种IBM、HP品牌应用服务器7台，128台PC，实现了所有管理人员及数据采集点的数据网络传输。

康跃科技采用了CAD、CAE、PDM、CAPP、CAM、企业编码器等技术，实现了产品信息化手段进行设计和数据管理；财务和进销存管理通过浪潮信息系统进行管理；办公自动化方面通过Office、电子邮件、Sharepoint、FTP共享等协同应用实现信息化管理。

在信息安全方面，该公司使用了国内先进的防泄密产品Chinasec可信网络保密系统，实现了网络访问行为控制、计算机端口控制、数据加密及实时计算机和网络数据监控，同时结合公司网络版卡巴斯基杀毒产品的病毒高防御、高查杀能力和H3C F1000防火墙的安全过滤，大大提高了公司整体的网络安全防御能力，保护了企业数据安全。

1. 研发设计环节

2005年公司购买了UG、Solidedge三维设计软件，到目前为止100%的产品设计、模具设计和工装设计全部采用三维实体造型，在三维CAD中实现了很清楚地看到所设计零部件的实体效果，具有主模关联性，只要一处修改，所有涉及的领域便会自动修改；并对整体设计或部件进行有限元分析、空间运动分析、装配干涉分析、NC控制可加工性分析、机构仿真。如果分析的结果不满足设计要求，则可以重新进行设计和分析，直到满意为止，从而极大地提高了设计水平和效率。

2006年，研发中心上马了UGS公司PDM产品——Teamcenter Engineering作

为产品数据管理平台、Teamcenter Project 作为项目管理平台，并依托山大华天软件公司自主开发的编码管理工具和 WIT－CAPP，完成研发过程的零部件编码申请、产品研发管理、工艺管理等工作，实现了图样及其他各种设计文档的有效管理、查询、产品结构管理、各种明细表的快速生成，配合内部电子化工作流程审签，建立起了一个协同产品开发的系统环境。

近几年，研发中心先后引入了 NUMECA fine/IGG/monitor/CFview CFD 流体分析、AVL Boost 匹配计算（发动机稳态瞬态性能分析软件）、DyRobes 轴系设计（转子分析软件）等 CAE 高级应用。三维实体造型通过 CAE 的应用，解决了企业实际工程分析问题，大大提高了产品的质量，加速了产品的开发，缩短了产品的上市周期。

2009 年，研发部门安装了 PIAS 专利信息分析系统，该系统帮助公司对所在行业领域内产品、技术的发展和竞争态势有一个综合了解，司更加全面、深入地发掘专利文献中的战略信息，是公司专利战略的研究、制订和实施过程中不可或缺的分析工具。

2. 生产制造环节

车间加工设备 95% 为数控设备，100% 拥有外部数据接口，为车间制造的数字化建设提供了基础保障。

在 CAM 方面，通过 NREC 产品的应用可以直接利用三维实体模型编制数字化加工程序。该公司所有的模具制造全部使用 CAM，利用设计人员建立的实体模型，生成模具，最后生成数控代码，通过 DNC 网络发送给加工中心。

在设备数据管理方面，该公司与本地软件提供商合作开发了产品试验数据分析系统 GDAS，实现了试验台数据的自动网络传输及汇总分析，大大提高了实验台数据分析效率及分析结果的准确性。

目前，该公司实验台设备、装配设备以及试制加工设备通过各自的系统与公司其他系统的集成，实现订单驱动、装配过程数据采集、PDM 的 BOM 数据导入、装配 BOM 参数集成、条码管理、备件管理、质量数据统计等功能。极大提升了作业质量和效率。

为保证产品质量，公司质量部门引入了 MINITAB 产品质量管理改善软件，方便了质量数据的统计分析及报表功能。该系统按照六西格玛的标准对生产制造的各环节进行规范的质量管理。

3. 市场营销和客户服务环节

公司设立了国内客户服务热线400电话，提升了对客户的电话服务质量。

在公司网站上设计了会员管理、顾客留言两个互动模块，拉近了公司与客户间的距离，发掘了更多的成交商机。

在上下游协同上，与客户通过对方的CRM系统等，实现质量信息的实时反馈、订单信息查询接收、送货签收等日常来往业务的处理。

在阿里巴巴网站，设立了商铺对产品进行宣传和在线销售。

4. 经营管理环节

2004年，公司在内部搭建了企业邮箱，以提升邮件系统的质量。2008年公司通过263托管的形式对大部分员工重新建立了企业邮箱，实现了内外部邮件互发，提升了企业形象。

Office WPS、微软Sharepoint协同平台、FTP共享、Project System项目管理的综合应用，大大提升了信息交互和共享的效率。

浪潮财务管理系统、浪潮进销存管理系统两个系统的紧密集成实现了资金和实物的协同一致管理。

对人力资源管理（HR）、资产管理（EAM）、供应链管理（SCM），公司目前还是依靠Office表格的定制化来进行信息的各种管理和应用。

目前，所有设计过程、财务账表实现无纸化，日常办公文件传递节省用纸70%。在设计方面，模具制造周期由3个月缩短到一周，单品种设计更改次数由原来的10次降为2次；存货周转次数由2007年、2008年的3.07和4.2提高到2009年度的6.08次；固定资产周转次数由2007年、2008年的1.73和2.13提高到2009年度的3.83次。

第十六章 制造业信息化服务市场发展情况

第一节 市场整体情况

一、市场规模

2009 年，受到国际金融风暴、出口产品需求下降等负面因素的影响，中国制造业企业在年初普遍缩减或延后了 IT 预算，使得全年的 IT 投资增速进一步下滑，市场规模达到 801.1 亿元，如图 16－1 所示。

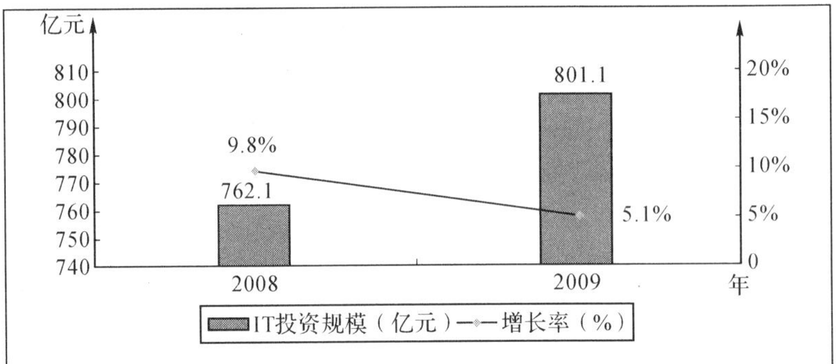

数据来源：赛迪顾问，2010，02

图 16－1　2008－2009 年中国制造业 IT 应用市场规模及增长率

二、市场结构

1. 产品结构

2009 年，制造行业对软件、信息服务的投资明显增加，而对硬件的投资有所下滑，行业 IT 应用软化、服务化趋向更加明显，见表 16－1。硬件的比例为 43.2%；软件的比例达到 25.4%；信息服务的占比进一步提升，达到 31.4%，如图 16－2 所示。

表 16－1　2008－2009 年中国制造行业 IT 市场细分产品采购状况

投资规模/亿元	2008 年	2009 年
硬件	381. 3	346. 4
软件	178. 2	203. 4
信息服务	202. 6	251. 3
合计	762. 1	801. 1

数据来源：赛迪顾问，2010，02

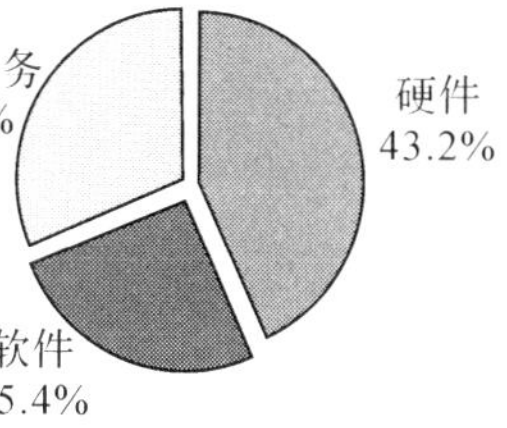

图 16－2　2009 年中国制造行业 IT 市场产品结构

2. 区域结构

中国制造行业的 IT 应用主要集中在华北、华东、华南三大区域，这与 3 个地区经济发展水平高、大型行业用户数量众多密切相关，厂商也多集中在这三大区域进行市场布局，见表 16－2。西南地区在灾后重建的拉动下，市场增速较快，占据了 10. 2% 的份额，如图 16－3 所示。

表 16－2　2009 年中国制造行业 IT 应用市场区域投资规模

细分市场	规模/亿元
华东	144. 2
华北	137. 8
华中	90. 5
华南	104. 1
西南	81. 7
西北	121. 8
东北	121
总体	801. 1

数据来源：赛迪顾问，2010，02

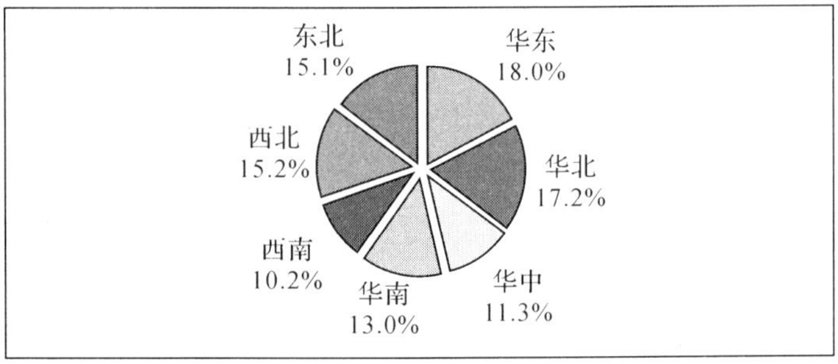

图 16－3　2009 年中国制造行业 IT 应用市场区域投资比例

3. 用户结构

这里将制造业用户分为外资集团、国有大型企业集团、民营企业 3 类用户市场，并针对不同的用户应用现状，分别进行相关 IT 应用现状调查、研究与分析，见表 16－3。在国家十大产业振兴规划和 4 万亿投资的拉动下，在国有大型企业集团不断兼并重组、提高综合竞争力的带动下，国有企业用户市场保持了最快的增长，市场份额上升到 48.2%，如图 16－4 所示。

表 16－3　2009 年中国制造行业用户 IT 应用市场投资结构

行业用户	规模/亿元
外资企业	244.3
国有企业	386.1
民营企业	170.6
总体	801.1

数据来源：赛迪顾问，2010，02

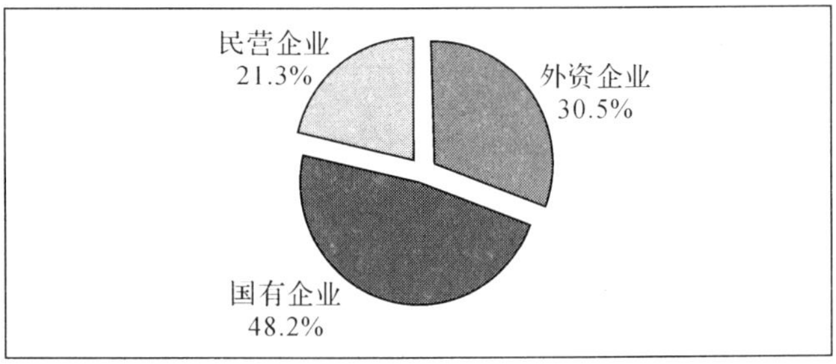

图 16－4　2009 年中国制造行业企业信息化市场结构

三、市场热点

2009 年中国制造行业用户 IT 投资重点见表 16－4。

表 16－4　2009 年中国制造行业用户 IT 投资重点

		IT 投资重点
企业类型	国有企业	一、硬件方面，国有大型制造企业由于近 3 年来开展了大规模的基础设施建设，数据中心机房、局域网络环境趋于完善，目前硬件投资重点在于支撑业务系统的服务器及存储设备的应用，同时，用于防火墙、IDS 等安全设备引进的投资也在逐年增大 二、软件方面，国有大型制造企业集团在逐步完成硬件网络基础环境建设后，开始了大规模的 ERP、CRM、MES 等系统实施，力图借助管理信息系统应用提高业务管控效能。同时，随着业务对 IT 应用的依赖性逐渐加深，对信息安全、数据可靠性方面的要求也在逐步提高，每年用于防病毒软件的费用也在不断增加 三、国有大型企业集团 IT 组织日渐完善，人员比较充裕，一般主要采用自主运营维护。随着 IT 服务理念的提升，IT 规划、IT 治理咨询等管理咨询服务成为了国有制造企业 IT 服务投资的重点
	外资企业	一、硬件方面，外资企业的投资重点在于本地数据中心机房的构建、覆盖其经营地域的广域网络建设以及业务系统服务器有应用，同时对于信息安全设备投资也在不断加大 二、软件方面，外资企业在管理软件系统方面依然沿用国外的成熟产品，在管理软件系统方面的投资较少。同时，外资企业普遍重视软件正版化，每年用于操作系统、办公软件方面的投资金额较大 三、服务方面，由于外资企业在国内 IT 员工较少，部分企业采用运营外包，系统实施由总部完成，IT 应用战略也由总部制定，因此，对 IT 管理类的咨询服务很少在国内开展。外包服务、灾备和近年来发展迅速的 SaaS 服务是其重点关注的领域
	民营企业	一、硬件方面，民营制造企业大多规模较小，每年用于 IT 应用的投资较少，IT 应用水平发展较慢。目前民营企业业务部门的计算机普及率较高，业务系统服务器购置与数据中心机房建设是现阶段民营制造企业硬件投资重点 二、软件方面，民营制造企业 IT 投资目前仍处于起步阶段，OA 系统、简单的生产管理系统、客户系统应用是现阶段企业软件投资重点 三、民营企业由于 IT 基础薄弱，自身运营维护力量有限，因此，一般借助 IT 运营维护外包服务、SaaS 服务提高自身有 IT 应用水平

数据来源：赛迪顾问，2010，02

第二节　细分市场情况

一、制造业硬件市场

1. 市场规模与结构

2009 年，中国制造行业的 IT 硬件投资规模达到 346.4 亿元。由于金融危机的影响，用户在年初对 IT 投资预算进行了压缩和延后，直接导致全年硬件投资规模小幅下降。

其中，计算机系统类产品的投资仍居于重要地位，由于移动办公需求的不断提升，制造企业对笔记本电脑的采购额继续保持较大增长，同比增长 22.7%。而受价格下降以及设备更新需求并不旺盛等因素影响，制造企业对台式 PC 的采购额持续减少，见表 16-5。

表 16-5　2009 年中国制造行业重点 IT 硬件市场规模　　(单位：亿元)

大类	小类	品种	2008 年	2009 年	同比增长率 (%)
计算机系统	PCs	Non-X86 服务器	5.3	5.0	-5.7
		X86 服务器	16.2	15.6	-3.7
		笔记本电脑	46.2	56.7	22.7
		台式 PC	55.2	47.6	-13.8
外部设备	PC 外设与 OA 系统外设	LCD 显示器	4.0	3.7	-7.5
		MFP	1.7	1.7	0
		传真机	0.5	0.8	60
		打印机	5.6	6.1	8.9
		复印机	3.0	2.9	-3.3
		扫描仪	0.1	0.1	0
		存储设备	4.8	5.2	8.3
		UPS	2.7	2.7	0
		机房产品	19	12.6	-33.7
		通信电源	2.3	2.5	8.7

（续）

大类	小类	品种	2008 年	2009 年	同比增长率（%）
网络设备	行业网络设备	DSL	2.5	2.6	4
		WLAN	2.0	2.3	15
		光网络	0.3	0.6	100
		交换机	6.5	6.7	3.1
		路由器	4.2	4.4	4.8
其他	应用及其他	墨盒	4.5	4.5	0
		硒鼓	15.9	16.6	4.4
		其他	178.8	145.5	-18.6

数据来源：赛迪顾问，2010，02

2. 市场特点

近年来，大中型制造企业在信息化方面的投资，一方面来源于其经济效益的提升，另一方面也是其兼并中小企业，提升整合管理需求的内在驱动。PC 方面，大型企业的需求来自原有硬件的更新换代和新系统的上马。网络设备的采购主要来源于企业分公司设立、营业网点扩张、工厂新建等扩容需求。随着各项业务系统建设的推进，企业内业务数据量呈现快速增长态势，信息成为了企业重要的无形资产，信息存储与传输的安全性要求也在不断提高，存储等硬件设备的采购在 IT 系统建设的进程中需求持续增加。

中国制造行业信息化建设重点，逐渐从硬件网络建设转向软件系统实施。在此期间，制造企业根据自身业务管理需求，构建 ERP、MES 等业务管理系统，并根据系统运行性能及数据安全性要求，采购相关服务器、防火墙等硬件设备，IT 硬件采购行为已经由“IT 技术牵引”转为“业务需求拉动”。

3. 品牌分布

2009 年，制造行业对台式 PC 的投资增长相对乏力。在采购的产品品牌方面，存在向大厂商靠拢的趋势，联想、戴尔、惠普的市场占有率都有不同程度的提升，如图 16 -5 所示。

由于大型制造企业在异地办公方面的需求增加，2009 年制造行业笔记本电脑的增速很快。目前，国有大型制造企业购买笔记本电脑的品牌比较集中，联想、惠普和戴尔三家企业占据了绝大部分笔记本电脑市场份额。此外，华硕、宏碁近年来市场开拓力度不断加大，市场份额进一步巩固，如图 16 -6 所示。

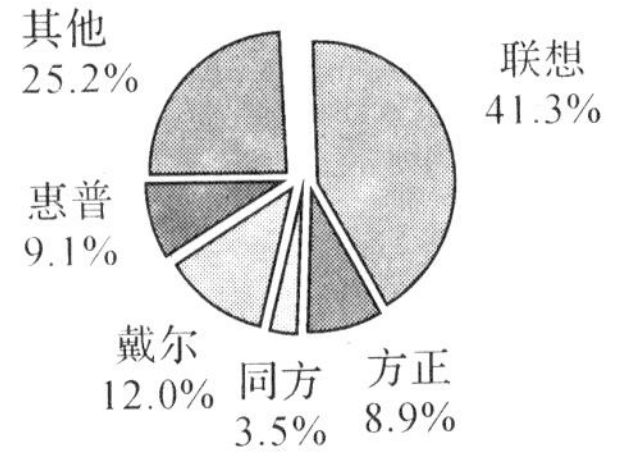

数据来源：赛迪顾问，2010，02

图 16－5　2009 年中国制造行业台式 PC 采购品牌分布

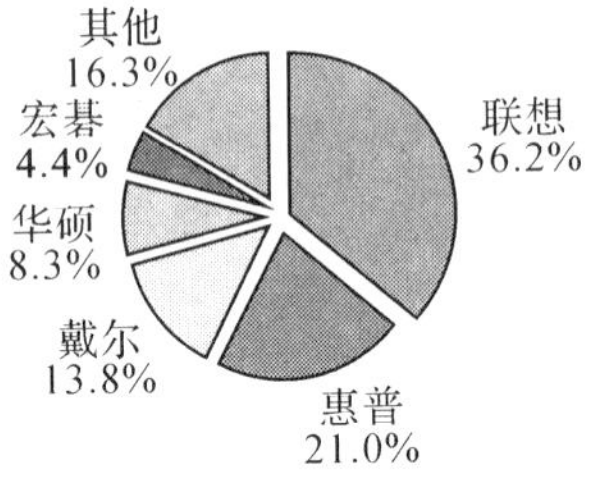

数据来源：赛迪顾问，2010，02

图 16－6　2009 年中国制造行业笔记本电脑采购品牌分布

伴随制造业用户 PLM、MES、ERP、CRM、SCM 等系统建设的深入，新项目实施过程中对服务器的购买是市场需求的重要来源。在品牌选择上，尤其是大型制造企业仍然偏向于 IBM、惠普、戴尔等高端品牌。国产品牌在近年来市场拓展和技术创新的努力下，取得了较好的市场效果，如图 16－7 所示。

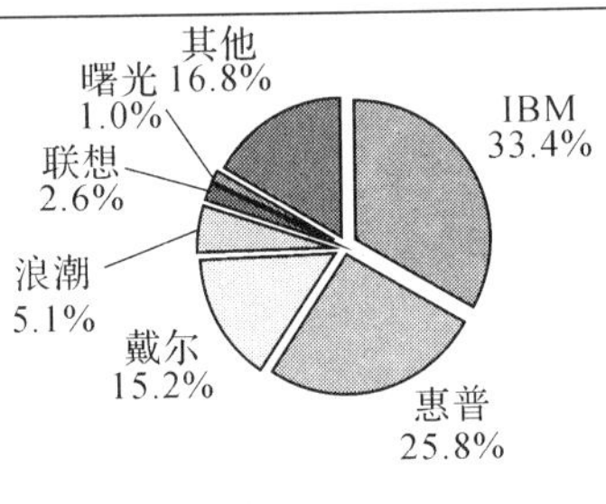

数据来源：赛迪顾问，2010，02

图 16－7　2009 年中国制造行业服务器采购品牌分布

2009 年，国内大型制造企业对数据安全性要求不断增长，因此，在存储系统的选择上，更倾向于技术先进、能够提供全面解决方案的著名国际品牌。制造行业对存储产品的选择集中在 IBM、惠普、戴尔等品牌上，如图 16－8 所示。

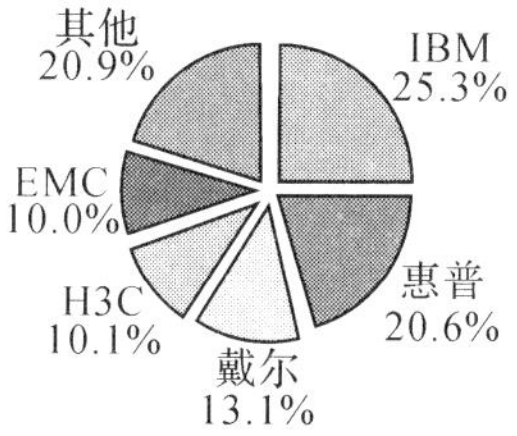

图 16－8　2009 年中国制造行业存储产品采购品牌分布

二、制造业软件市场

1. 市场规模与结构

2009 年，中国制造业软件投资的规模略有上升，总投资额达到 203.4 亿元。制造行业在软件方面的投资主要集中在平台软件、中间件、应用软件、信息安全 4 个方面。PLM、业务管理软件、行业应用软件是 2009 年制造行业软件投资的重点，见表 16－6。

表 16－6　2009 年中国制造行业 IT 应用市场主要软件产品采购情况　（单位：亿元）

大类	小类	品种	2008 年	2009 年	同比增长（%）
平台软件	操作系统	Linux	0.1	0.1	0
		UNIX	2.0	2.0	0
		Windows	1.3	1.4	7.7
		其他	0.1	0.1	0
	开发工具	开发工具	0.5	0.5	0
	数据库管理系统	数据库管理系统	2.0	2.2	10
	系统与网络管理软件	系统与网络管理软件	1.5	1.7	13.3
	其他平台软件	其他平台软件	0.3	0.3	0
中间件	中间件	中间件	0.3	0.3	0
应用软件	个人应用软件	办公套件	1	1.1	10
		翻译软件	0.4	0.4	0
		教育软件	0.2	0.2	0
		其他个人应用	0.1	0.1	0
		娱乐软件	0.3	0.5	66.7

（续）

大类	小类	品种	2008 年	2009 年	同比增长%
应用软件	企业应用软件	BI	1.6	1.9	18.8
		GIS	0.4	0.4	0
		PLM	29.4	34.4	17
		企业信息管理	6.1	7.0	14.8
		项目管理软件	1.4	1.6	14.3
		协同管理软件	7.7	8.3	7.8
		业务管理软件	43.1	50.3	16.7
		其他	0.5	0.5	0
	行业应用软件	行业应用软件	76.5	86.5	13.1
信息安全	网络安全产品	IDS/IPS	0.1	0.1	0
		UTM	0.2	0.3	50
		安全服务	0.1	0.1	0
		防火墙/VPN	0.5	0.5	0
		内容安全管理	0.3	0.3	0
		信息加密/身份认证	0.1	0.1	0
		终端安全管理	0.1	0.2	100

数据来源：赛迪顾问，2010，02

2. 市场特点

平台软件的市场需求近年来增长缓慢，企业基础软件等已经部署得较为完备，新的增长主要来源于新建项目和老系统的升级改造。

项目管理、商业智能等软件的需求增长迅速，项目管理软件市场的增长源于企业对于项目管理的规范性、科学性要求的提升；BI（商业智能）的需求则反映了企业在拥有大量数据的同时，迫切希望从中获取更多有价值的分析结果，从而指导和预测企业的经营生产。财务管理等通用的应用软件由于其实用性和重要性，正在被众多制造企业应用。小型企业往往购买一些功能简单、价格低廉的单机应用版软件；大型企业在集团化发展的导向下，对集团财务管理软件的热情正逐步高涨。

3. 品牌分布

（1）平台软件基础架构分布。2009 年，制造行业新建项目和平台移植的需求带动了平台软件市场的增长，UNIX 市场份额持续下降，Windows 市场在 Windows 7

等新品推出的拉动下保持了较快的增长势头，如图 16－9 所示。

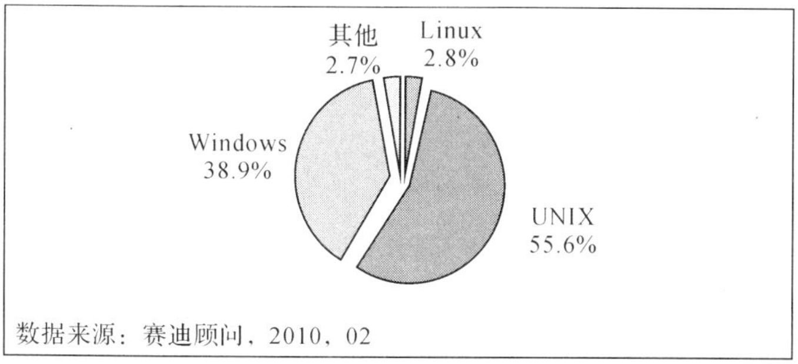

图 16－9　2009 年中国制造行业平台软件基础架构品牌分布

（2）中间软件重点产品品牌分布。在品牌分布方面，Oracle 和 IBM 两大巨头仍然占据着制造行业中间件的主流市场。除此之外，微软、Tibco、Progress 等国外品牌，以及东方通科技、金蝶、普元、中创等国内软件厂商也都占据了一定的市场份额，如图 16－10 所示。

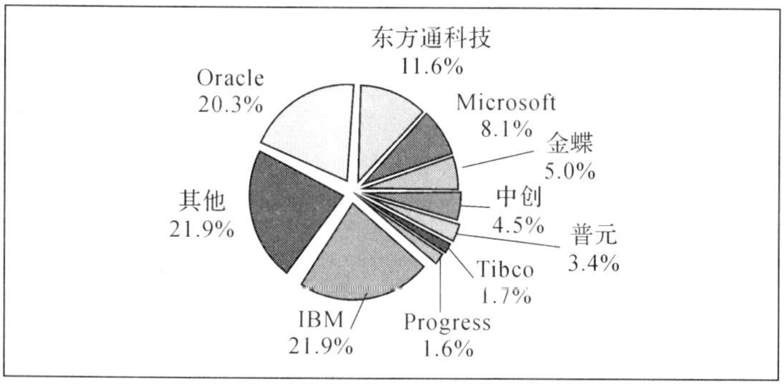

图 16－10　2009 年中国制造行业中间件采购品牌分布

2009 年，在制造行业杀毒软件市场中，赛门铁克、瑞星两大厂商的市场占有率分别达到了 23% 与 22.1%。近来来，卡巴斯基网络安全产品的市场占有率增长速度较快，达到 10.2%，金山和江民的产品市场占有率有所提升，如图 16－11 所示。

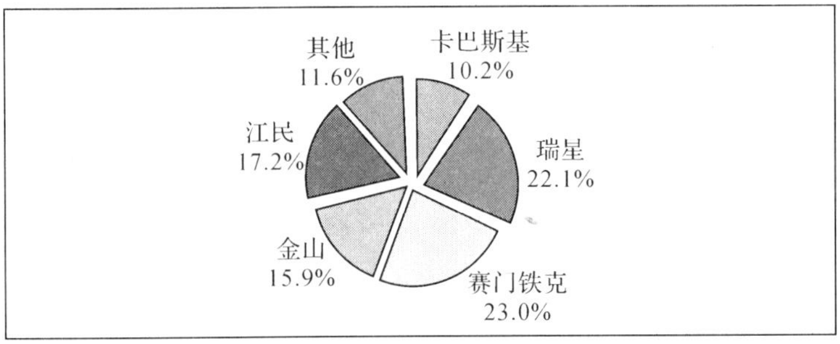

图 16－11　2009 年中国制造行业杀毒软件采购品牌分布

三、制造业 IT 服务市场

1. 市场规模与结构

2009 年，中国制造行业的服务市场规模达到了 251.3 亿元，业务流程外包、信息技术外包、网络服务实现了快速增长，见表 16－7。

表 16－7　2009 年中国制造行业 IT 应用市场主要 IT 服务产品采购情况

大类	小类	品种	2008 年/亿元	2009 年/亿元	同比增长（%）
IT 类服务	运营服务	IT S&M	47	51.8	10.2
		ITC	11.7	12.4	6.0
		ITIG	0.5	0.5	0
		ITSI	24.6	25	1.6
		ITT	4.2	4.5	7.1
	外包服务	BPO	6.3	8.3	31.7
		ITO	19.6	24.8	26.5
网络服务	网络服务	网络服务	88.7	124	39.8

数据来源：赛迪顾问，2010，02

2. 市场特点

中小制造企业信息化水平普遍较低，缺乏足够的专业人才，要使 IT 应用能够充分发挥其在改进企业内部管理、加强外部协同、符合行业体系要求的应有作用，均需要外部 IT 服务力量的有力支持，从而推进了 IT 外包市场的迅速增长，尤其是在系统、基础网络的运营维护方面需求增加明显。

3. 品牌分布

制造行业对 IT 服务的需求正处在快速上升时期。在运营维护方面，近年来国内厂商凭借其较高的性价比取得了良好的市场表现。在 IT 咨询方面，IBM、惠普、埃森哲、毕博、凯捷、源讯、塔塔等国外厂商占据了高端市场的重要份额；国内咨询机构也在竞争中不断脱颖而出，赢得了客户的认可；而小型民营咨询企业由于专业性不强，咨询案例少，所占市场分额较小。

第三节　主力厂商情况

一、ERP 市场

1. 主力厂商竞争策略分析

2009 年，在国际金融危机的不利局面下，中国制造企业抓住国内市场需求增长的契机，保持了企稳回升的势头。一些大中型企业 ERP 应用在 2009 年陆续上线，并显示了不错的效果。

国内外厂商营销竞争加剧，媒体上接连出现《画皮 SAP》、《甲骨文中国乱相》、《谁抛弃了金蝶》、《用友光环背后》等文章，在市场上引起较大反响，考验着厂商的危机公关能力，也暴露出一些 ERP 实施方面的问题，见表 16－8。

国内厂商与国际厂商产品技术差距正在不断缩小，国际 IT 巨头在市场中的主导地位被弱化的同时，逐步形成了国际软件巨头与国内厂商角逐的格局。

表 16－8 为 SAP 竞争力分析，表 16－9 为 Oracle 竞争分析，表 16－10 为浪潮竞争力分析，表 16－11 为用友竞争力分析，表 16－12 为金蝶竞争分析。

表 16－8　SAP 竞争力分析

项目	分析说明
提供解决方案特点	SAP 有 30 多年的专业应用系统开发经验，拥有 30000 多家客户和丰富的实施案例。在通用解决方案的基础上，提供了超过 25 个完善的行业特定解决方案；具有行业的最佳业务实践知识库 SAP 的制造解决方案定位于管理导向型，基于企业对各个运营企业的管理目的来设计软件。它是一套基于优秀企业的管理实践而形成的管理软件，沉淀了许多优秀企业的优秀管理方法、业务模式、业务流程 SAP 为制造行业中的不同类型企业提供最佳业务实践解决方案，并引入国外新的管理理念；公司在中国主要提供以 R3 系统为核心的产品，包含 MM、PS、SD、PP、QM、PM、FI、IM、HR、CO 等模块，方案覆盖 ERP、SCM、SRM、CRM、PLM 等。软件本地化程度较高，1994 年初－1996 年末为中国企业做了本地化研发 SAP 解决方案的关键在于 SAP 配置的高度弹性，参考了各种各样的企业管理模式和业务流程，由丰富的参数、各种业务原型和行业模板组成。当业务流程发生变化时，只需要结合客户的实际业务需求来配置参数，不需要推翻重来或者做二次开发。但项目实施的效果，在很大程度上取决于顾问在本行业的经验

(续)

项目	分析说明
市场定位	SAP一直将其ERP产品定位于高端市场客户，客户主要集中于集团型企业（特别是中铝、五矿、中化这样的国资背景的中央企业）。同时，SAP推出中小企业ERP产品解决方案（SAP Business One），先后京东方、三吉电子等家国内多家中小型企业成功构建系统，帮助企业实现对关键业务运作（例如，销售、财务、采购、库存和制造）一体化管理，进而使其产品顺利打入中小制造企业市场
营销渠道	SAP主要采取直销模式，由厂商自己组织方案宣传与产品销售，但其SAP Business One产品采用代理销售模式，由代理商负责销售 对于国内大型企业，SAP采用所谓“灯塔”营销模式，优先抢占钢铁、化工、机械等制造行业内的领军企业市场，并帮助企业成功构建ERP系统，并以该企业为灯塔，对全行业进行解决方案宣传辐射，进而树立SAP在该行业的品牌，赢得客户信誉
典型客户	中铝集团、五矿集团、中化集团、上海家化集团等
服务	SAP全球支持集团目前在全球40个国家拥有3000名员工，并有6000名开发人员作为后盾。SAP全球支持网络提供产品支持和解决方案支持。产品支持由分布在爱尔兰、西班牙、奥地利、印度和中国的五大全球支持中心开发、提供。解决方案支持由位于SAP重点市场的6个区域支持中心和6个本地支持中心组成，中国的本地支持中心位于上海。SAP于1995在北京正式成立了SAP中国公司，并陆续建立了上海、广州、大连分公司，并且在中国拥有众多的合作伙伴，这些合作伙伴均具备较强的实施能力和服务能力。其中五大咨询公司（如IBM等）都支持SAP公司的产品实施和服务

数据来源：赛迪顾问，2010，02

表16－9　Oracle竞争力分析

项目	分析说明
所提供解决方案特点	Oracle ERP系统基于互联网Internet架构，并且采用开放的Java语言和技术标准进行编写的应用软件。这种技术使Oracle应用系统11i版本有很强的开放性（开放的标准意味着应用系统软件不受硬件平台、企业规模大小、地域限制等因数的影响）。但是，企业在产品应用过程中，往往因功能不足需进行大量的开发。因此，实施的开发弹性大，后期存在大量的维护和升级困难，并要发生相关的成本 Oracle ERP系统解决方案定位于技术导向型，强调技术开发的灵活性。Oracle主要提供数据库产品和行业解决方案，收购及开发了数百个产品软件包；提供从底层系统软件到高端应用的全线产品，包含财务、采购、生产、仓储、项目等管理模块，方案覆盖ERP、SCM、CRM、BI等。软件本地化程度相对于其他产品低一些

（续）

项目	分析说明
市场定位	Oracle 一直将其 ERP 产品定位于高端市场客户，凭借着 Oracle 在钢铁行业的完善、实效化的解决方案与国际钢铁巨头的成功应用经验，使客户主要集中于钢铁行业大型企业（特别是中钢、韶关钢铁、湘潭钢铁等）。相比之下，Oracle 在中小制造企业市场应用较少
营销渠道	Oracle 一直采用“直销”销售模式，由厂商自己组织方案宣传与产品销售。相比于其他 ERP 厂商，Oracle ERP 产品与其数据库产品能够很好地共享销售渠道与客户资源，大量应用过其数据库产品的客户也相对容易接受其 ERP 产品，这也是 Oracle ERP 产品的主要客户来源
典型客户	中钢集团、韶关钢铁、湘潭钢铁、衡阳华菱钢铁、临汾钢铁
服务	1991 年 7 月在北京建立了独资公司，目前在国内设有北京、上海、广州和成都 4 个办事处。Oracle 中国公司的规模也在不断扩大。多年来，Oracle 在提供数据库软件、开发工具和应用软件产品及相关的顾问咨询、教育培训、技术支持服务等方面，同众多的中国用户建立了紧密的合作关系，在金融保险业、电信、制造行业、科技教育、能源交通、政府、航空航天和军队等各行各业拥有广泛的客户群

数据来源：赛迪顾问，2010，02

表 16－10 浪潮竞争力分析

项目	分析说明
所提供解决方案特点	浪潮 ERP 解决方案是针对中国制造企业业务发展与运营管理特点，推出的一套企业资源计划全面解决方案，可以有效地解决制造企业管理中的各种关键问题。其产品解决方案具有如下特点 （1）物流、资金流、信息流高度共享和集成：浪潮 ERP 为企业提供全面解决方案，使企业物流、资金流、信息流高度统一和共享，可充分利用企业内、外部资源，有效地管理和控制各关键业务环节，实现效益最大化 （2）提供完整的业务流管理：从需求计划、采购计划，到下达采购订单；从货物到达、待检，到质检合格入库；从生产计划、材料领用、车间管理、质量控制，到完工入库；从销售计划、销售订单、提货、结算，到客户跟踪，等等，提供完整的业务管理方案，并可结合企业实际应用进行个性化流程管理方案定制 （3）多视角物料管理：可以从仓库、货位、批次、单件、状态、辅助项、包装等多个角度对物料进行综合分析，充分利用物料价值 （4）批次、单件跟踪管理：定义物料批次号和单件序列号，并对物料流转的整个过程，从采购入库、车间生产、产成品入库到产品销售，进行记录和反映，使得物料流转过程的任何一个环节出现质量问题，都可以迅速查明，并确定责任人 （5）比质比价采购：能够大大提高采购货物的质量，确保采购成功率，并大幅度地降低采购成本 （6）安全库存管理和仓储货物的质量管理：提供失效期管理、ABC 管理、货物预警管理及安全库存管理机制，从而对货物进行有效管理和控制，提高仓库货物的保管质量，降低仓储成本 （7）灵活的销售折扣和折价管理：myGS－ERP 提供灵活的销售折扣和折价管理功能，可有效促进产品销售，扩大客户群，提高销售收入和利润 （8）严谨的生产过程控制：可对生产指令的下达、车间任务执行、工艺参数控制以及各种经济技术指标的完成情况进行跟踪和控制，使管理者能够实时掌握车间进度的详细情况，及时作出决策 （9）强大的查询和统计分析功能：提供方便、快捷的查询功能和强大的统计分析功能，企业领导和管理人员可根据系统提供的信息及时准确地作出决策
市场定位	浪潮针对不同行业客户应用特点，并充分吸取国内外管理软件的设计思想，为不同行业应用客户提供专业化的解决方案。因此，其产品解决方案能够同时满足集团型企业与中小型的企业 ERP 应用需要。随着近年来 ERP 产品应用案例的增多，其产品在国内高端市场的占有率一直排名前列。先后为中国兵器装备集团、中国一航、四川华电等大型企业成功构建了 ERP 系统
营销渠道	浪潮近年来积极拓宽市场渠道，建立了以北京、天津、上海、重庆为中心的区域营销网络，使其 ERP 产品在国内医药、装备制造、造纸、军工、烟草等多个制造行业广为应用，同时通过方案评选、产品发布等多种市场营销形式，宣传产品理念，并取得了很好的效果
典型客户	中国航天科技集团、江南造船总厂、轻骑铃木、奥康集团、山东钢铁集团有限公司、金箔集团

（续）

项目	分析说明
服务	浪潮在济南、北京、上海、广州、南京、武汉、成都、沈阳设有分公司或办事机构，产品服务地区遍及全国

数据来源：赛迪顾问，2010，02

表 16－11　用友竞争力分析

项目	分析说明
所提供解决方案特点	用友 NC 系列 ERP 是为集团企业提供的管理软件产品，产品率先采用 J2EE 架构和先进开放的集团级开发平台 UAP，按照“全球化集团管控、行业化解决方案、平台化应用集成”的设计理念而设计，目前形成了集团管控六大领域，十大行业的 38 个解决方案，在中国有 2000 多家集团型企业客户正在运行着用友 NC，在用友 NC 的全生命周期客户经营服务支持下成功经营着自身的业务 ERP－U8 系列 ERP 是为中小型企业提供的管理软件产品，符合国内中小型企业经营管理平台“全面应用、按需部署、快速见效”的客户需求，不仅涵盖了财务、人力资源、协同办公、供应链等十余个应用领域，还聚焦机械、电子、服装、汽配、数十个细分行业完整解决方案 用友 U9 面向快速发展与成长的大中型制造企业复杂应用，以“实时企业、全球商务”为核心理念，能够适应多组织供应链协同、多工厂制造协同、产业链协同、产品事业部和业务中心的管理模式，支持多生产模式的混合生产与规划、多经营模式的混合管理、精益生产、全面成本、跨国财务等深度应用，具有灵活的产品架构，帮助企业快速响应变化，支持经营、业务与管理模式的创新
市场定位	用友对制造行业市场定位具有清晰的划分，其 NC 产品主要市场定位于大型制造企业集团客户，U8 产品主要市场定位于中小型制造企业，U9 面向快速发展与成长的中大型制造企业复杂应用
营销渠道	用友作为国内老牌的 ERP 产品提供商，具有全国性的营销网络，销售模式上采用“直销与分销”相结合模式，由厂商与各地代理商共同完成产品销售
典型客户	四川达钢集团、中国电子产业信息集团、中国长江三峡工程开发总公司、云南锡业集团、鸡西矿业、优瑞纳斯、广东大冶摩托、摩比天线、上海富臣化工、北京突破电气
服务	实施服务支持体系较好，用友依托用友的 50 多家分公司，2000 多家合作伙伴，2000 多人的专业服务团队，5000 多人的营销服务网络，300 多家产业生态链合作伙伴，为大中型集团企业提供专业解决方案。在日本、泰国、新加坡等亚洲国家，用友公司建立了分公司或代表处

数据来源：赛迪顾问　2010，02

表 16－12　金蝶竞争力分析

项目	分析说明
所提供解决方案特点	面对大型集团企业，金蝶于 2005 年正式发布了业务软件基础平台金蝶 BOS（业务操作系统），以及以金蝶 BOS 为核心的新一代 ERPII 企业管理套件金蝶 EAS。经过近几年的发展，功能逐步趋向成熟 金蝶 EAS 是集团企业的一体化全面管控解决方案，适用于资本管控型、战略管控型及运营管控型的集团企业 基于金蝶 BOS 构建的金蝶 EAS 系统，采用了模型驱动体系架构（MDA），实现了运行环境的完全跨平台；通过自主知识产权的 ORM－RPC 远程对象访问协议和 O－RMapping 数据引擎，实现了系统在海量数据、大规模用户并发、复杂网络环境下优异的性能表现。但软件的拓展能力，相对于国外软件较弱
市场定位	金蝶对制造行业市场定位具有清晰的划分，其 EAS 产品主要市场定位于大型制造企业集团客户，金蝶 K/3 ERP 在卡斯卡特（世界最大的叉车属具制造商）、天纳克（世界最大的汽车排气系统制造商）、卡尔迈耶（世界最大的纺织机械制造商）等世界知名制造企业在华生产基地的成功应用，也标志着 K/3 ERP 能够满足特大型跨国企业集团的应用需求
营销渠道	目前，在全国拥有 46 家以营销、服务为主的分支机构和 600 多家代理商，分为华东、华南、西南、深圳、东北、西北、华北七大区域，营销服务支持网络遍及包括中国香港、中国澳门在内的 221 个城市和地区 对于高端市场，金蝶以直销为主；对于中低端市场，金蝶采用直销与分销相结合的营销模式
典型客户	完美集团、神华宁夏煤业集团、上海航空、香港中旅集团、合生创展集团、杭州传化集团、招商集团
服务	目前在全国拥有 46 家以营销、服务为主的分支机构，实施服务支持体系较好

数据来源：赛迪顾问，2010，02

2. 主要提供商竞争力评估

利用以下评估指标体系对 ERP 解决方案的综合竞争力进行评估，见表 16－13 和图 16－12。

表 16－13　ERP 解决方案的综合竞争力评估指标体系

一级指标	二级指标	三级指标
市场竞争力	品牌知名度	－
	渠道营销能力	－
	TCO 竞争力	－
	年销售额	－

（续）

一级指标	二级指标	三级指标
产品竞争力	方案规划与设计	先进性
		实用性
		用户需求认知度
		技术创新性
	方案应用	稳定性
		易用性
		可扩展性
		可维护性
		可操作性
项目竞争力	项目流程合理性	–
	项目进度控制能力	–
	项目风险控制能力	–
	项目质量控制能力	–
服务竞争力	人员配置	–
	培训体系	–
	承诺兑现	–
	响应速度	–
	服务态度	–

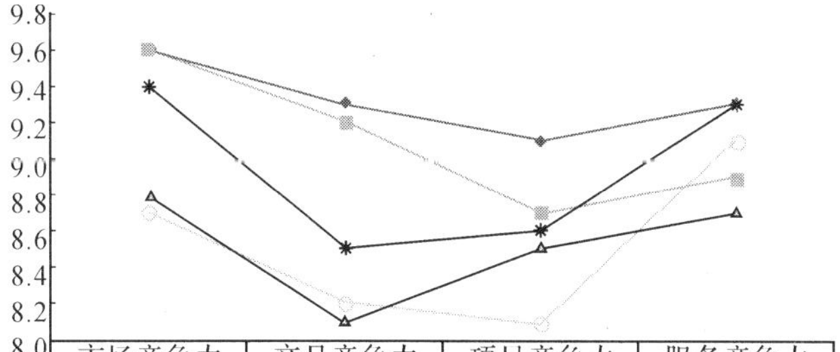

	市场竞争力	产品竞争力	项目竞争力	服务竞争力
SAP	9.6	9.3	9.1	9.3
Oracle	9.6	9.2	8.7	8.9
浪潮	8.8	8.1	8.5	8.7
金蝶	8.7	8.2	8.1	9.1
用友	9.4	8.5	8.6	9.3

数据来源：赛迪顾问，2010，02

图 16－12　制造行业 ERP 系统主力厂商竞争力评估

二、MES 市场

1. 主力厂商竞争策略分析

2009 年的 MES 市场持续了较为繁荣的态势，以钢铁、化工、机械制造、烟草为代表的大型制造企业，一方面应用 MES 提升老产业线信息化管理水平，另一方面则充分发挥 MES 的特性，强化产品质量、物流、计量等各环节的管理，实现生产的敏捷化和柔性化。在国际大厂商西门子、Wonderware、Apriso 等加强中国市场开拓的同时，以宝信、石化盈科、浙大中控、红河谷、冠华科技等为代表的国产厂商迅速成长起来，逐渐获得了大型用户的认可，见表 16－14 ~ 表 16－17。

表 16－14　西门子竞争力分析

项目	分析说明
所提供解决方案特点	西门子 MES 系统完全参照 ISA－95 标准进行产品设计与实施应用，通过系统内置的“组建库”功能（定义好的对象、功能、报表、界面，可重复使用）实现了信息标准化，为生产管理提供实时的状态数据，通过这些数据的使用来优化工艺，不断地改进产品品质 西门子 MES 系统能够及时获取生产及产品数据并准确传递、快速响应，这些都保证了在未来越来越苛刻的法规环境下企业依然能够快速发展。系统为操作人员提供了可靠、友好的界面，可以更方便、快捷地获取所需的原料批次信息。此外，为设备维护人员带来便利、有效的停机时间管理（DTM）和整体设备绩效（OEE），试图为工厂提供了大量有价值的用于改善设备绩效的数据
市场定位	西门子 MES 系统产品主要定位在食品加工、烟草等离散行业制造企业，在钢铁、化工等流程行业应用案例不多
营销渠道	西门子 SIMATIC IT 已在全球建立了包括埃森哲等 200 多家合作伙伴，在中国建立了中科久辉、昆船等十多家战略合作伙伴 目前，西门子提供两种 SIMATIC IT 合作伙伴项目：SIMATIC IT Start Up Partner Program 项目专门提供给那些刚刚开始 MES 的合作伙伴；Start Up Partner Program 项目提供了在 MES 领域的专业化和成长的机会，并且提供日后成为 SIMATIC IT Certified Partner 的机会。SIMATIC IT Certified Partner Program 项目是专门提供给那些有能力将其资深的 MES 竞争力和行业经验转化为客户解决方案的合作伙伴
典型客户	青岛颐中、Leche 乳业、宝马汽车等

（续）

项目	分析说明
服务	SIEMENS A&D AS MES 技术支持服务，通常叫做 TSS，提供了 SIMATIC IT MES 产品的支持。从 2005 年 10 月 1 日起，TSS 成为一个真正的提供解决方法的组——提供每天 24 小时，每周 7 天，每年 365 天的不间断服务。西门子为 MES 客户和 SIMATIC IT 合作伙伴提供新的专业技术支持服务（TSS），包括通常的热线电话中心、E－mail 信息回复、电话回答和已知问题数据库查询等

数据来源：赛迪顾问，2010，02

表 16－15　Wonderware 竞争力分析

项目	分析说明
所提供解决方案特点	Wonderware 是全球著名的工业自动化软件“先锋级”供应商。它提出了根据实时工厂车间信息制订战略、计划及运营的理念，也是世界上在行业内较早推出 MES 产品，其产品进入中国时间不长，但已在中国钢铁、烟草、汽车等很多制造行业得到了广泛的应用 Intrack MES 主要分为生产绩效管理与实时作业控制两大部分，每部分均由多个模块构成。其产品的最大特点是能迅速获取实时信息，并以“图形化方式”快速展现给操作人员，从而提高了工厂管理者的决策智能。同时根据生产实绩信息，进行各类生产绩效的统计，后汇报给生产领导。其产品开放性与可扩展性都很强，可以兼容各种各样的硬件与操作平台，源源不断地提供生产实时信息
市场定位	Wonderware 的 MES 系统产品主要定位在食品加工、烟草等制造企业，在钢铁、化工等流程型制造行业应用案例不多
营销渠道	Wonderware 采用“直销与分销相结合”的销售模式。在北京、上海、广州等城市设有销售代表处
典型客户	昆明卷烟、雀巢、汤姆逊彩管等
服务	目前，Wonderware 主要通过国内合作伙伴提供产品实施服务

数据来源：赛迪顾问，2010，02

表 16－16　宝信竞争力分析

项目	分析说明
所提供解决方案特点	宝信以大型钢铁企业实施综合自动化技术为背景，建立以 MES 为核心的综合自动化整体解决方案，集成了各种中间件软件，如 Tuxedo，以及由宝信软件自主开发的用于过程自动化控制的中间件软件产品 Plature99，用于各种不同接口通信的通信中间件软件 Xcom、Multilink 等，用于安全授权管理的产品软件 ePass 等。系统以财务为中心、成本控制为核心理念，建立按合同组织全过程生产和管理的全流程管控一体化的信息集成模型，按合同组织生产涉及一贯质量管理、一贯计划管理、一贯材料管理以及整个合同生命周期的（实时）动态跟踪，缩短成品出厂周期以及生产周期，加快货款回收，提高产品质量和档次

（续）

项目	分析说明
市场定位	宝信的MES系统产品主要定位在流程型行业（特别关注于钢铁企业），在离散制造行业应用案例不多
营销渠道	宝信采用“直销”的销售模式。营销网络遍及全国，并在北京、深圳、广州、成都、重庆、宁波、海盐、南京、厦门、大连、西安设有分公司
典型客户	宝钢、江阴兴澄特种钢铁、上海梅山钢铁、烟台鲁宝钢管、沙钢、重庆钢铁
服务	目前，宝信依靠自身与国内合作伙伴一同为企业客户提供产品实施服务

数据来源：赛迪顾问，2010，02

表16－17　石化盈科竞争力分析

项目	分析说明
所提供解决方案特点	石化盈科MES系统帮助制造企业建立以物流管理为主线的生产运行管理平台，集生产计划优化、生产调度与优化、物料平衡、能量平衡、绩效考核、罐区与仓储管理、进出厂管理为一体，实现生产过程管理信息的可视化、决策科学化，优化资源利用，降低工厂物耗、能耗，提高生产管理的精细化水平，增强盈利能力
市场定位	主要定位在流程型行业（特别关注大型石油化工企业），在离散制造行业应用案例不多
营销渠道	石化盈科采用“直销”销售模式。客户主要以石油化工企业为主
典型客户	中国石油、中国石化、中国海油、神华集团等
服务	主要依靠自身为企业客户提供产品实施服务。在北京、上海、西安、深圳等地设有分支机构和区域运营维护中心

数据来源：赛迪顾问，2010，02

2. 主要提供商竞争力评估

利用以下评估指标体系对MES解决方案的综合竞争力进行评估，见表16－18和图16－13。

表16－18　MES解决方案的综合竞争力评估指标体系

一级指标	二级指标	三级指标
市场竞争力	品牌知名度	－
	渠道营销能力	－
	TCO竞争力	－
	年销售额	－

（续）

一级指标	二级指标	三级指标
产品竞争力	方案规划与设计	先进性
		实用性
		用户需求认知度
		技术创新性
	方案应用	稳定性
		易用性
		可扩展性
		可维护性
		可操作性
项目竞争力	项目流程合理性	–
	项目进度控制能力	–
	项目风险控制能力	–
	项目质量控制能力	–
服务竞争力	人员配置	–
	培训体系	–
	承诺兑现	–
	响应速度	–
	服务态度	–

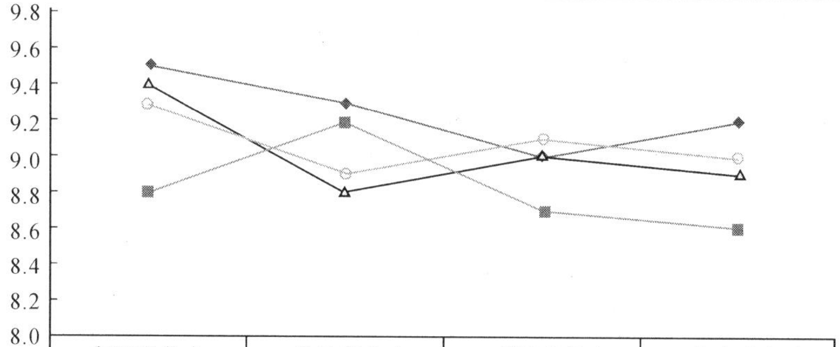

	市场竞争力	产品竞争力	项目竞争力	服务竞争力
西门子	9.5	9.3	9	9.2
Wonderware	8.8	9.2	8.7	8.6
宝信	9.4	8.8	9	8.9
石化盈科	9.3	8.9	9.1	9

数据来源：赛迪顾问，2010，02

图 16－13　制造行业 MES 系统主力厂商竞争力评估

三、CRM 市场

1. 主力厂商竞争策略分析（见表 16 – 19 ~ 表 16 – 21）

表 16 – 19 Oracle 竞争力分析

项目	分析说明
所提供解决方案特点	Oracle Siebel 系统全面覆盖售前、售中、售后客户管理，能够提供灵活的二次开发工具，帮助企业向以客户为主导的模式转变，从客户互动中实时提取有用信息并通过科学化的决策加速收入增长 Oracle Siebel 系统拥有销售、企业营销、客户订单管理、客户服务中心与服务、统一客户信息平台、自助服务以及电子计费等 200 多个功能模块，应用领域包括钢铁、化工、汽车、机械等 20 多个制造行业，产品能与呼叫中心系统（Call Center System）进行无缝集成，能够提供客户、服务、营销等各方面的智能分析
市场定位	Oracle Siebel 系统市场主要定位在制造行业的高端客户，特别关注政府部门、通信、公用事业、生命科学、金融服务、保险、制造、高科技、汽车、有包装消费等行业客户
营销渠道	Oracle Siebel 采用“直销与分销相结合”的销售模式
典型客户	上海通用、福特汽车、上广电、高露洁等
服务	目前，Oracle Siebel 主要通过国内合作伙伴提供产品实施服务。Oracle Siebel 顾问主要提供产品技术支持

数据来源：赛迪顾问，2010，02

表 16 – 20 SAP 竞争力分析

项目	分析说明
所提供解决方案特点	SAP CRM 系统强调“集销售、服务和营销为一体的客户互动中心”理念，通过系统提供的多种沟通机制拉近企业与客户的距离，并与其 ERP 产品实现无缝集成，帮助企业建立起集中共享的客户信息资源库，在对客户信息进行细致分类的基础上，能够对不同客户需求进行细化分析、进而发现潜在盈利点
市场定位	SAP CRM 系统市场定位于行业高端客户，以集团企业客户为主
营销渠道	SAP 采用“直销与分销相结合”的销售模式。SAP 长期为钢铁业、汽车业、公益事业、电信业和公共部门等提供了 CRM 的行业解决方案，并在这些领域拥有了例如一汽大众、金东纸业等大型制造业用户

（续）

项目	分析说明
典型客户	一汽大众、金东纸业等
服务	目前，SAP 主要通过国内合作伙伴提供实施服务，SAP 顾问主要提供产品技术支持

数据来源：赛迪顾问，2010，02

表 16－21 用友竞争力分析

项目	分析说明
所提供解决方案特点	用友的 CRM 系统，以客户为主要管理对象，基于客户生命周期的发生、发展，以“一对一营销”和“精细营销”的方法，帮助企业建立“以客户为中心”的经营理念、组织模式、业务规则及评估体系，全面提升企业核心竞争力。同时，系统采用互联网应用模式，支持企业全面电子商务。用友不仅为客户提供完整的软件系统，更是基于“知识、方法、经验”为客户提供高附加值的应用服务，包括 CRM 应用咨询、CRM 方案规划、CRM 系统实施、基于业务规则的人员培训和其他服务
市场定位	用友 CRM 系统市场定位于行业高中端客户，以大中型企业为主。用友以 U8 为核心，全面整合 Turbo CRM 进行市场推广
营销渠道	用友与微软、Sun、Intel、惠普、联想、方正、IBM 等国际知名公司建立了广泛的伙伴关系
典型客户	清华同方、安泰科技、青岛黄海制药有限责任公司、博福－益普生（天津）制药有限公司等
服务	在全国设有售后服务机构，能够提供 7×24 小时的系统功能维护与升级服务

数据来源：赛迪顾问，2010，02

2. 主要提供商竞争力评估

利用以下评估指标体系对 CRM 解决方案的综合竞争力进行评估，见表 16－22 和图 16－14。

表 16－22 CRM 解决方案的综合竞争力评估指标体系

一级指标	二级指标	三级指标
市场竞争力	品牌知名度	
	渠道营销能力	
	TCO 竞争力	
	年销售额	

(续)

一级指标	二级指标	三级指标
产品竞争力	方案规划与设计	先进性
		实用性
		用户需求认知度
		技术创新性
	方案应用	稳定性
		易用性
		可扩展性
		可维护性
		可操作性
项目竞争力	项目流程合理性	
	项目进度控制能力	
	项目风险控制能力	
	项目质量控制能力	
服务竞争力	人员配置	
	培训体系	
	承诺兑现	
	响应速度	
	服务态度	

数据来源：赛迪顾问，2010，2

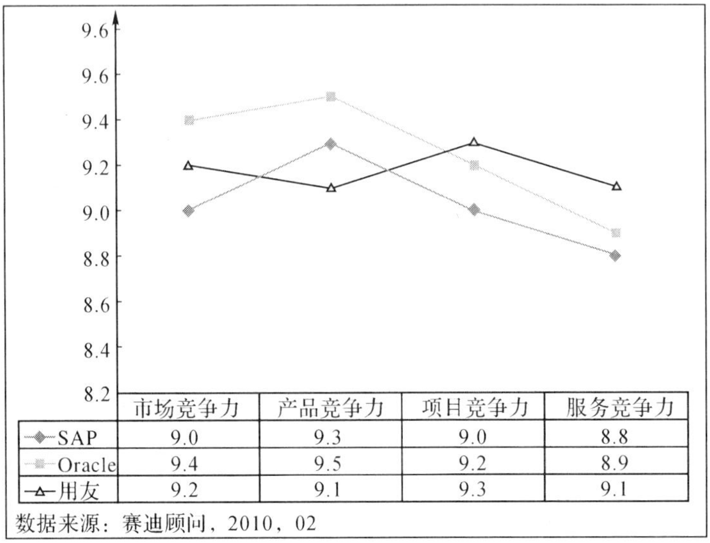

图 16－14　制造行业 CRM 系统主力厂商竞争力评估

第十七章　中小企业信息化问题分析

第一节　中小企业信息化问题

图 17 - 1 为中小企业在信息建设过程中遇到的问题或困难。

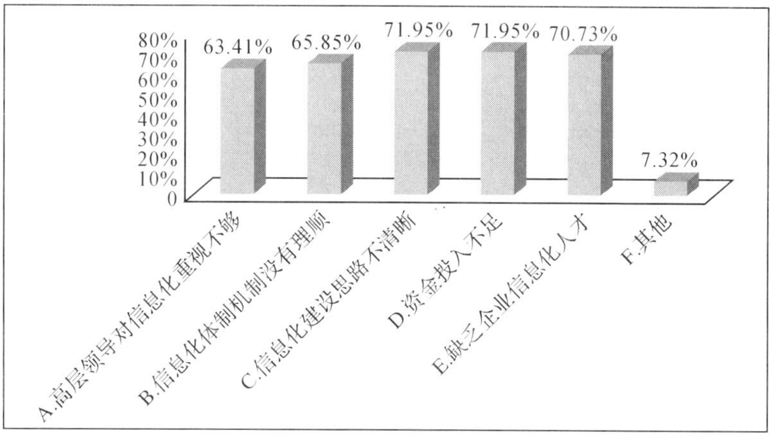

图 17 - 1　中小企业在信息化建设过程中遇到的问题或困难

目前我国中小企业信息化建设存在的主要问题如下：

一、内生动力不足

不少中小企业的经营者对信息化认识不足、意识不强，缺乏信息化投入的动力，信息化建设比较被动。许多企业是在管理出现问题、发展出现瓶颈时才下决心开展信息化建设。

信息化项目往往投入大，建设周期长，软件不像硬件设备那样看得见、摸得着，而信息化效果又很难说清楚。也就是说，信息化的投入产出或投资回报率往往说不清楚，使企业负责人在对信息化项目投资决策时决心不大。

根据对中小企业负责人的抽样调查，他们最关心的是销售额、成本、利润这些经济指标。而信息化对企业销售额、成本、利润到底有多大贡献，是很难量化的。

二、资金投入不足，结构不合理

中小企业资金普遍比较紧张，而融资又比较困难，在信息化建设方面投入少。中小企业普遍存在“重硬轻软”、“重建设、轻运维”的问题，硬件投入大，软件投入少，IT 服务投入更少。

在被调查的中小企业中，76% 的企业信息化投入在 50 万元以内。其中，35% 的企业信息化投入在 5 万 ~10 万元，23% 的企业信息化投入在 10 万 ~20 万元，18% 的企业信息化投入在 20 万 ~50 万元。

2009 年，中小企业信息化投入中，硬件、软件、IT 服务三部分比例依次为 59.3%、16.0% 和 24.7%。可见，硬件占 2009 年中小企业信息化投入的一半还多，而最重要的软件只占 16%。

三、人才普遍较为缺乏

中小企业信息化人才普遍较为缺乏，尤其缺乏懂信息化、懂管理、懂业务的复合型高级人才。在北京、上海等大城市，中小企业一般无法解决户口问题，优秀的信息化人才一般不愿意去。很多中小企业地处小城市、乡镇，而信息化人才一般都愿意去大城市。因此，中小企业很难招到比较优秀的信息化人才。

由于激励机制、氛围等原因，中小企业较难留住信息化专业人才，人才流动性较大。中小企业规模小、资金短缺，给信息化专业人才的待遇一般不如 IT 企业。中小企业信息化部门通常只有几个人，氛围不如 IT 企业。除了上下游企业，中小企业之间的交往很少，不同中小企业的信息化专业人才之间的交流更少。许多信息化专业人才都耐不住寂寞而选择去 IT 企业。

四、建设思路不清晰

许多中小企业不知道如何将信息化与企业发展战略结合起来，与具体经营管理工作结合起来。许多中小企业负责人都是草根出生，在市场上摸爬滚打可以，但对信息化的确缺乏了解。信息化有一定的专业性，使中小企业负责人容易对信息化有畏惧感。虽然有些中小企业负责人学历较高，但是非计算机专业的，也缺乏信息化知识。学习一些信息化知识不难，但要把信息化和企业经营管理结合起来就没那么容易了。

信息化建设比较盲目，缺乏顶层设计和规划。由于中小企业信息化建设多是被动的，中小企业信息化建设模式通常是"头痛医头，脚痛医脚"。中小企业信息化建设往往是从单项应用开始的，如先用财务软件，再用进销存软件。企业不同部门的信息化建设是各自为政的。不同部门采用不同软件厂商的产品，建设不同的信息系统，但信息系统之间缺乏互联互通。

第二节　中小企业信息化服务市场问题

目前，中小企业信息化服务市场发展存在的主要问题如下：

一、市场还不成熟、不规范

中小企业信息化服务商的服务水平良莠不齐，存在一定的鱼目混珠现象。目前，我国像用友、金蝶这样的大型中小企业信息化服务商很少。许多中小企业信息化服务商的人员规模都在50人以下，有的甚至只有几个人，服务能力差异很大。在我国，能够提供ERP产品的服务商成百上千，但产品价格从几千元到几百万元不等，产品功能相差很大。

对中小企业信息化服务商缺乏资质认证、等级划分、市场监管等，存在一定恶性竞争的现象。有些中小企业信息化服务商为了争取项目，采用借资质的做法，无法保证项目质量。在选型时，能够提供某项服务的厂商很多，但中小企业无法清楚地识别哪家企业优秀。有些中小企业信息化服务商为了争取项目，采用超低价的做法，同样无法保证项目质量。

二、产品同质化现象比较严重

通用性产品多，针对性强的产品少。例如，目前市面上的ERP系统，模块一般都是通用的。但不同行业、不同规模、不同发展阶段的企业需求差异很大，每个企业都有各自的特点，通用性产品往往无法直接满足企业需求，还要经过二次开发和定制。

管理软件多，工业软件少，特别是行业专用软件。目前，ERP、CRM、PDM等管理软件产品很多，但数控软件、专业仿真软件等工业软件产品不多，而且存在产品档次低等问题。高端的工业软件普遍依赖进口，产品价格很高，中小企业难以承受。

同质化导致中小企业信息化服务商之间市场竞争激烈，削减了他们的利润空间。而利润低又反过来限制中小企业信息化服务商增加研发、渠道建设等方面的投入。

三、营销和服务模式有待创新

中小企业量大面广，需求多变，导致营销成本高，服务难度大。据调查，中小企业在计划采购信息化产品或服务时，最不信任服务商。中小企业对服务商缺乏信任，导致服务商的市场营销耗时、耗力。各个中小企业需求不一样，众口难调，服务起来很费劲。

采用租用、分期付款、以收服务费取代卖产品的服务商还不多。绝大多数服务商还是需要中小企业直接购买他们的产品，而且要一次性付费。但中小企业通常资金比较紧张，一下子拿出几十万元、几百万元比较难。

具有全程服务能力的服务商很少。多数中小企业信息化服务商只是卖产品，很少能够做到从诊断、规划、设计、实施（二次开发）到运营维护、升级提供全程服务。有些软件产品没有用起来或用得不好，与后续服务没有跟上有直接关系。

第三节　中小企业信息化服务市场供需匹配情况

总的来说，中小企业信息化服务市场供需双方匹配情况还不理想，对接还存在一定的障碍，主要表现在以下几个方面：

一、信息方面的不匹配

中小企业信息化服务市场供需双方对彼此缺乏了解，存在“信息不对称”问题。一方面，中小企业对信息化服务市场、信息化产品和解决方案缺乏了解，对信息化服务商缺乏信任；另一方面，信息化服务商对中小企业的实际需求缺乏了解，有些软件的实用性、易用性不强。

二、经济方面的不匹配

中小企业的经济实力与信息化服务价格水平不匹配。一方面，中小企业普遍存在资金不足，而一些信息化产品和服务价格偏高，销售策略不灵活；另一方面，由于面向中小企业的产品和服务利润率不高，服务商将中小企业视为“鸡肋”，缺乏深入研发、营销的动力。

三、人才方面的不匹配

中小企业与信息化服务商的人才不匹配。在中小企业中，信息化人才数量少，专业技术能力弱，但对企业情况、业务比较了解。而在服务商中，信息化人才数量多，专业技术能力强，但对企业情况、业务不很了解，往往从技术角度考虑问题，而不从实际需求考虑问题。

第十八章　中小企业信息化发展的对策建议

第一节　对中小企业主管部门的建议

对中小企业主管部门开展中小企业信息化工作，建设中小企业信息化服务体系提出如下建议：

一、加强对中小企业信息化的政策引导

加强对中小企业信息化的政策引导。研究制定《关于促进中小企业信息化的若干意见》等政策文件。组织编制《中小企业信息化服务体系建设“十二五”规划》，提出“十二五”期间中小企业信息化服务体系建设的指导思想、基本原则、发展目标、主要任务、重点工程和保障措施。

选取一批信息化取得显著成效的企业，组织这些企业的负责人对其他企业负责人开展案例培训。通过现身说法，提高企业一把手对信息化价值的认识。编制诸如《中小企业信息化指南》等，对中小企业信息化建设进行分类指导。树立一批行业信息化标杆企业，组织企业参观考察。针对中小企业特点，开展信息化试点示范工作。

二、加大中小企业信息化资金支持力度

在中小企业发展资金中设立信息化专项，重点支持中小企业信息化公共服务平台建设、中小企业信息化试点示范工程建设、资助优秀的中小企业信息化项目等。在技改资金、科技资金、创新资金等其他有关资金方面向中小企业倾斜，争取各级财政对中小企业信息化的资金支持。

研究制定针对中小企业信息化的税收优惠政策。参照高新技术企业认证办法，研究制定《信息化企业认证办法》。对于符合条件的中小企业，给予一定的

税收减免政策。

探索“资金支持中介、中介服务企业”的模式。借鉴“家电下乡”的做法，每年中小企业主管部门安排一笔资金，用于为中小企业集中采购信息化服务，然后以“服务券”的形式对购买信息化培训、咨询等服务给予财政补贴。

三、规范中小企业信息化服务市场

研究制定《中小企业信息化服务规范》，对服务内容、服务流程、服务价格等进行规范。积极发挥中国软件协会、中国电子学会、中国电子信息商会、中国电子商务协会等行业协会的作用，加强中小企业信息化服务商行业自律。

对于低价恶意竞争的企业，在业内进行通报批评。对于中小企业举报的不良服务商，由当地中小企业主管部门建立“黑名单”。坚决打击中小企业信息化服务商冒牌、盗版等侵害他人权益的行为。

四、促进中小企业信息化服务市场供需双方的对接

多组织中小企业与信息化服务商对接的活动，如对接会、博览会等，促进供需双方的交流和沟通。目前，中小企业与信息化服务商之间的交流还不充分，存在信息不对称。举办对接活动，可以增进双方认识，增加合作机会。

组织信息化服务商开展面向中小企业的培训，展示他们的服务能力和成功案例。支持信息化服务商开展信息化体检、体验等活动，让中小企业切身感受信息化带来的价值。

通过搭建“软件超市”等中小企业信息化公共平台，促进供需双方的对接。支持用友畅捷通的中小企业信息化辅导站体系建设。支持信息化服务商为中小企业培养信息化专业人才。

五、以市场化机制推进中小企业信息化平台建设

地方中小企业主管部门可以依托重点产业集群、专业市场，支持第三方搭建区域性中小企业信息化服务平台。支持“金算盘全程电子商务模式”在产业集聚区、大型专业市场的推广，促进当地产业集群发展。

支持信息化服务商搭建面向中小企业的电子商务平台、SaaS 平台、云服务平台等公共平台，在平台建设、市场推广等方面给予支持。例如，对应用信息化公

共服务平台的中小企业给予适当资金补贴。

六、开展中小企业信息化发展水平和绩效评估

支持独立第三方专业机构从区域、行业、企业3个层次开展中小企业信息化发展水平评估。在区域层次方面，重点评估信息化对中小企业发展的贡献情况、区域中小企业信息化整体水平等。在行业层次方面，结合行业特点，重点评估当地支柱产业或拟重点发展产业的信息化水平。支持专业机构帮助中小企业开展自身信息化测评，鼓励独立、公正的中小企业信息化“xx强”排名。

将中小企业信息化列入地方中小企业主管部门主要领导的考核内容。研究建立《中小企业信息化评价办法》，将中小企业信息化划分为优秀、达标、未达标三类。把当地信息化优秀和达标的中小企业数量等作为地方中小企业主管部门主要领导的考核内容。

图18－1为中小企业在信息化建设过程中希望政府提供的帮助和支持。

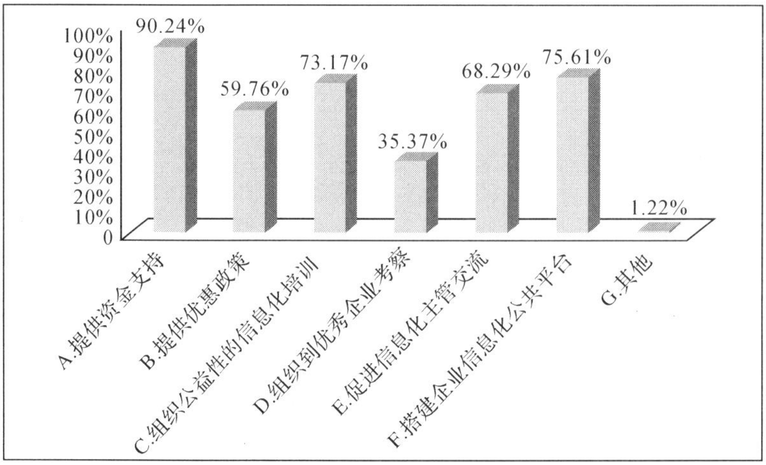

图18－1　中小企业在信息化建设过程中希望政府提供的帮助和支持

第二节　对中小企业的建议

一、信息化建设要与企业发展战略相匹配

信息化终归是为企业发展服务的。中小企业不能为信息化而信息化，而是要结合企业自身的特点和发展战略。信息化建设要“大处着眼、小处着手”。所谓“大处”，就是指企业发展战略。也就是说，从企业发展战略高度思考信息化建设问题。信息化建设可以适度超前，但不能滞后。信息化建设滞后就会制约企业发展。信息化建设没有必要太超前，否则浪费资金。信息化建设是一项复杂的系统工程，是个动态的、不断完善的过程，需要总体规划、分步实施。因此，中小企业信息化要根据业务发展需要有序推进。

二、要善于学习信息化建设的先进经验

中小企业要根据自身特点和发展战略，主动学习其他企业（特别是同行企业）的信息化先进经验。目前，中小企业信息化建设已经走过十多年的历程，各行各业已经涌现出一批信息化建设先进企业。这些企业对其他企业具有很好的示范意义和借鉴价值。学习其他企业的信息化建设成功经验，吸取其他企业的信息建设化失败教训，在信息化建设过程中可以少走弯路，变被动为主动。

三、加强信息化专业人才的引进和培养

中小企业要建立健全信息化专业人才招聘、任用、激励、培养等体制机制。中小企业对信息化人才要努力做到“引得进、留得住、用得好”。在信息化专业人才引进方面，可以采取校企合作的方式为相关专业大学生提供实习机会，引进实习期间表现优秀的学生；也可以委托 IT 厂商培养的方式。要创造良好的工作条件、薪酬制度和福利条件，留住优秀的信息化人才。要让信息化专业人才到生产经营部门挂职一段时间，以便让他们熟悉业务。在适当时候，要选送信息化专业人才去大学等单位进修。

第三节　对中小企业信息化服务商的建议

一、提升专业能力

要加强行业研究，提高产品和服务的针对性。要分析各个行业的管理特点和难点。每个行业的特点不一样，对信息化的需求也不一样。目前，通用性的产品已经比较多，但还缺乏有行业深度的产品。对行业进行深入研究，提供行业解决方案，有利于信息化服务商提高市场竞争力。

要提高软件产品的实用性和易用性。对于中小企业来说，软件的功能不一定要很复杂，对企业的管理要求可以不高，但一定要实用，能覆盖到企业管理的各个方面。同时还要容易上手，易学易用。这是因为中小企业的软件最终用户信息化技能普遍不高。

二、创新服务模式

采取灵活的销售策略。考虑中小企业能够承担的信息化建设费用有限，可以采取灵活多样的服务方式来降低中小企业的门槛。例如，可以采用产品服务化方式。对于硬件厂商，可以采用设备租赁的方式，按月或按年收取一定的租金，也可以采用云计算服务方式，为中小企业提供计算力。对于软件厂商，可以采用SaaS的方式，按月或按年收取一定的服务费。

提供从咨询诊断到实施、运营维护的全程服务。中小企业的信息技术力量比较薄弱，对信息化服务商有较强的依赖性。中小企业开展信息化建设，不只是想买个产品，而是希望服务商能够对症下药。中小企业希望服务商能够诊断他们的生产经营管理问题，提供定制化产品。信息系统运行后，还希望提供维护、升级等服务。

三、加强政企合作

可以将中小企业信息化服务商自身的市场推广活动与中小企业主管部门的工作结合起来，借助政府的力量，挖掘一些市场机会。例如，积极参与中小企业主管部门组织的信息化培训、论坛、对接会等，介绍信息化成功案例，展示各单位在中小企业信息化方面的专业能力，了解中小企业的实际需求。

“政府扶持中介，中介服务企业”是推进中小企业信息化的成功模式。要积极争取成为地方政府的信息化示范服务商；积极参与政府组织的信息化试点示范工程项目建设；积极争取政府部门的有关专项经费。

此外，要分析政府的政策导向，把握政策脉搏；加强与有关政府部门的沟通，及时让政府了解自己。

图表索引

图索引

图 2－1　2003－2009 年中国中小企业信息化市场规模 …………………………（9）
图 2－2　2009 年中国中小企业信息化市场产品结构 …………………………（10）
图 2－3　2009 年中国中小企业信息化市场区域结构…………………………（11）
图 2－4　2009 年中国中小企业信息化市场行业结构…………………………（11）
图 2－5　2010－2012 年中国中小企业信息化市场规模预测……………………（12）
图 2－6　2010－2012 年中国中小企业信息化市场结构预测……………………（13）
图 3－1　2006－2009 年中国中小企业软件市场规模…………………………（15）
图 3－2　2008 年与 2009 年中国中小企业 IT 应用市场主要软件产品市场增长比较 ………………………………………………………………（16）
图 3－3　2010－2012 年中国中小企业软件投资规模预测………………………（18）
图 3－4　2009 年中国中小企业操作系统分布…………………………………（19）
图 3－5　中小企业采取的信息安全措施 ………………………………………（21）
图 3－6　中小企业信息安全产品主要厂商的分布 ……………………………（22）
图 3－7　中小企业使用的 ERP 软件厂商分布 ………………………………（24）
图 3－8　中小企业对 ERP 软件的评价 ………………………………………（25）
图 3－9　2009 年中国中小企业 ERP 市场主要厂商的竞争力评估 …………（25）
图 3－10　中小企业使用 CRM 系统的比例 …………………………………（26）
图 3－11　中小企业使用的 CRM 系统厂商分布 ……………………………（26）
图 3－12　中小企业对 CRM 系统的评价 ……………………………………（26）
图 3－13　2009 年中国中小企业 CRM 市场主要厂商的竞争力评估…………（27）
图 3－14　中小企业使用的 CAD 软件厂商分布 ……………………………（29）
图 3－15　中小企业使用的 PDM/PLM 软件厂商分布 ………………………（29）
图 3－16　中小企业对 PDM/PLM 软件的评价 ………………………………（29）
图 4－1　2006－2009 年中国中小企业硬件投资规模…………………………（33）

图 4－2　2010－2012 年中国中小企业硬件投资规模预测…………………（34）
图 4－3　2009 年中国中小企业硬件投资结构………………………………（35）
图 4－4　2009 年中国中小企业台式 PC 采购价格倾向 ……………………（35）
图 4－5　2009 年中国中小企业笔记本电脑采购价格倾向…………………（36）
图 4－6　2009 年中国中小企业台式 PC 采购品牌结构 ……………………（37）
图 4－7　2009 年中国中小企业笔记本电脑采购品牌结构…………………（38）
图 4－8　2009 年中国中小企业 X86 服务器采购品牌结构 ………………（38）
图 4－9　中小企业网络设备主要厂商分布 …………………………………（39）
图 6－1　2006－2009 年中国中小企业 IT 服务投资规模 …………………（57）
图 6－2　2009 年中国中小企业 IT 服务结构 ………………………………（58）
图 6－3　中小企业购买 IT 服务的情况 ……………………………………（58）
图 6－4　2010－2012 年中国中小企业 IT 服务投资规模预测 ……………（60）
图 7－1　2005－2009 年中国电子商务市场的交易额及增长情况…………（64）
图 7－2　1997－2009 年中国 B2B 电子商务服务企业的数量增长情况 ……（65）
图 7－3　中小企业电子商务的使用情况 ……………………………………（66）
图 7－4　2009 年中国 B2B 电子商务服务市场的品牌结构 ………………（72）
图 7－5　2009 年中国 B2C 网上销售平台的品牌结构 ……………………（73）
图 7－6　中小企业使用的电子商务网站分布比例 …………………………（73）
图 7－7　2009 年中国电子商务行业结构……………………………………（74）
图 7－8　中小企业应用电子商务的主要环节 ………………………………（75）
图 7－9　中小企业电子商务交易额的占比情况 ……………………………（75）
图 7－10　中小企业对电子商务的顾虑因素 ………………………………（76）
图 8－1　消费者参加 IT 培训方式的调查结果 ……………………………（80）
图 8－2　消费者选择培训机构情况的调查结果……………………………（81）
图 8－3　消费者获取 IT 培训信息来源的调查结果 ………………………（81）
图 8－4　主要 IT 培训品牌的市场份额 ……………………………………（83）
图 8－5　IT 职业培训市场细分产品的市场份额……………………………（85）
图 9－1　2009 年中国中小企业 IT 服务结构 ………………………………（96）
图 9－2　中小企业购买信息化服务的比例 …………………………………（97）
图 10－1　中小企业使用过政府搭建的企业信息化公共技术或服务平台的
比例……………………………………………………………………（105）

图 10－2　中小企业信息化公共服务平台的使用效果 ……………………（106）
图 10－3　国家中小企业信息化公共服务平台（SMEIP）业务体系 ………（111）
图 12－1　花木网首页 …………………………………………………（133）
图 16－1　2008－2009 年中国制造业 IT 应用市场规模及增长率 …………（208）
图 16－2　2009 年中国制造行业 IT 市场产品结构 ………………………（209）
图 16－3　2009 年中国制造行业 IT 应用市场区域投资比例 ………………（210）
图 16－4　2009 年中国制造行业企业信息化市场结构 ……………………（210）
图 16－5　2009 年中国制造行业台式 PC 采购品牌分布 …………………（214）
图 16－6　2009 年中国制造行业笔记本电脑采购品牌分布 ………………（214）
图 16－7　2009 年中国制造行业服务器采购品牌分布 ……………………（214）
图 16－8　2009 年中国制造行业存储产品采购品牌分布 …………………（215）
图 16－9　2009 年中国制造行业平台软件基础架构品牌分布 ……………（217）
图 16－10　2009 年中国制造行业中间件采购品牌分布 …………………（217）
图 16－11　2009 年中国制造行业杀毒软件采购品牌分布 ………………（218）
图 16－12　制造行业 ERP 系统主力厂商竞争力评估 ……………………（225）
图 16－13　制造行业 MES 系统主力厂商竞争力评估 ……………………（229）
图 16－14　制造行业 CRM 系统主力厂商竞争力评估 ……………………（232）
图 17－1　中小企业在信息化建设过程中遇到的问题或困难 ……………（233）
图 18－1　中小企业在信息化建设过程中希望政府提供的帮助和支持 ……（240）

表索引

表 3－1　平台软件主力厂商 ……………………………………………（20）
表 3－2　中间件主力厂商 ………………………………………………（22）
表 3－3　企业管理软件主力厂商 ………………………………………（23）
表 3－4　工业软件主力厂商 ……………………………………………（27）
表 3－5　主要软件提供商的产品、解决方案和优势 ……………………（30）
表 4－1　2008－2009 年中国中小企业硬件市场规模 ……………………（34）
表 4－2　主机类设备主力厂商 …………………………………………（38）
表 4－3　外部设备主力厂商 ……………………………………………（39）
表 4－4　网络设备主力厂商 ……………………………………………（39）
表 4－5　部分主要硬件厂商提供的产品或解决方案 ……………………（40）

表 5 - 1　中国移动中小企业信息化产品 …………………………………………（44）
表 5 - 2　中国电信提供的信息化产品或解决方案 ………………………………（48）
表 5 - 3　中国联通提供的主要信息化产品或方案 ………………………………（52）
表 5 - 4　联通行业应用产品和功能 ……………………………………………（52）
表 7 - 1　B2B 电子商务服务提供商的 4 类商业模式 …………………………（68）
表 7 - 2　行业电子商务模式的分类 ……………………………………………（69）
表 7 - 3　中国 B2B 电子商务上市公司的综合服务比较…………………………（71）
表 8 - 1　前 10 名的培训机构的主要培训课程和针对企业的培训内容 ……（83）
表 8 - 2　提供 IT 培训服务的 IT 厂商和培训内容 ……………………………（86）
表 16 - 1　2008 - 2009 年中国制造行业 IT 市场细分产品采购状况 ………（209）
表 16 - 2　2009 年中国制造行业 IT 应用市场区域投资规模 ………………（209）
表 16 - 3　2009 年中国制造行业用户 IT 应用市场投资结构 ………………（210）
表 16 - 4　2009 年中国制造行业用户 IT 投资重点 …………………………（211）
表 16 - 5　2009 年中国制造行业重点 IT 硬件市场规模 ……………………（212）
表 16 - 6　2009 年中国制造行业 IT 应用市场主要软件产品采购情况 ……（215）
表 16 - 7　2009 年中国制造行业 IT 应用市场主要 IT 服务产品采购情况……（218）
表 16 - 8　SAP 竞争力分析 ………………………………………………………（219）
表 16 - 9　Oracle 竞争力分析 ……………………………………………………（220）
表 16 - 10　浪潮竞争力分析 ……………………………………………………（222）
表 16 - 11　用友竞争力分析 ……………………………………………………（223）
表 16 - 12　金蝶竞争力分析 ……………………………………………………（224）
表 16 - 13　ERP 解决方案的综合竞争力评估指标体系 ………………………（224）
表 16 - 14　西门子竞争力分析 …………………………………………………（226）
表 16 - 15　Wonderware 竞争力分析 ……………………………………………（227）
表 16 - 16　宝信竞争力分析 ……………………………………………………（227）
表 16 - 17　石化盈科竞争力分析 ………………………………………………（228）
表 16 - 18　MES 解决方案的综合竞争力评估指标体系 ………………………（229）
表 16 - 19　Oracle 竞争力分析 …………………………………………………（230）
表 16 - 20　SAP 竞争力分析 ……………………………………………………（230）
表 16 - 21　用友竞争力分析 ……………………………………………………（231）
表 16 - 22　CRM 解决方案的综合竞争力评估指标体系 ………………………（231）